VERLAG
FRITZ
MOLDEN

Dr. Max de Fontbrune

WAS NOSTRADAMUS WIRKLICH SAGTE

Die authentische Exegese des französischen Forschers

Mit einer Einleitung von
JEAN-CHARLES DE FONTBRUNE
und einem Brief von
HENRY MILLER
an den Autor

VERLAG FRITZ MOLDEN
WIEN–MÜNCHEN–ZÜRICH–NEW YORK

Die deutsche Übersetzung der altfranzösischen Verse sind dem Werk “Die erstaunlichen Bücher des großen Arztes, Sehers und Schicksalspropheten Nostradamus”, Stuttgart 1850, entnommen.

Frontispiz: Interfoto-Pressebildagentur, München (Foto Lachmann)

Aus dem Französischen übertragen von
DORIS PLANK
Titel der französischen Originalausgabe:
CE QUE NOSTRADAMUS A VRAIMENT DIT
erschienen im Verlag Editions Stock, Paris

2. Auflage Dezember 1981

Verlegt vom Verlag Fritz Molden München GmbH
Lektor: Jutta Koch
Schutzumschlag: Hans Schaumberger
Hersteller: Volker Pfeifle
Satz: Compusatz, München
Druck und Bindung: Freiburger Graphische Betriebe, Freiburg

ISBN 3-217-01408-1

Inhaltsverzeichnis

Einleitung

von Jean-Charles de Fontbrune

1. Wie Dr. de Fontbrune zu Nostradamus kam

Mein Vater Max Pigeard de Gurbert, der spätere Doktor de Fontbrune *, wurde am 6. Februar 1900 in Castres als Sohn eines Friedensrichters geboren, der sich einige Jahre später als Anwalt in Bergerac niederließ. Dort studierte Max am Kollegium Henri IV klassische Literatur, schloß mit beiden Baccalaureats ab und trat seinem Vater zuliebe in eine Anwaltspraxis in Bordeaux ein.

In dieser Stadt schrieb sich der 21jährige in der medizinischen Fakultät ein. Denn der Medizin brachte er seit seiner frühesten Jugend wahre Leidenschaft entgegen. Er studierte bei berühmten Professoren wie William Dubreuilh, bei dem er sich auf die Dermato-Venerologie spezialisierte. Dieser große Fachmann und Humanist lehrte ihn auch, den Humanismus nicht nur als Lebensphilosophie zu betrachten, sondern zum Grundsatz seines Berufes zu machen.

Gegen Ende seiner Studienzeit lernte er meine Mutter Marie-Thérèse Fonteneau kennen, die er in der kleinen Kirche von Saint-Loubés bei Libourne am 8. September 1931 heiratete.

Diese bemerkenswert intelligente, schlichte und liebevolle Frau wurde für ihn zu einer unersetzbaren Ergänzung. Sie ermöglichte es ihm erst, seine Persönlichkeit zu entfalten und alle Hindernisse zu überwinden. Sie begleitete ihn auch voller Hingabe und Liebe durch seine lange und schwere Krankheit, an der er 1959 in Montpellier starb.

* Der Name eines Zweiges der Pigeard de Gurbert, den er sich als Schriftsteller zulegte.

Nur drei Jahre später folgte sie ihm nach, als wäre ihre Verbindung in 28 Jahren des gemeinsamen Lebens zu eng gewesen, als daß der eine ohne den anderen allein weiterleben konnte.

Aber zurück zum Jahr 1929. Mein Vater ließ sich in La Bachellerie in der Dordogne nieder.

Drei Jahre später eröffnete er in Sarlat seine Praxis in einem Privatpalais aus dem 16. Jahrhundert, mit Wendeltreppe, steinernen Fensterkreuzen und Butzenscheiben. Ein Haus, wie zu Nostradamus' Zeiten. Dort sollte mein Vater nun gewissermaßen dem Arzt und Seher aus Salon de Crau * begegnen.

Es geschah an einem Sommernachmittag des Jahres 1934 in seiner Praxis. Einer der Patienten war ein eleganter, gut aussehender Mann. Auf den ersten Blick war meinem Vater klar, daß es sich um keinen Einheimischen handelte – in kleinen Provinzstädten wie Sarlat kennt jeder jeden. Der Fremde wollte am nächsten Tag die Stadt verlassen. So bekam er nur ein Medikament, – aber sein Name wurde nicht festgehalten. Am Ende der Beratung entspann sich ein kurzer und folgenschwerer Dialog.

> "Herr Doktor, ich habe von ihrer außergewöhnlichen Gelehrtheit gehört. Ich glaube, sie sollten sich mit dem Werk des Nostradamus beschäftigen." – "Ich habe von diesem Mann schon gehört, aber er interessiert mich nicht besonders."

Worauf der Patient seiner Tasche ein kleines Buch entnahm und es auf den Schreibtisch legte.

> "Werfen sie doch nur einen einzigen Blick hinein, wenn ihre Sprechstunde zu Ende ist."

Und mit diesen Worten entfernte sich der Unbekannte, ohne Namen oder Adresse zu hinterlassen.

Noch am selben Abend, nach dem Abendessen, saß mein Vater, der spätere Max de Fontbrune, im großen Speisezimmer in einem bequemen Lehnstuhl. Er nahm das kleine

* Name von Salon de Provence im 16. Jh.

Büchlein in die Hand und öffnete es. Es handelte sich um eine Originalausgabe der Prophezeiungen des Nostradamus aus dem Jahre 1606 aus Lyon; ein außerordentlich wertvolles Stück also, das der geheimnisvolle Besucher ihm hinterlassen hatte. Warum? Niemand kann diese Frage endgültig beantworten. Was für die einen Zufall scheint, ist für die anderen Vorsehung. Aber es ist billig, ein Ereignis, dessen Ursprung und Sinn man nicht kennt, allein dem Zufall zuzuschreiben.

Mein Vater öffnete also das Buch an der Stelle des Briefes an Heinrich den Zweiten. Es ist der zweite Prosatext in Nostradamus' Werk – nach dem "Brief an seinen Sohn Cäsar".

Er stutzte schon bei den Zeilen: Drei Gegenden werden trotz ihrer extremen Unterschiede im Bunde stehen – damit ihr es wißt, es handelt sich um das Römerland, Germanien und Spanien. Diese Länder bringen verschiedene bewaffnete Parteien hervor . . .

Wir schrieben das Jahr 1934, Mussolini hatte in Italien (Römerland) durch den "Marsch auf Rom" im Jahre 1922 die Macht ergriffen. Hitler, der 1933 von Hindenburg zum Reichskanzler ernannt worden war, wurde nur wenige Wochen später durch die Vernichtung der Opposition in den eigenen Reihen in der "Nacht der langen Messer" im Juni 1934 zum absoluten Herrscher.

Zwei bewaffnete Parteien (Nationalsozialismus und Faschismus), die Nostradamus vorhergesagt hat, waren also in Germanien und Römerland an der Macht. So fehlte diesem Triptychon der Nationen nur noch der Flügel Spanien. Dort wurde bereits 1925 der damals erst 33jährige Franco für seine Leistungen im Rif-Krieg zum General erklärt, jetzt, im Jahre 1934, hatte er es schon zum Generalstabschef gebracht.

Dieser lebendige historische Zusammenhang riß Doktor de Fontbrune aus seiner stillen Lektüre: "Franco wird spanischer Diktator." Er erklärt seinen Geistesblitz seiner Frau mit so fester Überzeugung, daß man mit Nostradamus meinen könnte:

"Die geheime Wissenschaft enthüllt,
Bei dem nächtlichen Geflimmerscheine." (I-1)

Von diesem entscheidenden Augenblick an war das Schicksal des Doktors de Fontbrune für den Rest seines Lebens mit dem Werk des Nostradamus eng verbunden. Einige Tage später saß er mit vier höheren Offizieren der französischen Armee bei Tisch und eröffnet ihnen ohne Umschweife: "Franco wird Diktator in Spanien." Die verblüfften Mienen seiner Tischgenossen zeigten ihm, daß sie darin nicht mehr als einen Scherz sahen. Unmöglich konnte so ein kleiner karrieresüchtiger General wie Franco in Spanien die Macht übernehmen!

An dieser Reaktion ist eigentlich nichts Außergewöhnliches: sie weist lediglich auf eine Grundregel in Verbindung mit Prophezeiungen. Die meisten Leute verstehen nicht, warum sich die Propheten immer wieder bemühen, ihre Visionen durch Symbole, merkwürdige Sprache oder Gleichnisse zu verhüllen.

Nostradamus beantwortet diese Frage in einem Brief an seinen Sohn Cäsar: " . . . wenn ich etwa erklären würde, warum die Reiche, Parteien und Religionen einem so jähen Wechsel unterworfen sein werden, der im diametralen Gegensatz zur Gegenwart steht . . . (dann) würden (diese) sie nicht übereinstimmend finden und (würden) aufgrund ihrer ausschweifenden Phantasie so weit kommen, die unausweichliche Zukunft auf Jahrhunderte hinaus zu verwerfen."

Wenn zum Beispiel Nostradamus 1555 den Sturz der französischen Monarchie im Jahre 1792 (Ausrufung der 1. Republik) eindeutig vorausgesagt hätte, wären ihm Scheiterhaufen oder Rad gewiß gewesen. Darum schrieb er auch in seinem Brief an Heinrich den Zweiten:

> Und sie (die Monarchie) wird dauern bis ins Jahr eintausendsiebenhundertzweiundneunzig, das man für eine Erneuerung der Jahrhunderte halten wird . . .

Nachdem Dr. Fontbrune, also die kommende Machtergreifung Francos aus dem Brief an Heinrich den Zweiten abgeleitet hatte, begann er den gesamten Text zu studieren. Das war nicht einfach. Es gab nur eine Möglichkeit, die Centurien zu entschlüsseln: in mühevoller methodischer Kleinarbeit Satz für Satz und Vierzeiler für Vierzeiler erst einmal ins Neufranzösisch zu übersetzen. Nach vier Jahren harter Arbeit konnte er endlich im Jahre 1938 seine erste vollständige Übersetzung der Weissagung des Nostradamus veröffentlichen.

In dieser Zeit befaßte er sich auch mit allen anderen mehr oder weniger bekannten Prophezeiungen – mit der Prophezeiung des Malachias, der sogenannten Prophezeiung der Päpste, mit der Apokalypse des Johannes, den großen Propheten des Alten Testamentes, besonders Hezechiel und vielen anderen.

Dieses umfassende Wissen über alle Prophezeiungen, die die jüdisch-christliche Zivilisation hervorgebracht hat, gab ihm zunächst einen Überblick über das Phänomen der Prophezeiung an sich, – vor allem aber ein besseres Verständnis für die Vorhersagen des Arztes von Salon.

Und er hatte Erfolg:

In der ersten Ausgabe seines Buches “Die Prophezeiungen des Meisters Michel Nostradamus” im Jahre 1938 sah Dr. de Fontbrune den deutsch-französischen Krieg, die deutsche Niederlage und den Tod Papst Pius IX. für Februar 1939 voraus. Die Ankündigung der deutschen Niederlage im Zweiten Weltkrieg löste bei der französischen Vichy-Regierung eine unerwartete Reaktion aus. Das Buch fiel der Zensur zum Opfer, es wurde verboten, zweitausend Exemplare verbrannt, die Druckplatten eingeschmolzen. Als könnte diese Zerstörung am Laufe der Geschichte etwas ändern.

Während der Kriegsjahre, besonders aber im Jahr 1944, versuchte die Gestapo Dr. de Fontbrune zu verhaften. Dreimal wurde er durch einen anonymen Telephonanruf unmittelbar davor gewarnt. Und tatsächlich kreuzte dann in der darauffolgenden halben Stunde die Gestapo in der Villa “Les Lilas”, 2 Kilometer von Sarlat auf, wo er mit seiner Frau und seinen drei Kindern wohnte. Aber jedesmal war der Arzt schon geflüchtet – per Fahrrad. Autos fuhren in diesen Jahren nicht.

Die anonymen Telephonanrufe kamen wahrscheinlich von einer Patientin aus Deutschland, die im Jahre 1936 nach Sarlat gekommen war und vermutlich dem deutschen Geheimdienst angehörte. Sie wußte, wer verhaftet werden sollte.

Doch zurück zum Jahre 1940. Halb Frankreich war besetzt, auch die Hauptstadt. Der Waffenstillstand war soeben unterzeichnet worden. Wie an jedem Abend saß der Arzt in seinem Salon und beantwortete die zahlreichen Briefe, die den Erfolg seines Buches auch außerhalb Frankreichs belegten.

Es war der 18. Juni. Er hörte Radio London, die einzige Hoffnungsquelle im gedemütigten Frankreich. Bewegt lauschte er General de Gaulles Aufruf zum Widerstand, der Résistance. Und wieder traf ihn die Erkenntnis wie ein Blitz: De Gaulle war der zweite Thrasybulos, den Nostradamus in seinem Brief an Heinrich den Zweiten angekündigt hat!*

In der zweiten Ausgabe seines Buches im Jaher 1946 sagte er die Rückkehr General de Gaulles an die Macht voraus – ausgerechnet in dem Augenblick, da er sie aus der Hand gab. Seine Freunde spotteten. Sie hielten ihn zwar für einen guten Arzt, aber alles, was mit den Prophezeiungen des Nostradamus zusammenhing, betrachteten sie mit sehr viel Skepsis.

Dann endete der Krieg. Im August 1945 zog Dr. de Fontbrune nach Périgueux, in die Rue La Boetie 1, wo er eine Praxis eröffnete. Er wurde Chefarzt der Dermatovenerologischen Abteilung des Krankenhauses von Périgueux, unterrichtete in einer Schwesternschule und hielt Sprechstunden in einem Ambulatorium und für die staatlichen Bahnangestellten. Auch in der Medizin forschte er unermüdlich weiter. So entwickelte er eine hervorragende Wundsalbe, und veröffentlichte in Fachzeitschriften Aufsätze.

Aber diese vielen beruflichen Tätigkeiten hinderten ihn nicht daran, sein Werk fortzusetzen, das neben der Übersetzung des Textes auch eine ständige Überarbeitung notwendig machte. Denn die Entwicklung der Geschichte bringt fortlaufend neue Elemente in das Riesenpuzzle. So entstand 1958 eine weitere Ausgabe des Buches.

Bis 1955 praktizierte Dr. de Fontbrune in Périgueux. Dann wollte er die Stadt verlassen. Denn einigen streitsüchtigen Honoratioren paßte sein Werk nicht in ihr philosophi-

* Die Parallele zwischen dem Athener General Thrasybulos und de Gaulle wird, wie der Leser erkennen wird, im Text offensichtlich.

sches oder politisches Weltbild und sie verfolgten ihn mit hundert Schikanen. Die Toleranz gehörte leider nie zu den hervorragenden Eigenschaften jener Menschen, deren politisches Engagement ihnen Scheuklappen aufsetzt.

Er suchte Kontakte nach Pau und Nimes, und ließ sich schließlich in Aix-en-Provence nieder. Dort praktizierte ein ehemaliger Schulkollege aus Bergerac seit vielen Jahren und teilte ihm mit, daß eine Dermatologenstelle frei sei. Ausgerechnet in diese Stadt war Nostradamus 1546 gerufen worden, um eine Pestepidemie zu bekämpfen

Hier in Aix-en-Provence bereitete er die letzte Ausgabe für das Jahr 1958 vor. Er starb nur ein Jahr später, am Samstag, dem 6. Juni 1959, in einer Klinik in Montpellier – der Stadt, in der Nostradamus Medizin studiert hatte.

2. *Die letzte Arbeit Fontbrunes: Zusammenfassung der Voraussagen für das XX. Jahrhundert*

Die Bedeutung und die Reichweite der Leistungen des Dr. de Fontbrune – im Verständnis der Texte des Nostradamus und darüber hinaus des Geistes der Prophezeiung ganz allgemein – kann man nur erfassen, wenn man die Exegesen, die vor ihm erarbeitet wurden, berücksichtigt.

Abgesehen von der Arbeit des P. Piobb, der einen numerischen Schlüssel suchte und einen erfand, der zu nichts taugt, kann man behaupten, daß Dr. de Fontbrune der erste ist, der die Texte des Nostradamus komplett übersetzt hat.

Nach ihm hingegen hat eine ganze Reihe von Schriftstellern oder Pseudo-Schriftstellern in seiner Exegese gewühlt. Die Übersetzungen werden dabei je nach Bedarf der Astrologie, der jüdischen Kabbala oder irgendwelchen anderen Schlüsseln und Systemen angepaßt, die sehr an Seriosität zu wünschen übrig lassen. Der Rekord des Plagiats wird von einem Autor gehalten, der noch im Jahre 1938 – wenige Monate nach Dr. de Fontbrune – sein Buch über Nostradamus veröffentlichte und von Fontbrune beinahe vor Gericht zitiert worden wäre, so "getreu" war die Kopie. Vor dem Prozeß retteten ihn nur die schweren Zeiten, die die Aufmerksamkeit auf andere Probleme lenkten.

Bei der Lektüre der zahlreichen Werke, die nach Dr. de Fontbrune entstanden sind, habe ich mich entschlossen, sein Buch neu herauszugeben. Es ist immer noch die beste Exegese des Nostradamus. Kein späteres Buch hat etwas wesentlich Neues gebracht.

Eric Muraise* schreibt dazu: "Die Methode Dr. de Fontbrunes scheint, seit den ersten Entzifferungsversuchen Barestes 1840, die meistverwendete zu sein."

Ein weiterer Beweggrund für diese Neuauflage war für mich die letzte Exegese, die mir mein Vater hinterlassen hat. Es handelt sich dabei um einen handschriftlichen Text, den er in Aix-en-Provence schrieb, kurz bevor er in die Klinik von Montpellier mußte. Er ist vom 20. Februar 1959, entstand also kaum vier Monate vor seinem Tod: "Essai über die Ereignisse von Morgen":

"Man muß die zukünftigen Ereignisse und ihren zeitlichen Ablauf getrennt betrachten. Ihre Verteilung in der Zeit kann nur hypothetisch erfaßt werden, denn die Angaben dazu sind zu bruchstückhaft, um zu absoluten Schlüssen zu führen. Alle brauchbaren Prophezeiungen haben ihren Schwerpunkt in der Epoche, in der die abendländische Zivilisation durch Zerstörung bedroht wird.

Die Hauptereignisse dieser Weltkrise: allgemeine Kriege und Revolution, die völlige Zerstörung von Paris durch Feuer und die Zerstörung eines Teiles von Marseille durch eine Flutwelle, große Erdbeben, eine Pestepidemie, der zwei Drittel der Erdbevölkerung zum Opfer fallen, die Vertreibung des Papstes aus Rom, eine Kirchenspaltung und in Frankreich eine Verschwörung gegen das rote Regime, die zu einer Restauration der capetingischen Monarchie der Bourbonen und zum Sieg Frankreichs führt.

Diese Verschwörung, die laut Nostradamus die Prinzipien von J.-J. Rousseau mit Senilität schlägt, richtet sich gegen ein öffentlich gewähltes Parteienregime, um zur

* Eric Muraise, Saint-Rémy de Provence et les secrets de Nostradamus, Julliard, 1969

korporativen Vertretung durch die monarchistische Doktrin zurückzukommen*.

Die Verschwörer werden von einem Anführer befehligt, der zuvor nach einer marxistischen Revolution das Land verlassen mußte, gefangengenommen wurde, aber unter größten Gefahren entkommen konnte.

Anscheinend beginnen diese Ereignisse mit einem Krieg zwischen Ost und West. Der Anlaß wäre im Nahen Osten gegeben (Irak, Iran oder Palästina). Es ist sehr wahrscheinlich, daß dieser Krieg wie jener von 1939–45 in zwei Phasen verlaufen wird. Die zumindest in Europa siegreichen Roten schieben ihre Machtsphäre bis Frankreich vor, diktieren einen Frieden und sagen der Kirche und dem Papst, der gerade noch rechtzeitig fliehen kann, den Kampf an.

In diesem Augenblick erscheint ein Komet, der so nahe an der Erde vorbeizieht, daß sie seinen mit Steinen geladenen Schweif durchquert. Diese Meteoriten, die wunderbare Rache des Himmels, stürzen an den Orten zur Erde, wo die Truppen der Roten Revolution und die russische Flotte im Mittelmeer konzentriert sind. . . Die feindliche Marine ist mit einem Schlag vernichtet! Gleichzeitig wird eine revolutionäre Armee im Viereck Auch, Condom, Lectoure und Mirande (dessen Name nichts anderes als wunderbar bedeutet) zermalmt.

Nach diesen Katastrophen, die die Kampfmoral der Franzosen wieder stärken, beginnt der Krieg von Neuem: eine französische Armee kann die Provence zurückgewinnen. Sie kommt von Spanien über den Le Perthus-Paß und die Rhône aufwärts und jagt die feindlichen Truppen im Laufschritt vor sich her.

Zu diesem Zeitpunkt kommt es auch zur Verschwörung in Paris, die das vom Feind aufgezwungene Regime stürzt. Das Grab des Heiligen Petrus in Rom öffnet sich.

Es folgen Siege der Franzosen in Bourges, Lyon, Mâcon und Dijon. Eine feindliche Armee (1 Million Mann), die zur Verstärkung über die Schweiz gesendet wird, geht in einer Schlacht in Obersavoyen und Maurienne dank des gewagten Plans des französischen Kommandos unter.

* Die Herrschaft der Qualität über die Quantität.

Woher aber ist die französische Armee gekommen? Vermutlich aus Nordafrika, vielleicht auch aus dem Nahen Osten, wo schwere Schlachten getobt haben. Sie hat jedenfalls den großen König an ihrer Spitze, einen jungen Prinzen. Vermutlich gehört die Zerstörung von Paris zur zweiten Phase des Konfliktes, kurz bevor der Papst aus Rom vertrieben wird. Die Erdbeben (Frühling) tragen zur Niederlage des Feindes bei. Sie stiften bei ihm Verwirrung und zerstören vielleicht auch seine unterirdischen Fabriken, in denen die Arbeiter lebendig begraben werden."

Aix-en-Provence am 20. Februar 1959.

Dr. de Fontbrune

Es sei als erstes angemerkt, daß die Mehrzahl der vorhergesagten Ereignisse in offensichtlichem Widerspruch zu unserer Gegenwart stehen.

Aber wenn man vom ersten Eindruck des Absurden absieht und versucht, tiefer zu gehen, so erkennt man, daß ein Element dieser Exegese heute schon verwirklicht ist.

Denn von einer russischen Flotte im Mittelmeer zu reden, war 1959 unsinnig. Damals war das Mittelmeer vorwiegend von den Amerikanern beherrscht und wurde nie von russischen Schiffen befahren. Erst 1967, als Folge des Sechs-Tage-Krieges zwischen Israel und den arabischen Staaten, hat die Sowjetunion eine Flotte ins Mittelmeer verlegt, die weit stärker ist als die 6. amerikanische Flotte.

Andererseits nimmt der Ausgangspunkt des Konfliktes, von dem Dr. de Fontbrune spricht (Irak, Iran oder Palästina), heute eine völlig andere Dimension an als noch im Jahre 1959.

Die Fehlerquellen liegen nicht in den Ereignissen an sich, sondern wie sie in der Zeit festgesetzt werden.

So rechnete Dr. de Fontbrune in den Ausgaben von 1938, 1939 und 1940 dem Zweiten Weltkrieg Ereignisse zu, die erst zum eben erwähnten Dritten Weltkrieg gehören. Es ist übrigens auch gar nicht ausgeschlossen, daß einige dieser dem Dritten Weltenbrand zugeteilten Ereignisse in Wahrheit das große Unglück betreffen, mit dem die Vernichtung der jüdisch-christlichen Zivilisation beginnt, und dessen Ausbruch Nostradamus für das "Jahr eintausend neunhundert neunundneunzig und sieben Monate" (Juli 1999) vorhergesagt hat. Dieser "Anfang vom Ende", von so vielen Propheten vorausgesagt, ist nur das Ende einer Welt, nicht der Welt an sich. Denn gleichzeitig beginnt ein neues, das siebente Jahrtausend der Menschheit, ein Zeitalter außergewöhnlichen Friedens und Wohlstands: das Zeitalter des Wassermannes! . . .

Wie heißt es doch schon im Text von Prémol so treffend: "Der reißende Fluß läßt häufig einen wohltuenden Schlamm auf den Feldern, die er zerstört hat, und der Sohn des Bauern zieht so aus den Tränen seines Vaters den Nutzen."

Die gesamte Geschichte der Menschheit läßt sich in diesem Satz zusammenfassen, der den Fortschritt des Menschen im Gleichgewicht zwischen Aufbau und Zerstörung zeigt. Das Positive und das Negative; als wäre das Leben eine höhere, umfassendere Form der Energie.

Die Genauigkeit der Zeit oder der Daten ist nur zu selten gegeben, um die eine oder andere Vorhersage mit einiger Sicherheit als Termin angeben zu können. Man kann sich also nur durch Ideenassoziationen nähern.

So ist es sehr wahrscheinlich, daß die Vierzeiler, die vom "Alten" sprechen, sich auf Marschall Pétain* beziehen. Auch zwei Vierzeiler, die den "Glatzkopf" erwähnen, kann man hinzurechnen.** Auf diese Weise kann man Schritt für Schritt an dem riesigen Puzzle weiterarbeiten, in dessen Mitte Nostradamus einige Teile mit einer Art doppelter Zahnung gelassen hat. Sie machen die Zusammensetzung so schwer.

Allerdings bieten sich mit jeder weiteren Annäherung an den Schlußpunkt aller Prophezeiungen immer weniger Fehlerquellen in der Datierung – auch das "Untersuchungsgebiet" engt sich ein. Was diese Untersuchung freilich immer noch kompliziert, ist die Tatsache, daß die Entwicklung des Untergangs allein drei Viertel der Prophezeiungen in Anspruch nimmt und daher unglaublich ausführlich und dementsprechend schwer festzumachen ist.

Jedenfalls gibt Nostradamus – in Übereinstimmung mit den Worten Christi "Du wirst weder Tag noch Stunde wissen" –, wenn er Datum und Monat angibt (1999 zum

* Vierzeiler 1,78
** Vierzeiler 1,88 – Napoleon I.: Der kleine Geschorene!

Beispiel), keinen Tag an; und wenn er einen Tag angibt (6. Februar wird Tod bringen), sagt er das Jahr nicht.

Es ist unbedingt notwendig, darauf hinzuweisen, daß sich Nostradamus ausschließlich in dem Rahmen der katholischen Kirche stellt. Manche Autoren glauben, das sei aus Opportunismus in einer Zeit geschehen, in der religiöse Verfolgung an der Tagesordnung war. Und einige Biographen bringen ihn sogar in die Nähe der jüdischen Kabbala oder der Rosenkreuzer usw.... Diese letzte Behauptung kann leicht widerlegt werden, denn der Rosenkreuzer-Orden wurde 1604 gegründet, das Rosenkreuzer-Manifest erst 1623 veröffentlicht. Nostradamus aber ist 1566 gestorben!

In seinem Buch "Les Prophéties de Nostradamus" (Ed. Pierre Belefond), schreibt Serge Hutin: "Es ist gar nicht abwegig, anzunehmen, daß Nostradamus eine bedeutende Rolle in einer geheimen Rosenkreuzer-Sekte innegehabt haben könnte: denn im 16. Jahrhundert spürt man bereits, daß sich mit Männern wie Agrippa und Paracelsus jene rosenkreuzerische Offenbarung vorbereitet, die im folgenden Jahrhundert stattfinden sollte."

Uns scheint es sehr wohl abwegig, Nostradamus ohne jeglichen historischen Beweis einer geheimen oder nicht geheimen Gesellschaft zuzurechnen, da doch der Prophet selbst in seiner gewissenhaften Vision der Zukunft jegliche Spekulation in dieser Richtung dezidiert abweist, wenn er im ersten Vierzeiler der ersten Centurie schreibt:

I-1

"Sitzend auf dem ehernen Stuhl alleine,
Die geheime Wissenschaft enthüllt
Bei dem nächtlichen Geflimmerscheine
Dinge, die der Zeiten Lauf erfüllt."

Wenn er diese Warnung an den Beginn seines Werkes gesetzt hat, dann muß auch Nostradamus vorhergesehen haben, daß man versuchen würde, ihn mit einer Unzahl von Etikettierungen zu versehen, die in keinerlei Bezug zu ihm oder zu seinem Werk stehen.

Andere Autoren wollen aus ihm einen Astrologen machen. Aber Nostradamus selbst gibt sich nirgendwo diesen Titel. Er nennt sich Astrophile, was dem modernen Wort Astronom entspricht. Als Beispiel sei hier etwa angeführt, daß Nostradamus im Jahre 1555, also noch lange vor Galilei, der erst zwei Jahre nach seinem Tod auf die Welt kam, die totale Sonnenfinsternis in Paris im Jahre 1999 vorhergesagt hat. Unzählige Astrologen haben bei Nostradamus Systeme und Schlüssel im Sinne der modernen Astrologie gesucht, aber keiner ist zu einem Ergebnis gekommen. Was uns eigentlich schon erlaubt, die Spreu vom Weizen zu trennen, da unserer Meinung nach die prophetische Saat bereits begonnen hat aufzugehen.

Die einzige Astrologie, von der Nostradamus spricht, ist die "judicielle Astrologie"*, die vor allem in der Beobachtung der Bewegungen der Planeten und der Konstellationen zueinander besteht, ohne jegliche Extrapolation, die zu einem Einfluß auf die Entwicklung der Menschheitsgeschichte führen könnte. Als großer Seher erkannte Nostradamus sehr genau, daß das Wort Astrologie im Laufe der Jahrhunderte seine Bedeutung verändern würde und grundlegend von der Astronomie zu unterscheiden sei. Darum hat er auch in die Mitte seines Werkes, an das Ende der VI. Centurie, den einzigen Vierzeiler in lateinischer Sprache gesetzt, der überhaupt keinen Zweifel über seine Ablehnung einer eventuellen Interpretation seines Werkes durch Astrologen offen läßt:

> "Omnesque Astrologi, Blenni, Barbari procul sunto . . ."**
> "Und daß alle Astrologen, Toren und Barbaren sich fernhalten. . ."

Ebenso streng verurteilt er die Magie in dem Brief an seinen Sohn Cäsar, in unzweideutigen Worten:

Aber noch eins, mein Sohn, ich bitte Dich, daß Du niemals Dein Augenmerk auf solche Träumereien und eitlen Wahngebilde richten möchtest, die den Körper austrocknen, die Seele ins Verderben stürzen und in dem schwachen Verstand Verwirrung anrichten; denn die Eitelkeit der abscheulichen Magie ist von alters her schon durch die

* weiter unten im Brief an seinen Sohn Cäsar
** Vollständiger Vierzeiler im Text

Heilige Schrift verworfen worden und durch verschiedene kanonische Bücher verdammt. In einem Hauptpunkt ist das Urteil über die judicielle Astrologie ausgenommen. Durch diese und durch die Inspiration sowie durch die göttliche Offenbarung, unterstützt durch dauernde (astronomische) Berechnungen, empfangen wir unsere Vorhersagen und haben sie schriftlich abgefaßt.

Die Grundlage der prophetischen Inspiration von Nostradamus ist vorwiegend göttlich. So verwendet er etwa die judicielle Astrologie, um das Datum einer Sonnenfinsternis zu geben, aber auch wegen der Symbolik der Namen der Planeten. Saturn etwa bezeichnet eine Epoche, eine genaue Zeit, wegen seiner griechischen Entsprechung*, Mars bedeutet Krieg, usw . . . Nostradamus stellt sich also in eine Reihe mit allen seriösen und wirklich glaubwürdigen Propheten, zu denen vor allem die Propheten des Alten Testamentes gehören.

Zu behaupten, bei Nostradamus' Prophezeiungen würde es sich um irgendwelche Phantasieprodukte handeln, wäre ein Zeichen von intellektueller Unaufrichtigkeit, die jene Leute auszeichnet, deren Ideen mit denen des Arztes von Salon nicht übereinstimmen.

Wenn also etwa Nostradamus mit dem republikanischen Regime, das er mit nicht sehr schmeichelhaften Worten bedenkt, besonders streng ins Gericht geht, so könnte ein allzu republikanischer Exeget, der unfähig wäre, hinter die Probleme der Parteien und Ideologien zu blicken, verleitet werden, den Text systematisch zu "arrangieren" und alles, was ihm daran unpassend erschiene, abzuschwächen. Nur zwei Beispiele seien erwähnt:

I, 61 "Die Republik, elend und unglücklich"
VI, 74 "Die Verbannte wird wieder zur Herrschaft gelangen".

Ferner sei noch erwähnt, wie Nostradamus die Republik sonst benennt: etwa die "Dame allein" (II-87), also Marianne, die Frau ohne Gemahl, was auch den Begriff "unfruchtbare Dame" (VI-63) erklärt.

* Kronos: die Zeit

Mit anderen Worten, wenn ein Vierzeiler von Nostradamus nicht in den Sinn des Lesers oder gar des Exegeten paßt, kann man sicher sein, daß dieser ihn verdrehen wird, statt ihn korrekt zu übersetzen!

Das war vermutlich einer der Gründe, die Dr. de Fontbrune bewogen, eine Exegese im Geiste des Nostradamus zu verwirklichen und es ihm ermöglichten, zum erstenmal aus dem Text Ereignisse vorauszusagen.

Der Leser möge nun selbst ein Bild vom Werke des Nostradamus in der Entzifferung meines Vaters, des Dr. de Fontbrune, gewinnen.

Jean-Charles de Fontbrune.

KAPITEL I

Die Methode zur Deutung der Centurien

"Ich bekenne vor Gott und seinen Heiligen, daß ich nichts in diesen Schriften niederlege, was gegen den wahren katholischen Glauben gerichtet ist."

Nostradamus Brief an Heinrich den Zweiten.

Prophetinnen wie Kassandra haben die Zukunft noch nie ändern können. Schon die schöne Tochter des Priamos hatte die Trojaner vor dem berüchtigten Pferd der Griechen gewarnt – doch niemand glaubte ihr. Auch Agamemnon hörte nicht auf sie, als sie ihm sein tragisches Schicksal voraussagte.

Seit der Antike, seit den ersten legendären Berichten, die noch immer in der Phantasie der Völker leben, bilden die prophetische Realität und die Ungläubigkeit der Menschen ein untrennbares Gespann.

Dieses zeitlose Dilemma finden wir auch in der Heiligen Schrift wieder. Blaise Pascal schrieb dazu: "Die Menschen, denen Christus ein Ärgernis war, die ihn verworfen und gekreuzigt haben, sind dieselben Menschen, die den Büchern glauben, die von ihm zeugen. Wie dort geschrieben steht, sagen sie auch, daß er verworfen werde und ein Ärgernis sei – und merkten nicht, daß sie ihn durch ihre eigene Ablehnung kennzeichneten. Er wurde bewiesen – von den gerechten Juden, die ihn aufgenommen haben und von den ungerechten, die ihn abgelehnt haben, wie beides vorhergesagt worden ist." (Gedanken, A.VII–7).

Das wirft nun die Frage auf, wem die Prophezeiungen nützen sollen und warum die Propheten überhaupt schreiben, wenn ohnehin niemand auf sie hört, bevor ihre Voraussagen tatsächlich eingetroffen sind.

Aber diese Frage ist nur scheinbar paradox. Prophezeiungen, die erst zu einem späteren Zeitpunkt eintreten, werden gemacht, um die göttliche Allmacht zu beweisen, die sie inspiriert hat: "Damit die Menschen wissen, daß ich der Herrgott bin", sagt das Alte Testament. Würden sie zu lange im voraus geglaubt, zerstörten sie sich selbst. Denn dann gäbe es keinen Erfüllungszwang mehr.

Deshalb findet man in den meisten Texten mit langfristigeren Prophezeiungen diese merkwürdigen Verschleierungen, die sie in Dunkel hüllen – bis zu dem Tag, an dem die Verkettung von Ursachen und Wirkungen, auf die der menschliche Wille einwirkt und die wir Schicksal nennen, weit genug fortgeschritten ist, um nicht mehr aufgehoben werden zu können.

"Deshalb", fährt Pascal fort, "haben die Prophezeiungen einen versteckten Sinn . . . Andererseits jedoch, wäre dieser Sinn so versteckt gewesen, daß er nie aufgetaucht wäre, hätte er dem Messias nicht als Beweis dienen können. Was ist also geschehen? Dieser Sinn war in der großen Anzahl der Textstellen verdeckt, tauchte aber doch in einigen so klar auf, daß er klarer als die Sonne ist. Eben dieser Sinn ist an einigen Stellen so klar dargelegt, daß man, um ihn nicht zu erkennen, schon so verblendet sein muß, wie das Fleisch (das Materielle) einen abhängigen Geist verblendet."

Diese Zeilen sind das Ergebnis einer Auseinandersetzung mit dem Alten Testament und sie sind am besten geeignet, die biblische Tradition, auf die sich Nostradamus beruft, zu erläutern.

Wären die Voraussagen, die in den Centurien enthalten sind, alle im Klartext verfaßt worden, so daß jeder darin wie in einem offenen Buch lesen könnte, hätten nicht einige hundert Jahre vergehen müssen, bis die Menschen sie endlich verstehen könnten – sie wären überflüssig. Wären sie im Gegenteil völlig hermetisch, hätte sich niemand gefunden, der sich dafür interessiert, und der Text hätte nur wenige Jahre überdauert.

Wie ist der Verfasser nun vorgegangen? Genau wie Pascal in seiner Anmerkung zu den Messianischen Prophezeiungen: "Der Sinn war in einer großen Anzahl Textstellen verdeckt, tauchte dafür aber in einigen so klar auf, daß er klarer als die Sonne ist." Nostradamus dachte an nichts anderes, als er in seinem Brief an König Heinrich den

Zweiten erklärte: “Die Unbill der Zeit, durchlauchtigster König, erfordert, daß solche verborgenen Ereignisse nur in rätselhafter Sprache geoffenbart werden . . .” Viele der Dinge, die da kommen sollen, seien klar und richtig angeführt. Jedoch in ihrer Gesamtheit könnte und wollte er sie nicht vorher aufklären, da diese furchtbaren Tatsachen erst dann richtig verstanden würden, wenn das Schicksal begonnen hätte, sich zu erfüllen.

Die Analogie zwischen den Heiligen Prophezeiungen und jenen von Nostradamus ist nicht nur der Form nach, sondern auch in ihrer Art, ihrer Essenz und sogar in ihrem Ursprung bemerkenswert.

In demselben Brief heißt es ausdrücklich, daß die “in Dunkelheit gehüllten” Sätze, in denen die Zukunft niedergeschrieben ist, “so sich die Centurien doch nähern der Sprache eines jener tausend und zwei Propheten, die es seit Erschaffung der Welt gegeben hat nach Joels phönizischer Zeittabelle.” Seine Worte greift Nostradamus auf: “Ich will meinen Geist ausgießen über alles Fleisch, und es werden weissagen eure Söhne und eure Töchter” (Vers 28). Demütig fährt Nostradamus fort: “Aber eine solche Prophezeiung kam durch den Mund des heiligen Geistes, der höchsten ewigen Macht. Durch sie und mit der Hilfe des Himmels war es einigen wenigen möglich, große und wunderbare Ereignisse vorauszusagen.

Ich maße mir nicht den Titel eines Propheten an. Aber ich bekenne, daß meine Quelle aus Gott kommt – ihm schulde ich Dank, Preis und Lob in Ewigkeit –, und daß meine Prophezeiungen nichts mit Wahrsagerei zu tun haben. Sie sind rein göttlicher Natur.”

Diese Übereinstimmung in der geistigen Haltung ist noch nicht alles. Auch die Sprachbilder, die den Sinn der Weissagungen verhüllen, hat Nostradamus aufgegriffen.

Zum Beispiel im Buch Joel: “Und der Herr wird zu seinem Volk sprechen und sagen: Und ich will den Feind aus Norden von euch wegtreiben und in ein dürres und wüstes Land verstoßen, seine Spitze in das östliche Meer und das Ende in das westliche Meer.”

Der Feind aus Norden, das östliche Meer, Zion und Babylon, die Einwohner von Azoth, die Kinder Amons, Blut, Feuer und Wasser, Wein und Öl, die Hügel, die von

Milch fließen, die Heuschrecken usw., das alles sind Ausdrücke, die in den biblischen Weissagungen ebenso wie in Nostradamus' Prophezeiungen immer wiederkehren.

Daraus kann man schließen, daß die Schriften des Propheten von Salon im Geiste und im Wort den heiligen Schriften ähneln, auf die sie sich respektvoll berufen. Seine Prophezeiungen können deshalb als ein inspirierter Kommentar und als historische Weiterentwicklung der Bibelstellen angesehen werden.

Nostradamus sieht eine Welt voraus, die von den Errungenschaften der Wissenschaft und einem ungerechtfertigten Hochmut aufgewühlt wird – wie der Prophet Joel: "Ihr Hochmut steigt als fauliger Gestank zum Himmel auf." Aber hätte Nostradamus nicht die Aufgabe gehabt, in seinem Buch die Vorboten der Endzeit zu verzeichnen?

Hinweise, die jeden Zweifel ausschließen, gibt es genug. Außer der Herrschaft des Antichristen, der namentlich angeführt wird, führt uns der Brief an Heinrich den Zweiten durch sein apokalyptisches Labyrinth. Es heißt darin: Wiewohl ich noch schriftlich zu hinterlassen hoffe die Jahre, Städte, Ortschaften und Regionen, in welchen der größere Teil sich ereignen wird, . . . beginnend mit dem gegenwärtigen Datum, welches ist der 15. März 1547, und weiter gehend, tief in die Zukunft bis zu dem Ereignis, welches nachher eintreten wird zu Anfang des siebenten Tausends, . . . wo die Feinde Jesu Christi und seiner Kirche beginnen, sich stärker zu vermehren . . .

Dieses Ereignis, das unmittelbar auf die Verfolgung der Kirche folgt, kann nur im Sinn des zweiten Kommens des Messias verstanden werden, wie es in den Evangelien vorausgesagt wird: "Und alsdann wird erscheinen das Zeichen des Menschensohnes am Himmel. Und alsdann werden heulen alle Geschlechter auf Erden und werden kommen sehen den Menschensohn in den Wolken des Himmels mit großer Kraft und Herrlichkeit" (Matthäus 24,30).

Nun bleibt zu klären, was Nostradamus unter dem siebenten Tausend versteht. Den Schlüssel liefern uns das Studium seiner Schriften und die allgemeine historische Kritik.

Der Brief an Heinrich den Zweiten umfaßt zwei Chronologien aus der Heiligen Schrift, die den Ursprung des Volkes Gottes mit Adam um das Jahr 4000 v. Chr. festlegen.

Obwohl er seine Zahlen so genau wie möglich angeben möchte, gibt Nostradamus zu, daß sie nur Annäherungen sein können: "Bis zu unserem Herrn Jesus Christus sind mehr oder weniger 4173 Jahre vergangen." Seiner Meinung nach sind also vor unserer Zeit nicht mehr als vier Jahrtausende vergangen.

Wenn er jedoch andererseits schreibt: "beginnend mit dem gegenwärtigen Datum, welches ist der 15. März 1547", zählt er wie die Historiker, die die Geburt Christi als Ausgangspunkt der Zeitrechnung betrachten. Der Hinweis auf das "Tausendalter", das runde Jahrtausend, wird ohne jede Zweideutigkeit im folgenden Vers der X. Centurie genannt:

> Wird sich die große Sieben wieder zeigen,
> Fängt der Hekatomben Festzeit an,
> Und das Tausendalter kommt heran,
> Wo die Toten aus dem Grabe steigen.

Die Wiederkehr der Großen Sieben bezieht sich einerseits auf die Bedeutung der Zahl sieben in der Genesis, andererseits auf den Zeitraum von 6000 Jahren, der sich von 4000 v. Chr. bis 2000 n. Chr. erstreckt. Und am siebenten Tag ruhte Gott von allen seinen Werken.

Die Existenz eines oder mehrerer Zeiträume von 7000 Jahren vor dem Zeitraum, mit dem wir uns beschäftigen, würde an dieser Berechnung nichts ändern.

Und auch der Brief an Cäsar greift diesen Gedanken wieder auf: "Und was das sichtbare himmlische Gericht betrifft, stehen wir in dem siebenten Tausend, das alles vollendet, und nähern uns dem achten, wo das Firmament der achten Sphäre ist, welche sich nach der Breite hin ausdehnen wird, und wo der große ewige Gott die Umwälzung vollenden wird und die himmlischen Zeichen sich wieder neu bewegen werden . . ."

Die Annahme, der Beginn des 7. Jahrtausends müsse mit dem Jahr 7000 n. Chr. übereinstimmen, wird vom Buch des Nostradamus und der historischen Kritik als reine Hypothese widerlegt.

Also können wir zusammenfassen: die Prophezeiungen des Nostradamus wie auch in der Heiligen Schrift laufen darauf hinaus, dem menschlichen Hochmut, der sich auch in der zerstörerischen Verblendung der Wissenschaft zeigt, die letzten Drangsale der Kirche und die vorbestimmte Rolle Frankreichs vorauszusagen. Diese Drangsale werden in den 177 Jahren nach der Unterzeichnung des Briefes an Cäsar vorbereitet, bis zu den Doktrinen Jean-Jacques Rousseaus, die zur französischen Revolution geführt haben, "im Jahre 1792".

Hier wird die Aktualität von Nostradamus' Offenbarung deutlich und hier zeigt sie ihren wahren Wert. Es ist unmöglich, ein solches Dokument zu lesen und zu begreifen, ohne den Hintergrund der übersinnlichen und religiösen Philosophie der Geschichte zu berücksichtigen.

KAPITEL II

Das Leben des Nostradamus

Michel de Nostredame, alias Nostradamus, wurde am Donnerstag, dem 14. Dezember 1503, in Saint-Rémy-en-Provence geboren. Sein Vater, Jacques de Nostredame, war Notar. Seine Mutter hieß Renée de Saint-Rémy. Jean de Nostredame, sein Bruder, war Prokurator beim Parlament von Arles. Er hatte den Ruf eines großen Chansonniers und hinterließ die "Sammlung der berühmtesten Leben der alten provencalischen Dichter zur Zeit der Grafen der Provence" (1575).

Jean-Aymé de Chavigny, ein Schüler von Nostradamus, Doktor der Theologie und des Rechts, Magistrat in Beaune im Jahre 1548, verfaßte eine Biographie: "Kurze Abhandlung über das Leben von Herrn Michel de Nostredame, ehemals Berater und Arzt der allerchristlichsten Könige Heinrich II., Franz II. und Karl IX."

Er schreibt, daß der junge Michel in Avignon die Humanwissenschaften studierte, an der Universität von Montpellier die Fächer Philosophie und Medizin belegte und im Alter von 26 Jahren sein Doktorat mit Auszeichnung erhalten hat.

In Agen schloß er sich dem berühmten Arzt und Philologen Jules-César Scaliger an, einem außergewöhnlich gebildeten Mann. Dort heiratete Nostradamus auch – verlor aber bald Frau und zwei Kinder, die aus der Ehe hervorgegangen waren, durch eine Seuche. Nach dieser schweren Prüfung zog er sich in das belgische Orval-Kloster zurück, wo er ein berühmtes prophetisches Dokument verfaßt haben soll, das diesen Namen trägt – allerdings, ohne es zu unterzeichnen.

Später kehrte er in sein Heimatland zurück. Er wurde mit Medikamenten, die er gegen eine furchtbare Epidemie verordnete, berühmt und von seinen Berufsgenossen neidisch verfolgt. Er heiratete Anne Ponce Gemelle. Mit ihr hatte er drei Söhne und drei Töchter. An den ältesten dieser Söhne, 1555 geboren, richtet sich scheinbar der Brief an Cäsar, das Vorwort seiner berühmten Prophezeiungen.

Nostradamus gehörte dem Dritten Orden des Heiligen Franziskus an. Sogar Papst Pius IV., dem er seinen Almanach aus dem Jahre 1562 widmete, unterstützte ihn. Über religiöse Gefühle des Sehers schreibt Chavigny: "Er war den Zeremonien der Römischen Kirche tief verbunden und folgte dem katholischen Glauben und der katholischen Religion, außerhalb derer – wie er versicherte – es kein Heil geben könne. Streng rügte er Christen, die aus dem Schoße der Kirche ausgetreten waren, sich von fremden und verdammenswerten Lehren den Kopf verdrehen ließen, und sagte ihnen ein böses Ende voraus. Er übte sich willig in Fasten, Gebeten, Barmherzigkeit."

Über Nostradamus' Herkunft sagt Chavigny: "Seine väterlichen und mütterlichen Vorfahren waren als Wissenschaftler bekannt; der eine war der Arzt von René, König von Jerusalem und Sizilien, Graf von Provence, der andere der Arzt von Johannes, Herzog von Kalabrien, Sohn König Renés."

"Über die Prophezeiungen des Nostradamus fährt Chavigny fort: "Da er die großen Revolutionen und Umwälzungen in Europa voraussah und sogar die blutigen Bürgerkriege, die grausamen Unruhen, die dieses Königreich heimsuchen sollten, begann er seine Centurien und seine anderen Weissagungen niederzuschreiben."

Die erste Ausgabe erschien 1555 in Lyon bei Macé Bonhomme und umfaßte lediglich den Brief an Cäsar und die sieben ersten Centurien. 1568 wurde, wieder in Lyon, eine neue Ausgabe bei Rigaud gedruckt, ergänzt durch den Brief an Heinrich den Zweiten und die Centurien VIII, IX und X. Verantwortlich war Bruder Jean Vallier des Minoritenklosters von Saint-François-de-Salon. Nach einigen, weniger bedeutenden Neuauflagen brachte J. Jansson das Werk, wie wir es heute kennen, in Amsterdam heraus.

Die Prophezeiungen des Nostradamus waren sehr erfolgreich – so sehr, daß Heinrich II. den Seher 1556 an seinen Hof berief und ihn mit Geschenken überhäufte. Etwas später besuchte ihn Karl IX. im Laufe einer Reise und ernannte ihn zu seinem Leibarzt.

Michel de Nostredame starb im Morgengrauen des 2. Juli 1566 "im Alter von zweiundsechzig Jahren, sechs Monaten, siebzehn Tagen", wie auf seinem Epitaph vermerkt ist, an Wassersucht. Er hatte das zweifelhafte Privileg, den Tag seines Todes zu kennen. Ende Juni schrieb er auf die Ephemeriden von Johannes Stadius: "Hic prope mors est." Hier ist mein Tod nahe.

Seine Leiche wurde unter dem Hauptaltar der Franziskanerkirche von Salon-en-Provence bestattet, aber nach 1789 zum Marienaltar der Kirche Saint-Laurent-de-Salon überführt. Dort steht auf seinem Grabstein die Inschrift:

RELIQVIE MICHAELIS NOSTRADAMI IN HOC SACELLVM TRANSLATE FVERVNT POST ANNVM MDCCLXXXIX.
EPITAPHIVM RESTITVTVM MENSE IVLIO ANNO MDCCCXIII.
D.O.M.
CLARISSIMI OSSA MICHAELIS NOSTRADAMI VNIVS OMNIVM MORTALIVM IVDICIO DIGNI CIVIS PENE DIVINO CALAMO TOTIVS ORBIS EX ASTRORVM INFLVXV FVTVRI EVENTVS CONSCRIBERENTVR. VIXIT ANNOS LXII MENSES VI DIES XVII. OBIIT SALONE ANNO MDLXVI QVIETEM POSTERI NE INVIDETE.
ANNA PONTIA GEMELLA SALONIA CONIVGI OPTAT V. FELICIT.

Um Nostradamus drehte sich auch ein Gespräch am 3. Februar 1667 bei Sir G. Carteret. Samuel Pepys berichtet: "Sir Carteret erzählte uns, daß Nostradamus bei seinem Tode die Mitbürger schwören ließ, sein Grab niemals zu öffnen. Sechzig Jahre später wurde es dennoch geöffnet. Auf seiner Brust fand man ein Kupferplättchen mit einer Inschrift, die die Niedertracht der Menschen dieser Stadt verdammte, weil sie seine Ruhe trotz des Versprechens an jenem Tag, in jenem Jahr, zu jener Stunde gestört hätten."

Schon damals rankten sich um den Verfasser der Centurien die merkwürdigsten Histörchen . . .

KAPITEL III

Nostradamus: Ein Prophet wie die biblischen Seher

> Nicht die Ordnung der Welt gilt es zu ändern, sondern die eigenen Ziele.
>
> *Descartes*

Das prophetische Buch des Nostradamus umfaßt: *1.* den Brief an seinen Sohn Cäsar; *2.* den Brief an König Heinrich den Zweiten; *3.* die Centurien, zwölf an der Zahl, deren jede, wie der Name sagt, hundert Strophen zu zehn bis elf Versfüßen enthält, mit Ausnahme der VII., XI. und XII-. Centurie, die nur je 44, 2 und 11 Strophen umfassen; *4.* die Weissagungen, weitere 141 Strophen, die jede den Namen eines Monats des Jahres tragen; *5.* die Sechszeiler, 58 Strophen zu je 6 Zeilen.

Auf den ersten Blick scheint sein Werk fast ohne jeden Sinn zu sein. Die Unverständlichkeit der Voraussagen war es auch hauptsächlich, die Nostradamus zum Vorwurf gemacht wurde.

Aber dieser Vorwurf ist in doppelter Hinsicht nicht gerechtfertigt:

Erstens ist die Verdunkelung der Prophezeiungen notwendig, wie wir schon festgestellt haben. Zweitens kann der Verfasser eines Werkes nicht für die Unwissenheit oder die Verblendung seiner Leser verantwortlich gemacht werden.

Einige Tatsachen treten trotzdem sofort aus der allgemeinen Nebulosität hervor. Ihr Sinn liegt für die Vergangenheit und auch für die Zukunft offen dar – teilweise sogar schon von der Geschichte untermauert. Viele andere sind zwar noch undurchsichtig, aber unter dem Schleier, der sie vor einer verfrühten Klarheit schützt, nicht weniger genau.

Deshalb geht es nicht so sehr darum, bewußt unverschlüsselte Stellen aus dem Buch zusammenzutragen, sondern darum, nachzuforschen, wie die anderen verschlüsselt sind, auf welche Weise sie, wie es in dem Brief an Cäsar heißt, “in Dunkelheit gehüllt” wurden.

Aber ist selbst das klarste Stück tatsächlich vor seiner Verwirklichung verständlich? Man kann heute zum Beispiel kaum leugnen, daß der folgende Vers Kaiser Napoleon I. betrifft:

> Bei Italien wird geboren ein Kaiser
> Dem um teuren Preis verkauft der Thron,
> Nicht sowohl als Fürsten, denn als Fleischer
> Schildern ihn, mit denen er zu tun.

Wer hätte zur Zeit Ludwigs XIV. mit Hilfe dieser wenigen Zeilen die Kriege der französischen Revolution und die militärische Macht Bonapartes voraussehen können?

Zur Deutung hätten zwei Voraussetzungen erfüllt sein müssen: 1.: Aus der großen Zahl der Voraussagen hätte die richtige entschlüsselt werden müssen. Auf dieser Basis können erst die Komplementärfakten erkannt werden, die selbst auch so bedeutend sind, daß sie verborgen wurden. 2.: Warten, daß das Schicksal beginnt, seinen Lauf zu nehmen.

Die letzte Voraussetzung hätte in den 382 Jahren, die seit der Veröffentlichung der Prophezeiungen vergangen sind, erfüllt werden können. Doch für die Entschlüsselung gibt es nur einen Weg: das sorgfältige Studium des ganzen Textes, vom Anfang bis zum Ende, Zeile für Zeile.

Dazu müssen zunächst die verschiedenen Teile des Werkes gegliedert werden. Die Geschichte der verschiedenen Ausgaben ist der erste Schritt. Wir wissen, daß der Brief an Cäsar zunächst für sich allein erschienen ist, mit den Centurien I-VII. Die folgende Ausgabe, von Lyon oder Troyes genannt, über die wir hier auch verfügen, hat die alte Gliederung nicht umgestoßen: der Brief an Heinrich den Zweiten steht vor den Centurien VIII, IX, X, XI, XII und den Sechszeilern.

Daraus folgt, daß das Werk aus zwei Teilen besteht; dabei ergänzt der zweite den ersten. Erst in der späteren Amsterdamer Ausgabe wurde diese Gliederung durch die Zusammenstellung der Centurien verändert. Außerdem müssen die Weissagungen und die Sechszeiler als einzelne, vollständige Zusatzglieder betrachtet werden.

Aus didaktischer Notwendigkeit und zur Vereinfachung der Darstellung übernehmen wir hier diese letzte Gliederung. Für die genaue Untersuchung der Texte ist die ursprüngliche Anschauung jedoch außerordentlich wichtig.

Das prophetische Monument des Nostradamus kann man beinahe mit einem Mosaik vergleichen, mit einem Puzzle-Spiel, bei dem nur die Aneinanderreihung der Fragmente jedes Bandes das Ganze beleuchtet. Wir werden also die Kette der Ereignisse nachvollziehen und die Abschnitte aneinandersetzten, um zum Ziel zu kommen. Bevor man sich an diese schwierige Aufgabe macht, müssen jedoch erst einmal einige Stücke erklärt werden. Natürlich beginnt man mit den kürzesten und am leichtesten lesbaren.

Der Brief an Cäsar zu Beginn des gesamten Buches ist im Französisch des 16. Jahrhunderts abgefaßt; er ist mit Ausnahme einiger prophetischer Elemente gut lesbar:

> Die Reiche, Parteien und Religionen (werden) einem so jähen Wechsel unterworfen sein, der in diametralem Gegensatz zur Gegenwart steht. Ich erkannte aber, daß, wenn ich die Gesichte der Zukunft aufzählen würde, die Anhänger der Reiche, der Parteien und der Religionsgemeinschaften sie nicht übereinstimmend finden würden und sie aufgrund ihrer ausschweifenden Phantasie so weit kommen müßten, die unausweichliche Zukunft auf Jahrhunderte hinaus zu verwerfen. Ich dachte auch an die Worte des Erlösers: Wollet nicht das Heiligtum den Hunden geben und die Perlen vor die Säue werfen, damit jene sie nicht mit Füßen treten, sich umwenden und euch zerreißen! Weil ich auch darum meine Verkündung der Öffentlichkeit vorenthalten und meine Feder nicht auf das Papier gesetzt habe, und gewillt war, das Geschriebene auszulöschen, weil doch einmal das allgemeine Ereignis kommen wird . . .

Nostradamus stellt also die Umwälzung der sozialen und religiösen Ordnung seiner Zeit an die erste Stelle. Sie wird durch eine neue Ordnung ersetzt werden, die ihr vollkommen entgegengesetzt ist und die er “das allgemeine Ereignis” nennt. Er meint die Machtübernahme der Masse, die Ablösung der vererbten hierarchischen Ordnung durch Wahlsysteme, die auf alle ausgedehnt sind.

Nach der Erklärung, Gott allein kenne die Zukunft und Gott allein könne sie den Menschen bekannt machen, bittet er seinen Sohn, und wahrscheinlich auch den Leser: ich bitte Dich, daß Du niemals Dein Augenmerk auf solche Träumereien und eitlen Wahngebilde richten möchtest, die den Körper austrocknen, die Seele ins Verderben stürzen und in dem schwachen Verstand Verwirrung anrichten; denn die Eitelkeit der abscheulichen Magie ist von alters her schon durch die Heilige Schrift verworfen worden und durch verschiedene kanonische Bücher verdammt. In einem Hauptpunkt ausgenommen ist das Urteil über die judizielle Astrologie. Durch diese und durch die Inspiration, sowie durch die göttliche Offenbarung, unterstützt durch dauernde astronomische Berechnungen, empfangen wir unsere Vorhersagen und haben sie schriftlich abgefaßt.

Mit diesen eindeutigen Worten klärt er seine religiöse Position und bezieht Stellung gegen die Philosophen, die falschen Propheten und einfachen Wahrsager und gegen alle minderwertigen Kunstgriffe, die dazu benützt werden, die Zukunft vorauszusagen. Die Astrologie war für ihn nur ein Mittel, das es der göttlichen Offenbarung ermöglicht, sich zu zeigen.

Diese wenigen Zeilen genügen, um den Sinn des lateinischen Vierzeilers zu Beginn der Centurie VII zu verstehen:

LEGIS CAUTIO CONTRA INEPTOS CRITICOS
Qui legent hosce versus mature censunto:
Prophanum vulgus et inscium ne attrectato
Omnesque Astrologi, Blenni, Barbari procul sunto,
Qui aliter facit, is, rite sacer esto.

WARNUNG GEGEN DIE KRITISCHEN TOREN
Daß jene, die diese Verse lesen, diesbezüglich urteilen:
Daß der gemeine und unwissende Profane nicht angezogen werde
Und daß alle Astrologen, Toren und Barbaren sich fernhalten,
Daß jener, der anders handelt, gerecht geheiligt werde.

Mit diesen beiden Grundgedanken, einem Glaubensbekenntnis und dem Umsturz der monarchischen sozialen Ordnung, kommen wir zum zweiten Schriftstück. Auf der Grundlage desselben Parallelismus eröffnet er uns einen ersten Weg der Entwicklung: der Brief an Heinrich den Zweiten.

Wenn wir den Zeitpunkt der Ausrufung der 1. Republik "im Jahre tausendsiebenhundertzweiundneunzig" wiedergefunden haben und die Ereignisse in diesem Zeitraum, der sich bis zum Kommen des Antichristen erstreckt, können wir mit den Centurien beginnen. Dann haben wir nämlich einen allgemeinen Plan für die ab 1555 vorausgesagte Zukunft und den Rahmen, der den 1156 Strophen eine gewisse Ordnung verleiht.

Im Laufe dieser Arbeit konnten wir verschiedenes beobachten, was für den weiteren Verlauf unserer Nachforschungen sehr nützlich war.

Während der Brief an Cäsar in altem Französisch verfaßt wurde, weisen die Redewendungen des Briefes an Heinrich den Zweiten Charakteristika des lateinischen Satzbaus auf. Außerdem sind viele der Wörter reine lateinische Vokabeln. Einige andere gehen auf das Griechische zurück; sie sind zwar mit französischen Elementen ergänzt, man braucht jedoch nur auf ihren klassischen Sinn zurückzugreifen, wie er in den Wörterbüchern dieser Sprachen zu finden ist.

Überhaupt war die französische Sprache zur Zeit des Nostradamus in der Renaissance noch fest mit dem Griechisch-Lateinischen verwoben. Erst unter Ludwig XIV. und zur Zeit der Schriftgelehrten des Grand Siècle befreite sie sich endgültig von diesem Einfluß.

Und hat sich unser Autor nicht auch bemüht, Worte aus ausländischen Sprachen einzubeziehen, sei es nun Englisch, Spanisch oder sogar Arabisch, wenn das Ereignis, auf das sich die Prophezeiung bezieht, mit einem dieser Länder zu tun hat?

Im Lichte dieser Beobachtung können wir nun auf dem Schachbrett der Centurien einen Fuß vor den anderen setzen.

Eine weitere Frage lautet: Ist jeder Vierzeiler ein Ganzes, das für sich allein betrachtet werden muß – in anderen

Worten ein festes Teil des Puzzles –, oder gibt es im Gegenteil einen mathematischen Schlüssel, mit dessen Hilfe die Strophen zu einer berechneten Anordnung zusammengefaßt werden können?

Das Hauptargument gegen diese letzte Hypothese geht aus den eigenen Erklärungen des Nostradamus hervor. Im Brief an Cäsar und vor allem im Brief an Heinrich den Zweiten taucht immer wieder der Ausdruck "prophetische Vierzeiler" auf. Deshalb kann man wohl annehmen – will man Nostradamus nicht der absichtlichen Irreführung bezichtigen –, daß jeder Vierzeiler zusammengehörende Voraussagen enthält.

"Ich habe mich . . . lange gefragt, wem ich diese drei Centurien, die von meinen Prophezeiungen noch übrig waren und das Tausend komplett machen, widmen sollte" – das bedeutet eindeutig, daß jede der tausend Centurien in sich eine untrennbare Einheit bildet.

Auch die folgenden Sätze deuten auf diese Systematik hin: "Die meisten sind komponiert und abgestimmt auf Grund astronomischer Berechnungen und entsprechen den Jahren, Monaten und Wochen . . ." Warum die meisten, und nicht alle? Immer wieder aus demselben Grund: weil außer bei jenen, die klar verständlich sind, "die Unbill der Zeit, durchlauchtigster König, erfordert, daß solche verborgenen Ereignisse nur in rätselhafter Sprache geoffenbart werden, die nicht nur einen Sinn und eine verständliche Erklärung zulassen, jedoch nicht so, daß eine zweideutige und doppelsinnige Berechnung aufgestellt wird. Obzwar in Dunkelheit gehüllt, eine Folge der natürlichen Eingebung, so nähern sich die Centurien doch der Sprache eines jener tausendundzwei Propheten, die seit der Erschaffung der Welt nach der phönizischen Zeitentabelle des Joel lebten . . ."

In einem so minutiös angelegten Werk kann man die Warnungen nicht übergehen, die er hier und dort ausgesprochen hat.

Erstens könnten sich sonst die zügellosesten Phantasien frei entfalten, zweitens wäre es eine sonderbare Art und Weise, den Verfasser eines Textes, der alle Merkmale eines heiligen Dokumentes aufweist, zu ehren, würde man ihn der absichtlichen Lüge oder Irreführung bezichtigen.

Das ist einer der Hauptgründe, weshalb das Buch des Nostradamus wörtlich aufgefaßt werden muß, sein geistiger Inhalt ebenso wie seine Form. Man darf nicht versuchen, Worte oder Satzzeichen zu ändern – außer bei den seltenen typographischen Fehlern – und auch die Interpretation muß sich in strengen Grenzen halten.

Auf dieser Grundlage wird man, besonders was die Centurien betrifft, herausfinden, daß die meisten Vierzeiler tatsächlich zu "heikel und gefährlich" sind, als daß man ihnen freien Lauf geben könnte.

Das liegt an der unvereinbaren Zusammenstellung der Wörter, die sich wie in einem echten Kauderwelsch Vers an Vers aneinanderreihen. In der Tat stehen wir vor einem Gebilde aus gebräuchlichen französischen Ausdrücken, aus Worten, die es in unserer Sprache überhaupt nicht gibt, auch aus Eigennamen, die teils geographisch und teils astrologisch sind, und einigen, die wieder überhaupt nichts mit uns bekannten Idiomen zu tun haben.

Will man den Text also nicht mit Phantasie gewaltsam verändern, nur um einen Sinn zu finden, wo es keinen gibt, muß man mit Hilfe der Logik drei Antworten auf drei Rätsel finden: eine für die unklaren Hauptwörter und zwei für die Eigennamen.

Ihre einheitliche und methodische Anwendung auf das gesamte Werk wird den besten Beweis für ihre Stichhaltigkeit liefern.

Am besten können wir diese drei Antworten, oder besser gesagt diese drei Schlüssel, darlegen, indem wir hier berichten, wie wir sie entdeckt haben.

Wie Champollion das Rätsel der ägyptischen Schrift gelöst hat, ist allgemein bekannt. Wenn wir hier seine Geschichte aufgreifen, so nicht deshalb, weil sich der Verfasser dieser Zeilen mit dem berühmtesten Hierographen auf eine Stufe stellen möchte. Es bestehen jedoch zwischen diesen beiden Methoden solche Ähnlichkeiten, daß es interessant ist, sie zu vergleichen.

"Am Morgen des 14. September 1822 untersuchte Jean-François Champollion die Zeichnungen, die ihm der französische Architekt Huyot aus Ägypten geschickt hatte. Diese Zeichnungen enthielten mehrere Kartuschen. Um sie zu lesen, verfügte Champollion über ungefähr fünfundzwanzig hieroglyphische Buchstaben, deren Bedeutung er aus den Namen Ptolemäus, Kleopatra, Alexander und einigen römischen Kaisern und Würdenträgern abgeleitet hatte. Eine der Kartuschen wies im oberen Teil das Zeichen auf, das wir heute noch in unseren Kalendern verwenden, um die Sonne darzustellen. Darunter befanden sich drei Zeichen, die zusammen MSES ergaben. Champollion identifizierte sodann das Sonnenzeichen mit dem Namen des Gottes Ra aus der klassischen Antike, woraus sich RAMSES ergab. Durch die Entzifferung mehrerer graphischer Varianten desselben Namens konnte die Hypothese augenblicklich verifiziert werden" (Jean Capart, Histoire de l'Orient Ancien, Hachette).

Im Brief an Heinrich den Zweiten stoßen wir auch auf einige lateinische oder griechische Ausdrücke, die Nostradamus verwendete, um seinen Text in Dunkelheit zu hüllen. So zum Beispiel in der Centurie I in den Vierzeilern 74, 75, 76 und 77, die sich mit erstaunlicher Präzision auf das Leben Napoleons I. beziehen.

Dabei fällt der Vierzeiler 77 ganz besonders auf:

Zwischen zwei Meeren wird er lagern,
Pferdesbiß gibt nachher ihm den Tod,
Sein schwarzes Segel wird Neptunus tragen
Um Calpte, und bei Rocheval die Flott.

In den meisten Vierzeilern wird man einen Vers oder ein Wort finden, der das Ganze lokalisiert. Hier zeigen die beiden letzten Verse, daß es sich um Napoleon handelt. Dazu die Auslegung : Napoleons Übergriff auf den Kirchenstaat, der wirklich zwischen zwei Meeren liegt: dem Tyrrhenischen und dem Adriatischen. Er wird daran zugrunde gehen und seinen Ärger hinunterschlucken müssen.*

Wir erfahren, daß Nostradamus den Fall des Kaisers auf diesen Fehler zurückführt. Die unter den Historikern übliche Ansicht weicht davon keineswegs ab. Auch Napoleon selbst erkannte: "Hätte ich meine Hand nicht über die Pontifikalen Staaten ausgestreckt und geglaubt, ich könnte eine geistige Macht mit Gewalt brechen, wären alle meine späteren Mißerfolge nicht eingetroffen."

* Im Französischen geht das Idiom auf den Pferdezaum zurück.

Neptun ist also das Meer und, besser noch, die Macht des Meeres, wenn man bedenkt, daß Neptun eines der Attribute des Britischen Königreichs ist. Neptun ist bei Nostradamus also weder ein astrologischer Terminus noch die Bezeichnung eines Planteten, sondern ein Symbol. Calpte wiederum taucht in keinem Lexikon auf. Das Wort gehört auch keiner Sprache an. Es ist ein Anagramm, und zwar für L. Capet.*

Was nun den Ortsnamen betrifft, gibt es auch hier eine mehr als eindeutige Erklärung. Rocheval? Warum "val"? Wegen des Reimes natürlich, doch vor allem, weil vallum auch mit "Fort" im Sinne von Festung übersetzt werden kann. Nun wird auch klar, was Nostradamus meint, wenn er sagt, er hülle die Dinge in Dunkelheit. Dazu verwendet er drei Mittel: *1.* ein philologisches System; *2.* Symbole; *3.* Anagramme.

1. Ein philologisches System. Greifen wir noch einmal auf Rocheval zurück. Val ist die Wurzel von vallum. Daraus ergibt sich die erste Regel zur Deutung des Textes: man muß bei jedem Wort auf dessen Wurzel oder etymologischen Ursprung in seiner ursprünglichen Sprache zurückgehen.

Wir werden also so vorgehen, als habe Nostradamus eigentlich vorgehabt, seine Bücher in Latein zu konzipieren – mit Ausnahme des Briefes an Cäsar. Daher dieser Stil, der so aufgebaut ist, daß man die verschiedenen Satzelemente dort suchen muß, wo sie sich im lateinischen Satzbau befinden würden, als hätte er nur die Wurzeln der verwendeten Wörter ins Französische übertragen. Die Worte, die ihren Sinn nicht verändert haben, sind die damals gebräuchlichen Wörter. Die anderen sind entweder rein lateinische oder auch griechische Vokabeln oder völlig deformierte Wörter, die scheinbar überhaupt keinen Sinn mehr ergeben. Kurz, jedes Wort muß, konkret oder bildlich, im Sinn seiner ursprünglichen Sprache aufgefaßt werden.

Diese Regel ist konstant und kennt keine Ausnahme. Hier einige Beispiele:

IV-64

Der Empörer Haupt, im Bürgerkleide
Stellt der König zur Rede ob solcher Taten

* Capet = Capetinger

Der König im Bürgerkleide ist Louis-Philippe, der "Bürgerkönig", und die Tat richtete sich gegen die Bourbonen.

III-64

Persiens Haupt erfüllt groß Olchaden

Olchas (griechisch): Handelsschiff.
Daher: Der Schah von Persien wird große Handelsschiffe füllen, er wird sich also durch den Seehandel bereichern.

VI-92

La Cité au glaive de poudre face aduste*
(Stadt mit Feuer und Schwert verheert)

Fax, -cis: Brand. Adustus: aufgezehrt.
Daher: Die von Massakern heimgesuchte Stadt wird von einem Pulverfeuer verheert.

Ost recampé et région réduicte

Hier tritt wiederum der Fall ein, daß der lateinische Sinn des Wortes nicht sofort klar aus der Etymologie hervorgeht. Réduicte geht nämlich nicht auf Reduzieren zurück, wie man spontan denken könnte, sondern vielmehr auf Reductum, d. h. zurückgeführt.

Schließlich sind auch einige Wortverbindungen nur scheinbar widersprüchlich:

Tard et tost vient le secours attendu
(Spät und früh kommt die erwartete Hilfe)

Die Hilfe kommt spät (was die kritische Situation betrifft), jedoch früh genug (um sie zu retten).

Anhand dieser Beispiele wird klar, wie Nostradamus sich bemüht, seine Schriften zu verhüllen, ohne sie jedoch wirklich zu verunstalten. Das Bemerkenswerteste ist wohl, daß er dazu die eigentliche Substanz der Sprache verwendet hat.

*Anmerkung des Übersetzers:
Zum besseren Verständnis der Methode des Dr. de Fontbrune sind in einigen Beispielen die Originaltexte angegeben.

2. Die Symbole. Die Namen, die sich in diese Kategorie zusammenfassen lassen, sind eigentlich Bilder. Sie sind ein wesentlicher Bestandteil dieses "bildlichen" Stils, der zu den Besonderheiten der Heiligen Schrift und heiliger Texte ganz allgemein zählt.

Nostradamus entlehnt seine Sprachbilder in erster Linie der Bibel, wo man sie leicht wiederfinden und verifizieren kann, und der griechisch-lateinischen Mythologie, wenn er in der Bibel keine entsprechenden Bilder finden konnte. Einige wenige hat er schließlich selbst konstruiert. Man kann sie jedoch anhand ihrer Ähnlichkeit mit den anderen leicht aufklären.

Babylon, sagt uns die Heilige Schrift, war eine reiche und mächtige, jedoch korrupte Hauptstadt. Ihr zweiter Name, *Babel,* also Verwirrung, in Erinnerung an den berühmten Turm, der sich bis zum Himmel erheben sollte und dessen ehrgeizige Erbauer Gott strafte, symbolisiert die Reiche, die aus dem wahnsinnigen Ehrgeiz einiger Männer entstanden sind. Reiche, die nicht nur durch Maßlosigkeit gekennzeichnet waren, sondern auch durch Heidentum; die absichtlich gegen die Prinzipien der wahren Religion errichtet wurden und die dazu bestimmt sind, bald durch Strafe geteilt oder zerstört zu werden.

Die Einwohner von *Azot* in Palästina, die Philister, sind Vertreter falscher Lehren, Sophisten, da sie im Alten Testament als ein Volk erscheinen, das einen Gott anbetet, der halb Mensch und halb Fisch ist, wie die Nixen der heidnischen Mythologie. Dazu auch ein Vierzeiler mit dem Beginn: "Dort und zu diesen Zeiten wird man Fischen Fleisch zuordnen."

Der biblische Ausdruck *Aquilon* ist das Symbol der Kräfte der militärischen Zerstörung. Diese Bedeutung leitet sich aus der Etymologie ab: Aquilo, -nis, der Nordwind, der eisige Wind, der Wind des Todes. Die aquilonischen Könige halten diese Kräfte in ihren Händen – vor allem die Reiche des Nordens, der borealen Hemisphäre.

Die Ausdrücke *Seuche* und *Pest* sind uns ebenfalls aus den heiligen Schriften vertraut. Im strengen Sinn bezeichnen sie epidemische Krankheiten wie auch, im übertragenen Sinn, soziale Krankheiten, beispielsweise Unmoral und Korruption der Gedanken.

Wein, Öl und *Getreide* stellen die materiellen Reichtümer und im weiteren Sinn den Wohlstand dar.

Die *Kälte,* die *Trockenheit* und die *Hungersnot* bedeuten das Gegenteil: Not und Elend.

Milch und *Honig* sind die Zeichen der Annehmlichkeit.

Die *Heuschrecken,* das Ungeziefer, sind wie in der Bibel Bilder für Kriegsflugzeuge und Wasserflugzeuge. Nach der Offenbarung des Hl. Johannes geben sie die Zeit an, in der sie auftreten werden:

> "Und die Heuschrecken sind gleich den Rossen, die zum Kriege gerüstet sind, und auf ihrem Haupt ist's wie Kronen, dem Golde gleich (Effekt der Propeller, die sich in der Sonne drehen) und ihr Antlitz gleicht der Menschen Antlitz (Piloten) und hatten Haare wie Weiberhaare und ihre Zähne waren wie die der Löwen, und hatten Panzer wie eiserne Panzer (Panzerungen aus Leichtmetall), und das Rasseln ihrer Flügel war wie das Rasseln der Wagen vieler Rosse, die in den Krieg laufen (Dröhnen), und hatten Schwänze gleich den Skorpionen (Steuerruder von der Seite gesehen), und Stacheln (Waffen), und in ihren Schwänzen war ihre Macht, Schaden zu tun den Menschen fünf Monate lang, und sie hatten über sich einen König, den Engel des Abgrunds, des Name heißt auf hebräisch Abaddon, und auf griechisch hat er den Namen Apollyon (der Auslöscher)" (Offenbarung 9, 7–11).

Hier wäre noch hinzuzufügen, daß die Heuschrecke in ihren Umrissen von allen Insekten dem Flugzeug am ähnlichsten ist. Die durchsichtigen Augen erinnern an die Fenster des Cockpits, Brustkorb und Flügel symbolisieren Kiel und Rumpf. Doch auch die Tatsache, daß die Heuschrecke ihre Flügel benützt, um sich in der Luft abzustützen, wie das Flugzeug mit seinen Tragflächen, ist hier von Bedeutung. Die Form der Flügel aller Käfer und Hartflügler stimmt mit der aerodynamischen Formel der modernen Flugzeugkonstruktion überein.

Feuer bezieht sich auf Brände, die durch Kriege ausgelöst werden, und auf Feuerwaffen, die in den heutigen Kriegen verwendet werden.

Donner und *Erdbeben* bedeuten im übertragenen Sinn Lärm der Kanonen und Bomben, im wörtlichen Sinn die Erdbeben an der Erdoberfläche und am Meeresgrund.

Nun wollen wir einige Substantiva auflisten, die der Sprache zur Zeit des Nostradamus geläufig waren: die *Festung* ("fort") für Macht, *Wasser* für die Revolution, in dem Maße, in dem das lateinische *unda* Welle, Umwälzung, Aufstand bedeutet.

Das *Auge* entspricht dem Anführer, der an der Macht ist. Das geht auch aus den folgenden Zeilen von Cäsar Nostradamus in seinen "Chroniques de Provence" hervor: "Heinrich II. folgte seinem Vater Franz I. nach. Einige bedeutende Tatsachen sind aus seinem Leben bekannt, bis zu dem Zeitpunkt, an dem er starb, er, der das Auge Frankreichs war."

Das *endlose Volk* (le peuple infiny) bezeichnet "das unsterbliche Frankreich".

Unter den Symbolen aus der heidnischen Mythologie finden wir:

Saturn, Personifizierung der Zeit, wie sein griechisches Gegenstück Kronos.

Merkur, griechisch Hermes, keltisch Ogmius, die Götter des lügenhaften und verführerischen Wortes.

Jupiter, Herr des alten Olymps, Herrscher über die anderen Einflüsse, stellt die Macht dar; gelegentlich auch Gott.

Venus ist das Bild der Unordnung, der Täuschung, der üblen Rede und der vergifteten oder giftigen Zungen. Sie wurde damals mit der Göttin des Todes Libitine in Verbindung gebracht, wie aus diesem Fragment aus dem 16. Jahrhundert hervorgeht, das der Geschichte der Provence von Cäsar Nostradamus entnommen ist:

> "Was diese Libitine betrifft, so vermuten die Alten mit gutem Grund, daß sie Venus sei und nicht nur der Zeugung und Geburt vorstehe, sondern auch dem Tod und dem Begräbnis. Deshalb konnte man alles, was man für ein Begräbnis eines Toten brauchte, im Tempel der Göttin Libitine, der Venus also, erwerben. So sollten alle Menschen darauf aufmerksam gemacht werden, daß sie ihre sterbliche Zerbrechlichkeit nicht vergessen dürfen und daß sie wissen müssen, daß ein und dieselbe Dame

über Leben und Tod, das Leben von seinem Beginn bis zu seinem Ende herrscht. Dennoch behaupten einige, daß zerstörerische und böse Menschen, die nur mit dem Gift ihrer Zunge verletzen können, Libitini genannt wurden, was auch der Poet Horaz bezeugte, als er sagte: non omnis morlar, multaque pars mei vitabit Libitinam. Als hätte er sagen wollen, daß er trotz der bösen und schlangenartigen Zungen unsterblich und berühmt sein würde und daß sein bester Teil selbst den Stacheln der Göttin Venus werde ausweichen können."

Mars ist der Krieg und der Kriegsgeist in allen seinen Formen. Mars ist auch das Eisen, da unser heutiges militärisches Potential in Tonnen von Stahl ausgedrückt wird.

Neptun wird wegen seines Attributs auch Tridental genannt, wie *Libra,* die Waage, die Gerechtigkeit bezeichnet; die *Sichel* den Tod; *Olivenbaum* und *Iris,* der griechische Name des Regenbogens, den Frieden.

Diese klassische Tradition muß man nun mit der "parabolischen" Ausdrucksweise verbinden, die eines der Hauptmerkmale des Buches des Nostradamus ist. Der Prophet entnimmt nicht nur die zu seiner Darstellung notwendigen Personen der Geschichte, sondern auch gesamte Situationen. Diese muß man nun so umsetzen, wie er sie ausgewählt hat, auf der Ebene der Zukunft.

So dient der Konflikt zwischen Athen und Sparta um 400 v. Chr., der Zeit der Diktaturen, als Hintergrund, der die historischen, politischen und militärischen Aspekte mit einer erstaunlichen Genauigkeit wiedergibt.

Daraus ergibt sich ein Schluß: ständiger Neubeginn der Geschichte, als förmliche Widerlegung aller Evolutionstheorien. Gegen die eingebildete These des ständigen Fortschritts zum Glück des Menschen durch eigene Kräfte steht hier die Unbewegbarkeit der menschlichen Persönlichkeit über die Jahrhunderte, wie sie ihr vom Schöpfer eingegeben wurde.

Aenobarbus, auch *Bronzebart* (Barbe d'Airain) oder kurz *Bart* (Barbe) genannt, und *Agrippina,* die beiden Eheleute, die das Ungeheuer *Nero* zeugten, der seine Mutter umbrachte und Rom in Brand steckte, stellen beide die Republik dar. Daraus muß geschlossen werden, daß diese

Regierungsform auch ein Ungeheuer hervorbringen wird, das zu ihrem Untergang führen wird, wie zu dem so deutlich vorhergesehenen Brand von Paris.

Um die Werke des Großen Königs im voraus zu kennen, brauchen wir nur die Arbeiten des *Herkules* aufzuzählen, dessen symbolischer Name ein sonderbares Programm einschließt: Im Zuge dieser Arbeiten, die zu seinem Tode führen sollten, erlangte Herkules, der Mythologie zufolge, großen Ruhm. Er erstickte die *beiden Schlangen,* die Juno auf ihn gehetzt hatte. In den Sümpfen von Lerna tötete er die *siebenköpfige Hydra.* Er nahm das *Reh* mit den *bronzenen Füßen* und den *goldenen Hörnern.* Im Wald von Nemea erwürgte er den berühmten *Löwen,* dessen Haut er fortan trug. Er strafte *Diomedes,* der seine Pferde mit Menschenfleisch ernährte. Er tötete die schrecklichen *Vögel,* zähmte einen wilden *Stier,* half *Atlas,* indem er den Himmel über seinem Kopf stützte, tötete ein *Seeungeheuer* und den *Adler,* der die Leber des Prometheus verschlang. Er reinigte die Ställe des *Augias* . . .

Der *Adler* ist das *Attribut* der Reiche, häufig auch nur seine Flügel.

Der *Löwe,* das Tier, das die Kraft verkörpert, stellt Regime dar, die eher auf Gewalt als auf Recht und Moral begründet sind: die Diktaturen. Um jedes Mißverständnis auszuschließen: wenn er von der französischen Stadt Lyon (franz.: Löwe) spricht, fügt Nostradamus hinzu: die Stadt des Plancus, in Anlehnung an den römischen General, den Gründer Lugdunums.

Der *Stier,* Taurus, ist das alte Goldene Kalb, das verabscheuungswürdige Idol, das immer von der Menschheit verehrt wird.

Das *Schaf,* der *Widder, Aries,* der *Steinbock,* sie stehen für die Verwüstungen des Krieges und erinnern an das alte Kriegsinstrument, mit dem Stadtmauern und -tore angegriffen wurden.

Der *Krebs* ist das Bild für Hunger und Elend, für nagende Nöte.

Die universelle Tradition dieser letzten Symbole muß in ihrem Zusammenhang mit den “Einflüssen”, die ihnen die Astrologie zuschreibt, betrachtet werden.

Sol, die Sonne, groß geschrieben, um sie vom Stern des

Tages zu unterscheiden, ist das Zeichen der französischen capetingischen Monarchie, von der in den Augen des Propheten Fruchtbarkeit und Licht ausgehen. Außerdem wurde diese Wendung von den zeitgenössischen Schriftstellern benützt, um die Capetinger lange vor dem Sonnenkönig Ludwig XIV. zu bezeichnen.

Im Gegensatz dazu ist der *Mond* das astrologische Zeichen des Volkes und auch ein zusätzliches Symbol für die Republik. Er wird an manchen Stellen auch *Latone* genannt, nach dem Lateinischen, oder la *Royne,* das bedeutet Regierung (Marianne), die Tochter, das weibliche Wesen, usw.

Der *Blutegel* stellt die blutige Revolution dar.

Die *Blume* oder *Flora* (griechisch Anthos) ist nichts anderes als die Lilie im Wappen des französischen Königshauses.

Die *Jungfrau* weist auf Reinheit und weiße Farbe hin.

Der *Hahn* bezeichnet die Familie Bourbon-Orléans, von dem Zeitpunkt an, als Louis-Philippe die Trikolore zum Banner nahm.

Der *Schlüssel* bezieht sich auf Grund des Wappens des Heiligen Petrus auf die Macht des Papstes.

Das *Schiff,* das *Kirchenschiff* und das *Boot* stellen die Kirche dar, das *Fischerboot* die Evangelien. Das Symbol der *Fische* oder *Pisces* steht damit in Zusammenhang, nicht nur weil die Kirche das Boot ist, sondern auch weil die ersten Christen die Anfangsbuchstaben des griechischen Wortes für Fische als Erkennungszeichen angenommen hatten.

Einige Nationen oder Kontinente werden durch Tiere bezeichnet, die in diesem Zusammenhang zum Teil auch heute noch gebräuchlich sind: der *Wolf* für Deutschland, der *Bär* für Rußland, der *Elefant* für den afrikanischen Kontinent, das *Krokodil* für Ägypten.

Der *große Halbmond (Grand Selin)* ist der Halbmond des Reiches von Mohammed, aus dem Griechischen entnommen, in Anlehnung an seine Devise "Donec Impleatur" (es werde Vollmond).

Zu den bildlichen Ausdrücken gehören auch die geographischen Namen, die in der Geschichte mit großen Persönlichkeiten verbunden werden, die Nostradamus aber nicht namentlich nennen möchte: *Pau, Navarra* für die Linie von Antoine de Bourbon und Heinrich IV. *Normandie* für den ältesten Zweig der Bourbonen. *Blois, Nancy, Lorraine* (Lothringen), *Bar, Orléans* für den jüngeren Zweig, der diese Lande als Lehen erhalten hatte. *Cambrai* für Ludwig XIV., der diese Stadt im Vertrag von Nimègue annektierte.

An dieser Stelle ist noch der Ausdruck *trojanisches Blut* zu unterstreichen, der für capetingisches Blut gilt. Hier müssen wir wieder Cäsar Nostradamus anführen, der über den Besuch Katharinas von Medici in Salon schreibt:

"Die Würdenträger unserer Stadt empfingen sie und begleiteten sie von den Toren bis zum Schloß unter einigen Bögen hindurch . . . Sie waren von Wappen gekrönt, in die mein Vater, Michel de Nostredame, lateinische Inschriften in heroischen Versen hatte eintragen lassen. Eine davon lautete: Sanguine Troiano, Troiana stirpe creata, Regina Cypri." An anderer Stelle erklärt er diese Worte: "Francus, der von manchen für den Sohn Hectors gehalten wird, herrschte nach der Zerstörung von Ilion bis zum Jahre 2792 über die Kelten. Nach diesem höchst traurigen Ereignis herrschten deshalb zwei trojanische Fürsten in Gallien: In Belgien Bavo, König von Phrygien, Vetter des Priamos, und im Keltenlande jener Francus, den unsere allerchristlichen und allermächtigen Monarchen als Ahnen anerkennen. Das hat einige große Köpfe dazu bewogen, die Genealogie unserer ersten Könige auf einen gewissen Anthenor zurückzuführen, Herzog dieser skythischen Trojaner bis zu Pharamond, dem ersten König der Franzosen."

Die alten Bezeichnungen von Flüssen, Städten, Ländern oder Völkern, die bei Nostradamus vorkommen, braucht man nur durch ihre modernen Entsprechungen zu ersetzen: *Hister* die Donau, *Gades* Cadix, *Byzanz* Konstantinopel, *Phocäa* Marseille, *Lusitanien* Portugal, *Betika* die Gegend von Cordoba, *Ligurien, Ausonien* Italien, *Trinacrien* Sizilien, *Dacien* der Balkan, *Sault Castulon* der andalusische Wald, die *Sueven,* die *Bastarnen* die Deutschen, die *Insubren* die Italiener, die *Meliter* die Malteser, die *Nitiobriger* die Einwohner von Agen, die *Broden* die Einwohner von Savoien.

Das Wort *Barbaren* wird meist für Berber verwendet; es wird damit also die arabische Welt im allgemeinen bezeichnet. Bis zur Eroberung Algeriens wurden die nordafrikanischen Küsten barbarische Küsten genannt (Côtes Barbaresques).

Also hat der Prophet keineswegs ein kryptographisches Vokabular verwendet. Er hat einfach aus der Geschichte geschöpft, ohne Traditionen, Symbole oder Namen zu verändern. Er hat zwischen der bewältigten Vergangenheit und der vorausgesagten Zukunft nach identischen Persönlichkeiten und Situationen gesucht.

Diese zweite Regel kennt keine Ausnahme und kann streng auf jede Seite des Werks des Nostradamus angewandt werden:

I-31

Lange Zeit wird Mars in Gallien dröhnen,
Nach dem Lauf des Monarchen Castulos*
Ungewiß der Sieg, drei Große krönen
Adlerhahns dann, Mond, Löw', Sonn' zeigts an.

∗ Der Krieg in Frankreich wird viele Jahre dauern – nach (ultra) dem Lauf der Republik (der Monarch im Frauengewand: castula) – drei große Regierungen werden so einen kurzen Sieg erringen: – das Kaiserreich, die Juli-Monarchie und die Republik. Danach werden Diktatur und Monarchie ihren Weg antreten.

IV-29

Sonne ist von Merkur verdunkelt,
Für den zweiten Himmel erst den Schein,
Hermes, von Vulcan verschlungen, funkelt,
Sonne wieder schimmernd blond und rein.

∗ Die capetingische Monarchie wird von der Lüge verdunkelt und erst für ihr zweites Auftreten wieder relegiert; die Lüge wird in das Feuer der Hölle geworfen und die Monarchie wird schimmernd und rein wieder erstehen.

Um Merkur nicht zu wiederholen, ersetzt Nostradamus ihn hier durch Hermes, sein Ebenbild. Dieses geschickt

* Originaltext: Oultre la course du Castulon monarque

ausgewertete Spiel mit Synonymen trägt zu einem großen Teil zur scheinbaren Verwirrung des Textes bei.

S-4

Einer Lil' entsprießt ein großer Prinz,
Früh und spät gekommen seiner Provinz;
Der Saturn im Höhpunkt in der Waage;
Venus' Haus fängt abzunehmen an.

Die Epoche steht unter der Verehrung der Justiz, das Haus der giftigen Lüge ist stark im Abnehmen begriffen. Deshalb sagt Nostradamus am Ende seines Briefes an Heinrich den Zweiten, "daß alle diese Bilder mit der heiligen Schrift übereinstimmen, ebenso wie mit den himmlischen Dingen".

Sie stimmen mit ihnen so genau überein, daß wir sehen werden, wie die von *Nero* dargestellte tyrannische und blutige Regierung am Grabstein des Prinzen der Apostel zerbricht, der an jenem Tage wiedergefunden wurde, neunzehnhundert Jahre nachdem der gleichnamige historische römische Kaiser die Christen den wilden Tieren zum Fraß vorgeworfen und den Heiligen Petrus in seinen eigenen Gärten gefoltert hatte.

Gab es jedoch das griechische Wort ICHTHUS (Iesus CHristos THeu Uios Sauter) nicht schon vor der Geburt Jesu, der zu Simon Petrus sagen sollte: "Nun wirst du Menschenfischer", während die Sonne für 2000 Jahre in das Zeichen der Fische eintrat? Ist dieses Reich des Aquilon nicht das des Polarkreises mit seinen beweglichen Erdmassen, die vom Frost notdürftig zusammengehalten werden; des eisigen Windes, der den Tod mit sich bringt; des Bären der Eisbänke, der schon zur Zeit der Höhlenmenschen das Böse verkörperte? Warum ist die "Macht der Kälte", die schrecklichste Kraft Rußlands, die den "General Winter" heraufbeschwört, die wörtliche Übersetzung von Boristhenes? Boristhenes ist der alte Name des Dnjepr, den er schon lange hatte, bevor die Geschichte diese Bedeutung bestätigte; der Name, den der große Strom trug, zu dessen Bekken die Berezina gehört, die Schlagader des alten Sarmatien? Nach Herodot wurden die Völker dieser Länder schon im 5. Jahrhundert vor unserer Zeit Sarmaten oder Sauromaten genannt, das heißt "jene des Sauriers". Und die Ägypter die Völker Asiens und die Chinesen stellten die Höllengottheit Set-Typhon als Saurier dar.

Wenn Christus den *Feigenbaum* in seinen Vergleichen heranzieht, so nicht nur deshalb, weil dieser Baum im ganzen Orient verbreitet ist. Im "Buch der Toten" stellt die ägyptische Mythologie die Göttin Nephtys oder Nout als Göttin der Sykomore dar, die die Seelen der Verstorbenen aufnimmt. In Griechenland waren die Feigenbäume Athene geweiht, und aus der Vorgeschichte hat man an den Eingängen zu neolithischen Grabstellen eine weibliche Gottheit namens "Göttin des Ahorns" gefunden. Die ständige Wiederkehr dieser Symbole liegt daran, daß das Holz der Sykomore, zu deren Familie der Feigenbaum gehört, als unvergänglich galt, als Siegel der Unsterblichkeit.

So entstand der Symbolismus, eine gleichzeitig geheimnisvolle und enthüllende Sprache, die heilige Wahrheiten vor den Profanen verbergen konnte und sie dennoch für die Wissenden lesbar machte – eine uralte Tradition, die das Schicksal der Menschen und der Völker in kosmische Höhen trug.

3. Anagramme. Sie sind alle groß geschrieben und scheinen den Stil des Propheten von Salon endgültig barbarisch und unlesbar zu machen.

Wenn wir jedoch über die beiden vorangegangenen Methoden verfügen, seine Gedanken wiederzufinden, dann können wir mit den auf diese Weise aufgeklärten Zusammenhängen beginnen. Zunächst müssen die Buchstaben der Anagramme, deren Spielarten durch die Phonetik glücklicherweise begrenzt sind, wieder in der richtigen Reihenfolge zusammengesetzt werden. Einige sind relativ einfach zu lesen: entweder sie enthalten nur wenige Buchstaben, oder ihre Zusammenstellung ist einfach. Andere wieder sind von einer Komplexität, die Nostradamus mit ihrer Bedeutung in Zusammenhang gebracht haben muß.

So kann man in *Nira* leicht den *Iran* wiederfinden, oder *Henryc* in *Chyren,* oder auch *Niceen* (siegreich, abgeleitet von Nike) in *Nicene.* Außerdem weiß man, daß die Städte, die Namen wie Nizza oder Nikäa tragen, dies einem Sieg verdanken. Man muß jedoch die Zusammenhänge schon sehr klar erkennen, um in *Arda* und *Zerfas Draa* die Hauptstadt *Fez* wiederzufinden, auf marokkanisch eigentlich *Ras Fez* – oder in *Adaluncatif an du Califat* (Jahr des Kalifen).

Die Religion der Sekten der Meere wird
Gegen die Söhne der Sekte Adaluncatif siegen.

Es wird die Religion des Landes siegen, das vom Pont (Pontus Euximus – Schwarzes Meer) umspült wird (die mohammedanische Religion von Konstantinopel, Hauptstadt des Reiches des Halbmonds), gegen die Söhne der Sekte des Jahres des Kalifats (die Hegire, da das Kalifat aus Mohammeds Zeit stammt).

Wir haben gesagt – und das letzte Beispiel beweist es –, daß das Gesamtwerk des Nostradamus einem Puzzle, einem Mosaik vergleichbar ist. Nun stellt sich natürlich auch die Frage, ob die Numerierung der Strophen nicht auf einer bestehenden Ordnung fußt, nach der man sie klassifizieren kann. Eine solche Ordnung ist aber weder zur Entzifferung noch zur Lektüre des Textes notwendig. Außerdem wird eine solche Hypothese aus mehreren Gründen dementiert: ein mathematisches oder geometrisches System entspricht nicht der Inspiration, auf die sich unser Autor beruft. Sagt er doch im Brief an Cäsar, er habe die Prophezeiungen ohne fortlaufende Ordnung niedergeschrieben, und jede Centurie stelle ein Kapitel mit hundert einzelnen Prophezeiungen dar. Außerdem gibt es Vierzeiler, deren Tragweite sich über Hunderte von Jahren erstreckt, andere wieder beziehen sich nur auf eine einzige bestimmte Persönlichkeit oder eine bestimmte Tatsache. Eine ganze Reihe – und das sind weitaus die meisten – bezieht sich auf zeitgenössische Ereignisse, die sich gegenseitig vervollständigen und zusammen alle Bilder ein und derselben historischen Epoche liefern – jedoch von verschiedenen Standpunkten aus. Daher unser Vergleich mit einem Mosaik. Die logische Konsequenz dieser Anordnung ist, daß es nur eine Übersicht des kompletten Werkes möglich macht, in der Einheit seine Vielschichtigkeit zu erkennen.

Der Verstand kann eine ganze Reihe geistiger Bilder auf einmal aufnehmen. Die Schrift jedoch, die nur seine materielle Stütze ist, kann das nicht.

Deshalb haben wir eine künstliche Ordnung geschaffen

und die übersetzten prophetischen Strophen nach historischen Epochen gegliedert, und sie dann in Interessengebiete unterteilt.

Es wäre keineswegs unmöglich, den Text in seiner eigenen Reihenfolge zu lesen und zu erklären. Wie für Gott gibt es auch für den Propheten keine Vergangenheit, Gegenwart und Zukunft, da sich alles auf der gleichen Ebene der Zeit abspielt. Um sich davon zu überzeugen, braucht man nur die ersten zwanzig Vierzeiler der Centurie I zu überfliegen, die wir jetzt durchgehen werden, um dieses Kapitel zu illustrieren.

Von den ersten Zeilen an werden sie über die Zielsetzung des Buches Aufschluß geben und zeigen, daß es für die beiden letzten Drittel unseres Jahrhunderts geschrieben wurde. Alles, was davor kommt, wird nur erwähnt, um den prophetischen Charakter der Texte zu belegen, die Verifizierung einer allgemeinen interpretativen Methode zu ermöglichen und gleichzeitig ein eindeutig höheres Urteil über die Geschichte abzugeben.

Die ersten beiden Vierzeiler enthalten ein Glaubensbekenntnis und Gedanken über die Extase, in deren Verlauf sich die Inspiration offenbart:

1

Sitzend auf dem ehernen Stuhl alleine,
Die geheime Wissenschaft enthüllt
Bei dem nächtlichen Geflimmerscheine
Dinge, die der Zeiten Lauf erfüllt.

2

Mit dem Stabe in der Hand, umgeben
Von den Zweigen, sitzt sie an dem Quell;
Flüsternd hört man's durch die Äste beben;
Götterglanz; der Seher ist zur Stell.

Im 3. Vers kommen wir zu dem, was den Propheten wirklich beschäftigt:

3

Wenn der Sturm die Sänfte umgeleert
Und Gesichter sich mit Mänteln decken,

Wird ein neues Volk die Stadt verheeren,
Daß sich Weiß und Rot verkehrt.

Wenn die Sänfte der Revolution umgeworfen sein wird – und die Verschwörer ihre Gesichter bedecken müssen – wird die Republik von neuen Menschen besiegt werden – und dann werden sowohl die Roten als auch die Weißen irren.

Die rechte Macht, die sich der linken, revolutionären entgegenstellen wird, wird der Natur der Dinge ebenso wenig entsprechen wie ihr Gegner. Mit anderen Worten wird die Republik, deren Wesen der Kampf der Parteien ist, schließlich das Land in zwei Lager teilen. Ihr gegenseitiger Haß wird zur Verneinung jeder politischen Wahrheit führen.

Was ist von dieser ersten Weissagung zu halten, wenn wir sie der Rede von Edmond Jaloux vor der Académie Française am 24. Juni 1937 gegenüberstellen: "In den Augen von Pascal Bourget war es der große Verdienst der Monarchie, uns gleichzeitig vor Diktatur und Demagogie zu schützen, wobei jede dieser beiden Formen unweigerlich die andere nach sich zieht. Sie hatte auch den Vorteil, eine Art übergeordnetes Schiedsgericht zu bilden, das im Falle schwerer Krisen intervenieren konnte, durch ihre eigene Dauer eine Kontinuität der nationalen Politik zu gewährleisten und schließlich durch ihren eigenen Glanz das Prestige eines lebendigen Mythos auszustrahlen . . ."

4

Ein Monarch wird in der Welt* erstehen,
Der nicht lang in Ruh und Leben bleibt,
Dann die Fischerbarke untergehen,
Die mißleitet auf den Wellen treibt.

In der Christenheit wird ein Monarch auftreten – der nicht lange in Ruhe und Frieden regieren wird – die Kirche wird ihren Halt verlieren – und nur noch unter größten Schwierigkeiten erhalten werden können.

* orig. Univers, die Universalwelt: die Christenheit, oder Universalkirche.

5

Fortgejagt ohne langen Kampf,
Schwerer werden sie gedrückt im Land:
Dorf und Stadt, sie haben mehr zu streiten,
Carcassone, Narbonne halten mutig Stand.

6

Schwäche auf Ravennas Auge* fällt,
Flügel werden seinen Füßen fehlen,**
Und zwei von Bresse konstituiert
Turin, Vercell von Gallien betreten.

Die zeitliche Macht des Papstes wird abgesetzt sein – wenn das Kaiserreich (Napoleon III.) zu seinen Füßen zusammenbricht – die beiden Prinzen von Savoyen, denen die Bresse gehörte, (Victor-Emmanuel und seine Tochter Clothilde, die zu politischen Zwecken mit Jerôme Bonaparte verheiratet worden war) werden seinen Platz einnehmen – sobald die Franzosen den Boden von Turin und Vercelli (bei Magenta und Solferino) betreten haben werden.

Der erste chronologische Hinweis: das Zeichen für die Dinge, die bevorstehen, ist die Absetzung des Papstes.

7

Kommt spät, der Spruch ist der vollstreckte***,
Gegenwinde, Briefe ausgespäht von
Den Verschwornen vierzehn einer Sekte
Des greisen Rousseaus begonnen Werk zerstört.

Nostradamus führt den Gedanken weiter: Dieser Monarch, von dem eben die Rede war: Er wird spät kommen, die Republik existiert nicht mehr, die öffentliche Meinung ist

* Ravenna war die zweite Stadt und Provinz der Pontifikalstaaten. Das lateinische Oculus bedeutet im übertragenen Sinn: Blick im Sinne von Besitzrecht, von Macht.

** "Frankreich hat die Österreicher aus der Lombardei vertrieben und es den Italienern des Zentrums ermöglicht, sich zu erheben. Dadurch wurde schon 1860 das Königreich von Sardinien in ein Königreich von Italien umgewandelt, das in drei Etappen (1860–66–70) 1870 die Einheit der Halbinsel herbeigeführt hat. Die Staaten der Kirchen wurden in drei aufeinanderfolgenden Annektierungen absorbiert" (Vidal de Lablache, Armand Colin).

*** s. die zweite Verschwörung des Thrasybulos im Brief an Heinrich den Zweiten.

gegen sie gerichtet. Vierzehn Verschworene einer Sekte fangen Briefe ab, die die alten Unternehmungen Jean-Jacques Rousseaus aufhalten werden.

Der Name Rousseaus taucht hier in voller Bedeutung auf. In seinem "Gesellschaftsvertrag" steht in der Tat: "Die Vereinigung von Menschen, die von Natur aus frei sind, kann nur anhand der Hypothese eines Vertrages erklärt werden, der freiwillig eingegangen wird und jedem seine Rechte garantiert, seine Freiheit, seinen Besitz, seine Gleichheit . . . Die Regierung muß immer vom Volk beaufsichtigt werden, dem einzigen Inhaber der wahren Souveränität."

Das ist der Ausgangspunkt der "Unsterblichen Grundsätze" von 1789 und der "Erklärung der Rechte des Menschen und des Bürgers".

Nostradamus sorgt sich so sehr darum, daß er in seinem Brief an Cäsar vom März 1555 schreibt: Denn an den himmlischen Zeichen erkennt man, daß die Herrschaft des Saturns zurückkehren wird nach einer revolutionären Periode, der die Erde sich nähert, und die alles wieder umstürzen wird: von diesem Tage an wird innerhalb von 177 Jahren, drei Monaten und elf Tagen diese Periode beginnen, die die Korruption der Gedanken und der Sitten, Kriege und eine lange Hungersnot nach sich ziehen wird . . . Dieser Zeitraum, von März 1555 an gerechnet, ergibt das Jahr 1732, als Rousseau zum ersten Mal nach Paris kam.

Doch hier das Ergebnis seiner Doktrinen:

8

Vielgenommne Sonnenstadt, es wandelt
Um dich deine eitlen, rohen Gesetze;
Unglück naht; als Knecht wird dich behandeln
Der große Hadria und nehmen dir deinen Stolz.

Wie oft wirst Du eingenommen werden, königliche Stadt? Es wird deine eitlen und rohen Gesetze verändern, das Unglück, das naht. Du wirst versklavt werden und der große Italiener wird deinen Stolz brechen.

Die neuen Gesetze, die Paris auf der Grundlage der Prinzipien der Revolution ausgearbeitet haben wird, werden zu mehreren Invasionen führen, zur Besetzung der Hauptstadt unter Napoleon I. und Napoleon III. und schließlich zu ihrer

Zerstörung. Neue politische Doktrinen werden jene der Revolution ersetzen.

Im Hinblick auf dieses beispiellose Ereignis wird jedoch ein weiteres, nicht minder wichtiges eintreten: die Intrigen rund um den Nahen Osten werden den Feinden des Westens als Vorwand dienen, um die Gefühle zu enthüllen, die sie unter falschen Versprechungen verbargen. Deshalb wurde im kaiserlichen Rom der Cäsaren die legendäre Perfidie der Karthager "punischer Glaube" genannt:

9

Aus dem Osten kommt das punische Herz,
Hadria* gilts und Romuls Erben schwer,
Ist begleitet von der libyschen Flotte,
Zittert, Malt und Nachbarinseln leer.

Der böse Glaube aus dem Orient – wird Italien und die Erben des Romulus mit Hilfe der libyschen Flotte demütigen – zittert, ihr Einwohner von Malta und der nahen, unbewohnten Inseln. Dieser satanische Sieg sollte aber kein langes Leben haben:

10

Zu des Königs sieben Neugebornen werden
Schlangen in den Eisenturm gesteckt,
Die Alten und Väter steigen aus der Erden,
Seines Kindes Tod zu sehn.

Satans Leute werden in den Eisenkäfig geschickt – in dem die sieben** Kinder der Regierung gefangen sind – die schlimmsten Vorväter werden aus den Tiefen der Hölle erscheinen – doch nur, um das Ende ihres Erzeugten zu sehen.

All das geschieht zu einer Zeit, als Italien und Westspanien sich über den Triumph der gemeinsamen Sache in Sicherheit glauben:

* Hadria: Stadt in Norditalien. Die Adria, Länder an der Adria.

** "Und es erschien ein anderes Zeichen am Himmel, und siehe, ein großer, roter Drache, der hatte sieben Häupter und zehn Hörner und auf seinen Häuptern sieben Kronen" (Offenbarung 12,3). Ein Staat bestehend aus zehn anderen und aus der Verbindung von sieben Führern: der russisch-asiatische Staat Gog und Magog (vgl. Ez. 38, Apok. 20).

11

Sinne, Herz und Füß' und Händ' gemeinsam
Einig Neapel, Leon*, Sizilien sich sind.
Rom sieht Wasser, Feuer, Schwert,
von Flut ertränkt, verrückt im Kopfe, tot.

Neapel, Leon und Sizilien sind eine Einheit, im Gefühl und im Handeln. Schwerter, Kriege, Revolutionen und die berühmten Römer werden von einem verwirrten Hirn zerstört.

Die Niederlage Roms wird den völligen Umsturz seines Regimes nach sich ziehen, das durch einen revolutionären Staat ersetzt wird:

12

Bald wird die brutale Sense nicht mehr sein,
Die sich rasch erheben wird,
Mit Verrat und Schwäche über
Verona zu regieren.

In Frankreich werden die verbannten Führer aus dem Zorn des Landes ihren Nutzen ziehen, um die Regierung umzustürzen:

13

Die Verbannten, die den König hassen,
Werden sich verschwören gegen ihn,
Heimlich Feinde durch die Mine lassen,
Seine Treuen gegen ihn dann ziehn.

Die Verbannten werden also die Positionen ihrer Gegner heimlich untergraben und die Revolte gegen die alten Partisanen der Regierung anfeuern.

Die Gründe, die dieser Aktion den Weg bereiten sollen:

14

Sklavenvolk Gesuche, Lieder und Sang,
Herrn und Fürsten in den Kerker kommen;
Von Idioten ohne Kopf sodann
Später, als Sprüche Gottes aufgenommen.

* Leon, die westliche Provinz Spaniens, im Gegensatz zu Katalonien im Osten

Die moralische und politische Unordnung wird zu häufigem Blutvergießen führen, um so schrecklicher, als die Waffen immer wirksamer werden, zur Schwächung der kirchlichen Kraft, zum Unglück aller Beteiligten.

15

Mars droht uns mit Kriegesungewittern,
Siebzigmal* verspritzet er das Blut;
Fallen wird die Geistlichkeit und zittern,
Mehr noch die, die außer ihrer Hut.

Der Krieg droht mit Waffengewalt und verursacht großes und wiederholtes Blutvergießen. Die Geistlichkeit wird immer weniger Ansehen genießen und schließlich zusammenbrechen, und noch schlechter wird es jenen ergehen, die den Anführern nicht gehorchen.

16

Sens' am See sich bindet mit dem Schützen**
Hoch im Glanz der Exaltation.
Hunger, Pest und Tod von Pulverblitzen:
Der Erneurung Seculum naht schon.

Der Tod schließt am See mit der Erregung einen Bund, alles befindet sich auf dem höchsten Punkt der Aufregung. Nach Hungersnöten, Seuchen und militärischen Gemetzeln wird sich das Jahrhundert erneuern.

Diese Erneuerung wird 40 Jahre des Friedens (Iris, Symbol des Friedens) mit sich bringen, die auf vierzig Jahre des Krieges folgen:

17

Vierzig Jahre wird die Iris fehlen,
Vierzig Jahre wird sie täglich stehn;
Dürre wird der Dürre sich vermählen,
Überschwemmung nahen, wenn wir die Iris sehn.

* Biblische Zahl, die für "sehr häufig" verwendet wird.
** Schütze, Sagittarius, Symbol der Erregung (Bogenschütze).

Vierzig Jahre lang wird sich der Regenbogen nicht zeigen – vierzig Jahre lang wird man ihn täglich sehen – davor kommt eine große Trockenheit – und Überschwemmungen, wenn der Regenbogen sich zeigen wird.

An diesen Kriegen werden sogar die Araber teilnehmen. Der Golf von Genua und die umliegenden Länder werden in Blut getränkt, während Marseilles Hafen besetzt wird:

18

Bürgerzwiste werden Mahometen
Eine Pforte Galliens erschließen
Seynisch See und Erd' sich röten
Phokäs Port* von Schiffen überfließen.

Die Zwiste und Nachlässigkeiten der Franzosen werden eine Rückkehr der Mohammedaner ermöglichen. Die Erde und das Meer um Toulon (seynisch: Die Seyne nach Toulon) werden von Blut getränkt, und der Hafen von Marseille wird von Schiffen besetzt sein.

Der Sturz der bourbonischen spanischen Monarchie wird das Vorzeichen dieser Unglücke sein:

19

Wenn um das Ar sich Schlangen stricken,
Trojerblut** durch Spanier vergossen
Durch sie groß' Zahl wird klein gemacht,
Haupt flieht, im Schlamm verborgen.

Wenn die Männer Satans das Land (Ar, auch Area: Fläche, Feld, Land) umstellen werden, wird das capetingische königliche Blut von den Spaniern verjagt und viele von ihnen müssen ihr Leben lassen. Ihr Anführer wird fliehen und sich in den Sümpfen von Jauche verbergen.

Frankreich wird den Invasionen und der Besatzung bis ins Loire-Tal ausgeliefert sein.

* Marseille wurde von den Phokäern gegründet, den Einwohnern eines kleinasiatischen Hafens, heute Fokia in der Nähe von Smyrna.

** Trojer: in Rom wurden die Patrizier, die behaupteten, von Aeneas abzustammen, Troiugenae, -arum, genannt.

20

Tours, Orléans, Blois, Angers, Reims und Nantes,
Plötzlich durch Veränderung geplagt;
Kriegsvolk fremder Sprachen liegt im Lande,
Ström, Geschoß, Mensch, Erd und Meer erbeben.

Alle angeführten Städte werden durch eine plötzliche Veränderung gedemütigt. Fremde Heere lagern und sprechen fremde Sprachen, und alles erzittert unter der Gewalt ihrer Waffen.

Doch die unerschütterliche capetingische Monarchie befreit Frankreich aus diesem Abgrund:

21

Weißen Ton sieht man den Fels bedecken,
Welcher milchig aus dem Abgrund bricht,
Vergeblich Trubler* rühren ihn nicht an,
Denn was unter Lehm ist, weiß man nicht.

Eine dicke Schicht aus weißem Ton nährt den Felsen; er tritt milchig aus einem Abgrund hervor. Die Bemühungen der Revolutionäre sind vergeblich, sie wagen nicht, ihn zu berühren, weil sie nicht wissen, wie fruchtbar er im Grunde ist.

* * *

Das ist der Beginn der ersten Centurie, den man heute als äußerst spannend bezeichnen kann. Er zeigt die wichtigsten Tatsachen, die der Prophet zu sagen hat und die Motive seines inspirierten Wortes.

Damit auch niemand an seinen Absichten zweifeln kann, hat Nostradamus das gleiche Thema am Beginn jedes großen Abschnitts seines Buches wiederholt.

Nach dem Brief an Heinrich den Zweiten beginnt Centurie VIII mit folgendem Vierzeiler, dessen erste Worte mit Absicht groß geschrieben sind, und der die schon angekündigten Hauptereignisse wieder aufnimmt:

* Aus dem lat. Turbo, -inis: Wirbelwind, im übertragenen Sinne: Unordnung, Revolution.

1

PAU, NAY, LORON Feuer mehr als Blut,
Aude schwimmt, der Groß' flieht die Aufgestandnen,
Den Agassen wird den Eingang wehren
Pampon, Durance sie umschließen.

Der Béarn (mit seinen 3 Hauptstädten) wird eher brennen als bluten, die Aude wird (in Blut) schwimmen, der Große (die Regierung) wird vor den Aufständischen (surrez, von surgere: aufstehen) fliehen und die Schwätzer (altfranz.: agasse = Elster, Schwätzer) werden hinausgeworfen, Pamplona und Durance werden sie bezwingen. Und hier der erste prophetische Vierzeiler der Weissagungen:

Tyrrhenisch Meer und Ozean die Hände
Des großen Neptuns fühln, seiner Männer.
Provence befriedt von Hand des Tende
Kein Mars zu Narbo, dank dem Helden von Vilars.

Das Tyrrhenische Meer und der Ozean werden von England (der große Neptun) und seinen Matrosen beherrscht. Die Provence wird ihre Sicherheit wiedererlangen und Narbonne wird nicht mehr vom Krieg heimgesucht, beides dank des Helden Claude von Savoien, Graf von Tende und Villars (er wehrte die Angriffe Karls V. gegen die Provence ab).

Und der erste Sechszeiler nimmt diesen Refrain wieder auf:

Neu Jahrhundert neues Bündnis hegt,
Eine Markgrafschaft ins Boot gelegt,
Der stärkere trägt den Sieg:
Von Duce oder König, Galeere von Florenz,
Port in Marseille, Jungfrau im Frankenreich,
Cathrinens großer Kopf rasiert.

Ein neues Jahrhundert bringt eine neue Versöhnung mit sich, ein Markgraf wird an die Spitze der Kirche treten. Wer wird aus dem Kampf um die Macht als Sieger hervorgehen, ein Diktator (duc) oder ein König? Siegen wird das Blumenschiff Italiens (Boot: die Kirche), es wird in Marseille vor Anker gehen, und in Frankreich wird eine junge Monarchie herrschen. Das Oberhaupt Rußlands (Katharina die Große) wird entmachtet.

KAPITEL IV

Die Briefe des Nostradamus: Prophezeiungen für das XX. Jahrhundert

Der Brief an Heinrich den Zweiten ist nicht nur an den damaligen König gerichtet, sondern gilt auch Heinrich, dem kommenden Retter Frankreichs und des Abendlandes. Auch der Brief, den Nostradamus als Vorwort an Cäsar richtet, ist nicht wirklich für seinen ältesten Sohn bestimmt. Denn was hätte der mit der Anweisung seines Vaters anfangen sollen, über den Weg der Prophezeiungen historische Ereignisse zu beurteilen , die erst in viel späteren Jahrhunderten zu erwarten waren? Warum sollte sich ein Vorwort für Prophezeiungen, die vor allem die Zeit zwischen 1792 und 1999 betreffen, an einen im 17. Jahrhundert lebenden Menschen richten – und sei es auch der Sohn des Autors? Ist es da nicht glaubhafter, daß dieses Dokument als warnendes Vorwort für den Leser gemeint ist, der es in einem späteren Jahrhundert studiert?

Zahlreiche Stellen im Text bestätigen diese Ansicht. Abgesehen von den Erläuterungen, die sich, vom Jahre 1555 aus betrachtet, auf eine ferne Zukunft beziehen, stellt der Brief an Cäsar in erster Linie ein philosophisches Monument über die Prophezeiung selbst dar, über ihre Realität, ihre Daseinsberechtigung, ihre Möglichkeit, ihren Ursprung im göttlichen Willen und in der göttlichen Macht.

Zeit und Raum sind an die Existenz der Materie gebunden und haben deshalb in der Welt, die unsere Sinne erfassen, nur einen relativen Wert. Ein Wesen, das wie Gott per definitionem reiner Geist ist, also außerhalb der Materie steht, kann von diesen beiden Elementen nicht beherrscht werden, dort haben sie absoluten Charakter. Zeit ist dann “unteilbare Ewigkeit” und umfaßt Vergangenheit, Gegenwart und Zukunft, ohne Trennung. Auch unsere Vorstellung vom Raum beruht auf der Materie, die ihn erfüllt und ihm als Stütze dient. Der Mensch erfand den Begriff “Allgegenwärtigkeit”, um die zu engen Grenzen seiner äußeren Wahrnehmungen zu sprengen. Bestätigt das mathematische Kalkül nicht auf erstaunliche Weise diese Intuition? Weissagen ist also eine ganz besondere Gnade, die Sinne so weit zu öffnen, bis mit einem Blick die gesamte Ausdehnung von Zeit und Raum erfaßt werden kann. Es bedeutet, wie Nostradamus bemerkt, am Wissen Gottes teilzuhaben.

Die Betrachtungen, auf die er anschließend unsere Aufmerksamkeit lenkt, beziehen sich auf die Art und Weise des Weissagens. Für ihn waren zwei Faktoren unbedingt notwendig: die judicielle Astrologie und die Inspiration, wobei die eine auf die andere angewiesen war. Gleichzeitig warnt er uns vor der Magie und den Hexenpraktiken, die von den Kanons der Kirche verboten sind. Er berichtet, er habe solche Werke besessen, habe sie aber ins Feuer geworfen, damit wir später nicht in die Irre geführt werden könnten.

Der Streit zwischen Determinismus und Handlungsfreiheit schließlich, über den die modernen Philosophen endlos debattieren, scheint für Nostradamus gelöst gewesen zu sein. Er stellt diese beiden Systeme nicht streng abgegrenzt in Thesen einander gegenüber, sondern billigt ihnen eine gewisse Harmonie zu, aus der die vorhergesehenen Ereignisse hervorgehen. Die Handlungsfreiheit wirkt in jedem Augenblick auf den vorbestimmten Ablauf der Ursachen ein und kann deren Folge verändern. Wie lüftet man aber ohne die Hilfe des Übernatürlichen den Schleier, der über Handlungen liegt, die zwar von vorbestimmten Umständen konditioniert sind, doch auch durch den Willen noch ungeborener Menschen beeinflußt werden?

Hier liegt das Ziel und die wahre Tragweite der Weissagungen. Wenn sie verstanden werden, bedeuten sie Befreiung von den materiellen Gegebenheiten unseres Universums. Sie müssen, allen Einwänden zum Trotz, als Tatsachen betrachtet werden, und sind doch gleichzeitig der Beweis für die Existenz einer höheren Macht, die ihre schützende Hand über die Schöpfung hält. Auszüge aus der Heiligen Schrift betonen und untermauern diesen Schluß.

KAPITEL V

Nostradamus an seinen Sohn Cäsar

(In der Übertragung des Dr. de Fontbrune)

An meinen Sohn Cäsar Nostradamus
Leben und Glückseligkeit!

Dein spätes Kommen in diese Welt, mein Sohn Cäsar Nostradamus, hat mich veranlaßt, die Frucht meiner langen und nächtlichen Wachestunden schriftlich niederzulegen. Nach meinem körperlichen Erlöschen hinterlasse ich Dir dieses Memorandum – auch zum allgemeinen Nutzen der Menschheit – nach dem, was mir das göttliche Wesen über die Wissenschaft der Bewegung der Sterne offenbart hat. Und seit der unsterbliche Gott die Gnade gehabt hat, Dich in diesem irdischen Tal auf besondere Weise zu erleuchten, will ich nicht Deine noch kommenden Jahre nennen, sondern Deine Kriegsmonate. Durch sie wird es schwer, Deiner schwachen Wahrnehmung das nahezubringen, was ich bei meinem Tode aus der Hand geben muß: Ich kann Dir nur schriftlich hinterlassen, was sonst die Ungerechtigkeit der Zeit auslöschen würde. Denn das vererbte Wort der geheimen Wahrsagung wird fest in meiner Brust verschlossen bleiben. In Anbetracht dessen, daß die Ereignisse des menschlichen Schicksals ungewiß sind, und daß alles von der unbegreiflichen Macht Gottes bestimmt und beherrscht wird, werden wir nicht durch betrunkenen Rausch, nicht durch Erregungszustände inspiriert, sondern durch astronomische Wahrheiten. Die Eingebung, Voraussagen zu machen, beruht allein auf dem Willen Gottes, dessen Ergebnis der prophetische Geist ist. Schon oft habe ich lange im voraus Dinge gesagt, die in bestimmten Regionen eingetroffen sind. Wahr wurde alles nur durch die göttliche Gnade. Auch andere glückliche oder unglückliche Ereignisse wurden vorausgesagt und sind mittlerweile in bestimmten Gegenden eingetroffen! Man kann nur hinzufügen, daß dies alles kraft der Gnade der göttlichen Eingebung Wirklichkeit wurde. Eigentlich wollte ich schweigen und nichts in Anbetracht der Ungerechtigkeit in der Gegenwart und eines großen Teils der Zukunft niederschreiben, wenn ich etwa erklären würde, warum die Reiche, Parteien und Religionen einem so jähen Wechsel unterworfen sein werden, der im diametralen Gegensatz zur Gegenwart steht. Wenn ich aber die zukünftigen Ereignisse berichten würde, fänden es Anhänger der Reiche, der Parteien, der Religionen und der Glaubensgemeinschaften so unerhört, daß sie nicht versäumen würden, die unausweichliche Zukunft auf Jahrhunderte hinaus zu verwerfen. Ich dachte auch an die Worte des Erlösers: "Wollet nicht das Heiligtum den Hunden geben und die Perlen vor die Säue werfen, damit jene sie nicht mit Füßen treten, sich umwenden und euch zerreißen!" Auch darum habe ich meinen Mund in der Öffentlichkeit verschlossen und meine Feder nicht auf das Papier gesetzt. Weil aber doch einmal das allgemeine Ereignis kommen wird, so habe ich mich entschlossen, die Dinge der Zukunft, die jeden innerlich sehr beunruhigen, in verschleierte und unergründliche Orakel zu hüllen. Ich habe das auch gemacht, weil ich merkte, welchen Eindruck ihr Eintreffen auf die Menschen macht. Um nun nicht der menschlichen Schwäche Vorschub zu leisten, die so gerne Fabeln und Märchen lauscht, habe ich das alles unter dem Deckmantel rätselhafter Bilder geschrieben. Ich habe mehr davon Gebrauch gemacht, als alle Propheten, wie denn geschrieben steht: "So hast Du, o Gott, dies den Weisen und Klugen, das heißt den Mächtigen und Königen, verborgen und hast es geoffenbart den Herzen der Geringen und Schwachen." Auch die Propheten haben den Geist der Weissagung durch Gottes ewige Gnade und die Hilfe seiner guten Engel bekommen. Durch dieses Charisma wird es ihnen vergönnt, weit entfernte Ursachen zu schauen und die Zukunft vorauszusehen. Denn nichts kann sich ohne Gott vollenden. Er besitzt so große Güte und Macht, mit der er seinen Geschöpfen viel Gutes erweist. Wenn sie diese Wohltaten bewahren, wird sich uns jedesmal auch da, wo anderes bezweckt war, die ganze Inbrunst des Geistes der Weissagung nahen, wie die Strahlen der Sonne, die gleichmäßig ihre Kraft auf die einfachen und auf komplexe Körper verteilen. Und da wir Menschen sind, können wir nicht aus eigener Kenntnis und Qualität unserer Intelligenz die verborgenen Geheimnisse Gottes erkennen, denn es heißt: Du wirst nicht den Tag und nicht die Stunde kennen . . . Es kann aber schon jetzt einige Personen geben, denen Gott der Schöpfer durch Visionen Geheimnisse der Zukunft im Einklang mit der judiciellen Astrologie enthüllen wollte, so wie er ihnen auch das Verständnis der Vergangenheit auftut. So haben sie auch eine gewisse Kraft und Willensgabe, wie die Flamme eines Feuers, die helfen soll, in der Inspiration die göttlichen von den menschlichen Eingebungen zu unterscheiden. Denn die Werke Gottes, die absolut sind, werden von seiner Hand vollendet: die mittlere Dimension vollenden die Engel, die dritte überläßt er dem Bösen. Mein Sohn, ich spreche hier wohl ein wenig zu unklar. Was nun aber die geheimen Weissagungen betrifft, die man durch einen zarten feurigen Geist empfangen kann, wie wenn man am Abend die Sterne betrachtet und plötzlich geblendet ist – so wurde auch ich überrascht, als ich plötzlich Prophezeiungen niederschrieb, ohne Angst zu haben, Schlechtes zu sagen. Denn alles das geht aus der Machtfülle des großen ewigen Gottes hervor, von dem alles Gute kommt. Alle glaubwürdigen Orakel kommen von Gott. Nun aber, mein Sohn, wenn ich hier das Wort Prophet erwähnt habe, so möchte ich mir einen so hohen Titel in der Gegenwart nicht anmaßen, denn wer heute Prophet genannt wird, hieß früher Seher. Ein Prophet, mein Sohn, ist jemand, der die fernen Dinge durch das natürliche Wissen sieht, das jeder Kreatur innewohnt. Die vollkommene Erleuchtung kann dem Menschen göttliche oder irdische zukünftige Ereignisse klar vor Augen führen, die auch durch den Verstand nicht anders erkannt werden könnten, da die Wirkungen der Prophezeiung weithin verständlich sind. Die Geheimnisse Gottes sind unergründlich und das entscheidende Prinzip angesichts des langen Zeitraumes, der für die natürliche Erkenntnis notwendig wäre, die aus dem freien Willen entwüchse, macht die Ursachen deutlich, weshalb man nicht selbst dieses Vorstellungsvermögen erwerben kann. Gottes Geheimnisse sind unergründlich und man kann sie nicht erkennen, weder durch menschliche Schau noch durch irgendwelche anderen geheimen Wege, die dem Menschen bekannt sind, denn die Gegenwart ist nur ein Teil der Ewigkeit, die den Lauf der Welt umfaßt. Dennoch sind die Ursachen angesichts dieser unteilbaren Ewigkeit aus der Bewegung der Sterne in der Vision zu sehen. Verstehe mich recht, mein Sohn, ich behaupte nicht, daß die Kenntnis dieser Materie sich nicht auch einst Deinem noch schwachen Geist offenbaren kann und daß die Ursachen der Zukunft, selbst wenn sie noch in weiter Ferne liegen, für das denkende Wesen unerreichbar seien. Aber sie entziehen sich dem Begriffsvermögen des reinen Intellekts. Die vollkommene Erkenntnis der wahrgenommenen Ursachen kann nur durch göttliche Inspiration erlangt werden. Denn jede prophetische Inspiration hat ihren Quell in Gott dem Schöpfer selbst, erst in zweiter Linie in der Eigenart jedes einzelnen und seiner Natur. Deshalb treffen die Weissagungen ein, unabhängig davon, wie die Ursachen wiedergegeben wurden.

Denn der intellektuelle Verstand kann das okkulte Gesicht nur haben, wenn eine Stimme bis an den Rand (seines Fassungsvermögens) dringt und sich die künftigen Dinge in einer winzigen Flamme enthüllen. Aber noch eins, mein Sohn, ich bitte Dich herzlich, niemals Dein Augenmerk auf solche Träumereien und eitlen Wahngebilde zu richten, die den Körper austrocknen, die Seele ins Verderben stürzen und in dem schwachen Verstand Verwirrung anrichten. Die Eitelkeit der abscheulichen Magie ist von alters her schon durch die Heilige Schrift verworfen und durch die Gesetze der Kirche verdammt worden. Ich nehme die judicielle Astrolgie von diesem Urteil aus; durch sie und durch die göttliche Offenbarung konnte ich meine Prophezeiungen empfangen und sie in endlosen Nächten schriftlich niederlegen. Obwohl nun diese geheime Weisheit nicht verworfen wurde, wollte ich den Leser nicht ihrer eindeutigen Beweiskraft aussetzen. Mir wurden mehrere Bücher übergeben, die Jahrhunderte verborgen waren. Ich ahnte, was von ihnen drohte, und habe sie nach der Lektüre dem Feuer übergeben. Während sie aber das Feuer verzehrte, loderten die Flammen auf und verbreiteten eine ungewöhnliche Klarheit, heller als ein natürliches Licht, wie das Aufleuchten eines Blitzes, der die Luft reinigt. Auf einmal stand das ganze Haus in gleißender Helligkeit, wie bei einem Brand. Damit Du nun in Zukunft nicht verleitet seist, die vollkommene astrale Verwandlung, oder die Edelmetalle und das Wasser unter der Erde aufzuspüren, habe ich sie zu Asche verbrannt. Doch was das Urteil betrifft, das sich mit der Hilfe des Himmels vervollkommnen läßt, so will ich Dir folgendes offenbaren: durch ihn kann man die Kenntnis der zukünftigen Ereignisse erreichen, wenn man die Geschöpfe der Phantasie verwirft und sich auf die von der überirdischen Inspiration bezeichneten Orte beschränkt und sie mit den himmlischen Zeichen in Einklang bringt. Dann bestimmen wir die Zeitabschnitte, denen das Okkulte eigen ist, mittels der Gnade und Kraft der Vollmacht Gottes, in dessen Gegenwart seit Ewigkeit die drei Zeiten zusammengefaßt sind: Denn nicht alle Dinge liegen offen zutage . . . Also, mein Sohn, kannst Du trotz Deiner Jugend begreifen, daß sich die Zukunft einerseits aus den Himmelslichtern, die zur Natur gehören, voraussagen läßt, und andererseits aus dem Geist der Prophetie. Ich will mich keinen Propheten nennen, noch möchte ich mir eine solche Wirkung anmaßen, aber wenn man Offenbarungen und Eingebungen empfängt, dann sind die Sinne eines Menschen vom Himmel nicht weiter entfernt, als die Füße von der Erde. Ich kann mich daher nicht irren und nicht getäuscht werden. Sicher, ich bin ein größerer Sünder, als alle anderen auf dieser Welt und allen menschlichen Anfechtungen unterworfen. Doch manchmal bin ich entrückt. Durch lange Berechnungen, die das nächtliche Studium zum Vergnügen machen, habe ich prophetische Bücher verfaßt. Jedes enthält hundert berechnete Voraussagen, die ich absichtlich verdunkelt habe: es sind fortlaufende Weissagungen von heute bis zum Jahre 3797. Sicher wird sich mancher wegen des so langen Zeitraumes wundern. Aber es wird stattfinden und eines Tages verständlich werden: alle diese Dinge werden sich über die ganze Erde erstrecken, mein Sohn, so daß Du, wenn Du das mittlere Mannesalter erreichst, in Deinem Land und in Deinem Leben das Eintreffen der ersten Vorhersagen erleben wirst. Denn der ewige Gott allein kennt die Ewigkeit seines Lichtes, das aus seinem Innersten hervorleuchtet. Ich sage es daher ganz offen: Wem er in seiner unermeßlichen und unergründlichen Herrlichkeit eine lange tiefsinnige Eingebung hat offenbaren wollen, – das kann allerdings nur vermittels verborgener Ursachen, die das Göttliche enthüllen, geschehen, – der empfängt die Gnade hauptsächlich aus zwei Quellen, die nur für den Verstand derjenigen zu begreifen sind, die das Amt der Prophetie empfangen haben. Die eine ist immanent: sie inspiriert durch übernatürliche Erleuchtung die Person, die durch die Wissenschaft der Sterne vorhersagt und durch göttliche Offenbarung prophezeit. Sie stellt eine gewisse Teilnahme an der Erkenntnis des ewigen Gottes dar. Dieser Gnade ist es zu verdanken, daß der Prophet zu dem Schluß gelangt, daß Gott der Ursprung seines Geistes ist und daß der Schöpfer ihm eine natürliche Anregung gibt: das Vorhergesagte ist wahr und hat seinen Ursprung im ätherischen Raume. Eine so helle und doch so kleine Flamme muß aus dieser Höhe kommen, wenn sie gute Eigenschaften haben soll. Die einfache Klarheit der menschlichen Vernunft gibt den Propheten die Gewißheit, aufgrund der ersten Ursache in die tiefsten Bereiche des Wissens eindringen und eine mächtigere Doktrin aufzustellen. Aber mein Sohn, ich will nicht zu weit abschweifen und die zukünftige Fassungskraft Deines Verstandes berücksichtigen. Die Literatur wird noch einige große und unvergleichliche Irrtümer begehen, bevor die Menschheit von dem kommenden Brand der Welt, von einer Sintflut und großen Überschwemmungen heimgesucht wird, die so gewaltig sind, daß sich kaum noch ein Land findet, das nicht untergeht. Es wird so lange dauern, bis die Geschichte der Waffen und der Nationen zu ihrer eigenen Vernichtung gelangt sein wird. Und nach diesen Überschwemmungen werden in verschiedenen Gegenden die Niederschläge sehr gering sein. Dafür werden vom Himmel Feuer und soviele brennende Steine fallen, daß man an keinem Ort bleiben kann, wenn man nicht erschlagen werden will: das wird unmittelbar vor der letzten Feuersbrunst sein. Denn bevor der Planet Mars (der die Kriege bestimmt) sein Jahrhundert vollenden wird (vor dem Ende des Jahrhunderts der Weltkriege) und am Ende seiner letzten Periode, wird er es unter seinem Einfluß halten. Und die

einen werden lange Jahre unter dem Zeichen der Revolutionen stehen, die anderen werden vom Hunger bedroht werden. Und nun, da wir vom Mond (astrologisches Zeichen für Volk, Republik) mit der Allmacht des ewigen Gottes geführt werden, wird, bevor er seinen Lauf beendet, die Sonne (Symbol der französischen Monarchie) kommen und dann Saturn (Symbol des goldenen Zeitalters). Den Zeichen des Himmels zufolge wird nämlich das Goldene Zeitalter wiederkommen, nach einer Zeit der Revolution, die alles umwerfen wird: von dem heutigen Tag, an dem ich schreibe, wird dies kommen in einhundertsiebenundsiebzig Jahren, drei Monaten und elf Tagen*. Sie wird die Korrumpierung der Ideen und der Sitten mit sich bringen, Kriege und eine lange Hungersnot. Die Welt wird vor und nach diesem im voraus festgelegten Datum mehrmals so reduziert, daß niemand mehr die frei gewordenen Felder bestellt. Soweit man nach dem Lauf der sichtbaren Sterne ermessen kann, ereignet es sich noch, bevor wir in das siebte Jahrtausend eintreten, das alles beendet, – während wir uns dem achten nähern, wo sich das Firmament der achten Sphäre (siehe Apokalypse, Neues Jerusalem) befindet, die unendlich ist. Hier aber wird der ewige Gott sein Werk krönen und die himmlischen Bilder wieder in Bewegung setzen. Diese Bewegung wird unsere Erde wieder stabil und fest machen – aber sie wird sich nicht ewig drehen. Denn wenn Sein Wille einmal erfüllt ist, wird es so sein und nicht anders, trotz der zweideutigen Meinungen, die über alle natürlichen Begründungen hinausgehen, wie zum Beispiel die Träumereien Mohammeds. Deshalb zeigt Gott, der Schöpfer, mit Hilfe seiner Engel manchmal in der Form einer Flamme, die er den äußeren Sinnen und vor allem unseren Augen offenbart, die Ursache der künftigen Wahrsagung, die den Propheten offenbart werden müssen. Denn die Vorhersage, die aus dem äußeren Licht kommt, muß notwendigerweise zum Teil mit Seiner Hilfe und zum Teil mit unseren Sinnen beurteilt werden: so daß der Teil, der auf die Wahrnehmungen des Verstandes zurückgeht, nicht einer krankhaften Einbildung entspringt.
Es ist offensichtlich, daß alle Prophezeiungen durch den

* Mit 1555 in Zusammenhang gebracht, ergibt die Berechnung das genaue Datum des Eintreffens Jean-Jacques Rousseaus in Paris.

Hauch Gottes und durch engelgleichen Geist (Bote) dem prophezeienden Menschen ins Herz gelegt werden. Dieser Geist hüllt ihn ein in Weissagungen, erleuchtet ihn und spiegelt ihm in verschiedenen nächtlichen Erscheinungen Bilder vor, durch die er dann prophezeit. Dabei stützt er sich auf eine prophetische Gewißheit, die unter der Kontrolle der Astronomie steht, eng verbunden mit der biblischen Vorhersage. Die Zukunft aber beruht allerdings selbst einzig und allein auf dem freien Willen. Höre nun, mein Sohn, denn durch meine Berechnungen, die mit der göttlichen Offenbarung übereinstimmen, weiß ich, daß das Schwert des Todes uns in Form einer Pest und eines Krieges erreichen wird, der schlimmer sein wird als jeder Krieg zuvor. Drei Männer werden ihn verursachen und er wird von einer Hungersnot begleitet sein, die sich noch oft wiederholen wird, denn die Sterne stimmen mit dieser Revolution überein. Wie auch geschrieben steht: Ich will mit eiserner Rute ihre Ungerechtigkeiten heimsuchen und mit Geißeln werde ich sie schlagen. Denn, mein Sohn, Gottes Barmherzigkeit wird uns nicht mehr erreichen, bis sich der größte Teil meiner Prophezeiungen erfüllt hat. Im Laufe mehrerer dunkler Stürme werde ich sie in den Staub treten, spricht der Herr, sie zerbrechen und kein Mitleid haben. Tausend andere Ereignisse werden uns durch die Plagen des Himmels zustoßen, die ich vollständiger in meinen anderen Prophezeiungen niedergeschrieben habe, die in prosaischer Form abgefaßt sind. Dort habe ich Orte und Zeiten begrenzt und den bestimmten Zeitpunkt vorhergesagt, den die Menschen, die nach uns kommen, noch erleben werden. Sie werden in der Erfüllung unmißverständlich das erkennen, was ich in den anderen Büchern, in denen ich mich klarer ausgedrückt habe, vorausgesagt habe. Dann werden sie die Dinge in ihrer verschleierten Form begreifen – denn wenn die Zeit kommt, wird die Unwissenheit aufgehoben und es wird große Klarheit herrschen. Ich muß nun schließen, mein Sohn, nimm dieses Geschenk Deines Vaters, M. Nostradamus, entgegen. Ich hoffe, daß Du jede Prophezeiung in diesen Vierzeilern noch weiter verdeutlichen wirst. Ich bete zum ewigen Gott, daß er Dir ein langes und glückliches Leben schenken möge.

Salon, am 1. März 1555.

KAPITEL VI

Brief an Heinrich den Zweiten

(In der Übertragung des Dr. de Fontbrune)

Dem unbesiegbarsten, mächtigsten und allerchristlichsten Heinrich, König von Frankreich, dem Zweiten, wünscht sein sehr ergebener, gehorsamer Diener und Untertan Michel Nostradamus

Sieg und Heil!

Durch jene fürstliche Beachtung, die ich, o allerchristlichster und siegreichster König, gehabt habe, seit jenem Tage, an dem mein Angesicht sich nach langer Verdunklung der Göttlichkeit Eurer großen Majestät zeigen durfte, war ich beständig geblendet; ich habe nicht aufgehört, diesen Tag zu ehren und zu preisen, an dem ich das erstemal einer durch ihre Menschlichkeit einzigartigen Majestät gegenüberstand. Da ich nun erkannte, daß es mir unmöglich sein würde, meinem Herz Ausdruck zu verleihen, habe ich doch den Wunsch, aus meinem Schatten ins Licht vor das hehre Auge des ersten Monarchen des Universums zu treten. Ich habe mich lange gefragt, wem ich diese drei Centurien widmen sollte, die von meinen Prophezeiungen noch übrig waren und das Tausend komplett machen. Nach langer Überlegung faßte ich einen verwegenen und kühnen Entschluß: Ich habe meine Widmung an Ew. Majestät gerichtet, die über diese Kühnheit nicht erstaunt sein möge. Zwar berichtet der gewissenhafte Autor in seinem "Leben des Lykurg", daß die Leute angesichts der bescheidenen Weihgeschenke, die man in den Tempeln der unsterblichen Götter niederlegte, erschraken und sich scheuten, selbst in den Tempeln zu erscheinen. Ich dachte jedoch, daß Ew. Majestät in seiner unvergleichlichen Menschenfreundlichkeit meine Widmung annimmt. Ihr seid nicht wie die Perserkönige, bei denen es nicht erlaubt war, sie aufzusuchen, geschweige denn, sich ihnen zu nähern. Ich habe einem sehr klugen und weisen Prinzen meine nächtlichen und prophetischen Eingebungen geweiht.

Sie sind eine Mischung aus natürlichem Instinkt und prophetischem Feuer, ohne Beachtung der Regeln der Poesie. Die meisten sind zusammengestellt und aufeinander abgestimmt auf Grund astronomischer Berechnungen. Sie entsprechen den Jahren, Monaten und Wochen, den Regionen, Gegenden, Orten und Städten ganz Europas, auch Afrikas und eines Teils Asiens, je nach Änderung der Länder, wie sie mein Auge erblickt mit ihren klimatischen Verhältnissen und in ihrem natürlichen Zusammenhang.

Man wird mir erwidern: Für den, der das Bedürfnis hat, sich die Augen zu reiben (damit er mehr sieht), ist der Reim genauso leicht verständlich, wie es schwer ist, den Sinn zu begreifen. O, leutseligster König, der Großteil der in den Vierzeilern aufgezeichneten Prophezeiungen ist derart heikel, daß man sich nicht ohne weiteres durchfinden und sie auslegen kann, obwohl ich hoffe, das schwarz auf weiß zu hinterlassen, was die Prophezeiungen hinsichtlich der Jahre, Orte, Städte und Gegenden bedeuten, in denen sich der größte Teil begeben wird, insbesondere für die Jahre 1585 und 1606.

Ich fange mit der heutigen Zeit an, dem 14. März 1547, und gehe weit darüber hinaus bis zu dem Ereignis, das zu Beginn des 7. Jahrtausend (nach der Erschaffung der Welt) genauestens berechnet ist. So fern ich auf Grund meiner astronomischen Berechnungen und meines Wissens klar sehen kann, werden sich dann die Gegner Jesu Christi und seiner Kirche stark zu vermehren beginnen. Das ist alles auf Tag und Stunde festgelegt, ausgewählt und so genau angeordnet wie es mir möglich war, und wie es mit Hilfe der "Minerva libera et invita" geschehen konnte. Ich errechne, daß es fast genauso viele Ereignisse in der Zukunft geben wird, wie in den vergangenen Zeitaltern, einschließlich der Gegenwart. Ich fasse zusammen, was man im Laufe der Zeit in allen Gegenden erleben wird, und alles wird sich genau so ereignen, wie es geschrieben steht, wobei ich nicht übertreibe. Zwar wird gesagt: "Was man von den zukünftigen Dingen weiß, ist keine bestimmte Wahrheit." Es verhält sich so, Sire, daß trotz meiner natürlichen Anlage, die mir meine Großeltern vererbt haben, ich zuerst nicht glaubte, selbst weissagen zu können. Jedenfalls unterschätzte ich diese Mitgift, brachte sie aber später in Einklang mit meinen langen Berechnungen, nachdem ich Seele und Geist für die Aufnahme öffnete. Mut, Kraft, Sorgfalt, Gewissenhaftigkeit und Eifer gewann ich dadurch, daß ich meine Seele stille werden ließ vor dem Ewigen.

Zum Teil beruht das ganze Werk der Prophezeiung und ihrer Harmonie auf dem ehernen Dreifuß. Mag es nun einige geben, die meine besonderen Fähigkeiten für nichtig erachten, so ist der ewige Gott als Herzenskünder doch fromm, gerecht, barmherzig und außerdem ein wahrhaftiger Richter. An ihn wende ich mich, daß er mich verteidigen möge gegen die Verleumdungen der Bösewichter, welche auch unbotmäßigerweise danach forschen, aus welchen Gründen Eure ältesten Vorfahren, die Könige von Frankreich, die Skrofeln geheilt haben. Auch die Könige anderer Länder haben Schlangenbisse geheilt, andere hatten die Gabe der Weissagung. Dies alles zu erläutern, würde hier zu weit führen. Außerdem wird denjenigen, welchen die Niedertracht böswilliger Geister nicht geläufig ist, im Laufe der Zeit nach meinem Hinscheiden aus dieser Welt noch viel mehr an meinen Schriften gelegen sein, als zu meinen Lebzeiten, selbst wenn ich mich in der Berechnung der Zeiträume geirrt hätte oder sie sonst nicht genehm gewesen wären. Ew. mehr als kaiserliche Hoheit wird mir verzeihen. Ich bekenne vor Gott und seinen Heiligen, daß ich nichts in diesen Schriften niederlege, was gegen den wahren katholischen Glauben gerichtet ist, auch wenn ich zu meinem sonstigen Wissen die astronomischen Berechnungen zur Kontrolle verwende. Denn der Zeitraum unserer ersten Vorfahren ist folgender – ich unterwerfe mich dabei dem heiligsten Gericht:

Adam, der erste Mensch, lebte etwa 1242 Jahre vor Noah, nicht auf Grund der Berechnung der Heiden, so wie es Varro uns überliefert, sondern allein nach dem Zeugnis der Bibel und meines schwachen Geistes auf Grund meiner astronomischen Berechnungen. Nach Noah und der allgemeinen Sintflut kam Abraham etwa 1080 Jahre später. Er war ein hervorragender Astrologe und der Entdecker der chaldäischen Wissenschaft. Dann kam Moses etwa nach 515 oder 516 Jahren. Zwischen David und Moses liegen ungefähr 570 Jahre. Danach liegen nach den Angaben einiger Chronographen zwischen dem Zeitalter Davids und der Zeit unseres Erlösers und Heilands Jesu Christi, der von der einmaligen Jungfrau geboren wurde, 1350 Jahre. Man könnte einwenden, daß einiges an der Berechnung nicht stimmt, da sie von der des Eusebius abweicht. Darauf folgt die Zeit der menschlichen Erlösung bis zu der abscheulichen Irrlehre der Sarazenen, die etwa 621 Jahre ausmacht. Es ist nicht schwer zusammenzurechnen, welche Zeiten vergangen sind, und ob meine Tabelle gültig ist für alle Nationen, zumal alles nach dem Sternenlauf am Himmelszelt ausgerechnet wurde. Man muß die seelische Erregung, die manchmal über mich kommt und die mir meine Ahnen vererbt haben, in Betracht ziehen. Die Unbill der Zeit, Durchlauchtigster, erfordert, daß solche verborgenen Ereignisse nur in rätselhafter Sprache geoffenbart werden, die nicht nur einen Sinn und eine einzige verständliche Erklärung zulassen; das bedeutet nicht, daß eine zweideutige und doppelsinnige Berechnung aufgestellt wird. Obzwar in Dunkelheit gehüllt, eine Folge der natürlichen Eingebung, nähern sich die Centurien doch der Sprache eines jener tausendundzwei Propheten, die es seit der Erschaffung der Welt nach Joels phönizischer Zeitentabelle gegeben hat. Joel sagt von Gott: "Ich werde meinen Geist ausgießen auf alles Fleisch, und es werden Eure Söhne und Eure Töchter weissagen." Aber eine solche Prophezeiung kam durch den Mund des Heiligen Geistes, der höchsten ewigen Macht, verbunden mit der himmlischen Gewalt. Und so kommt es, daß einige der Söhne und Töchter große und wunderbare Ereignisse vorausgesagt haben. Ich maße mir nicht den Titel des Propheten an, da sei Gott vor, bekenne aber, daß alles von Gott kommt. Für diese Gnade schulde ich ihm Dank und gebe ihm die Ehre, Lob und Preis in Ewigkeit. Nichts habe ich von der Weissagerei, die ihre Weisheit von einem zufälligen Fatum herleitet, beigemischt. Nein, meine Weissagung kommt von Gott, von der Natur her. Meistens begleitet von der Bewegung der Sterne, sehe ich sozusagen in einen Brennspiegel hinein. Die großen tragischen und wunderbaren Ereignisse nähern sich mir in nebelhaften Bildern; ich sehe Unglücksfälle, die über die bedeutenden Diener Gottes hereinbrechen. Zunächst sehe ich den nahen Abfall von den Kirchen Gottes, dann den Verfall der Träger dieser Erde, in Zusammenhang mit tausend anderen unheilvollen Begebenheiten, die man im Laufe der Zeit in der Zukunft erleben wird. Denn Gott wird die Unfruchtbarkeit der großen Dame ansehen, die später zwei fürstliche Kinder gebären wird. Diejenige, die als Nebenfrau zur Seite steht, wird durch jugendliche Unbesonnenheit mit 18 Jahren in Todesgefahr geraten und wird das 36. Lebensjahr nicht überschreiten. Sie wird drei männliche und ein weibliches Wesen hinterlassen. Jene aber, die bisher niemals empfangen hatte, wird zwei Kinder von dem haben, der niemals der Vater beider war. Daher entsteht zwischen den drei Brüdern große Streitigkeit, dann aber vereinigen sie sich und versöhnen sich doch, wobei drei oder vier Viertel Europas in Schrecken versetzt werden. Durch den Jüngsten wird der vom Christentum gestützte Geist der Monarchie aufrechterhalten und entwickelt werden, geheime Gesellschaften werden ebenso schnell niedergeschlagen werden, wie sie entstanden sind; die Araber werden zurückgejagt, Königreiche vereinigen sich, neue Gesetze werden in der Öffentlichkeit verkündet.

Von den anderen Kindern wird das erste das Reich der gekrönten, feurigen Löwen, die ohne Furcht ihre Pranken über das Wappen halten, besitzen. Das zweite Kind wird im Lande der Römer gewaltig vorwärts stürzen, bis zum zweitenmal der furchtbare Weg auf den Berg Jupiters unternommen wird, den es dann herabsteigt, um die Gipfel der Pyrenäen zu erklimmen. Dieses Reich wird nicht mehr die Form einer alten Monarchie haben; da nun eine dritte Überschwemmung der Welt mit Menschenblut stattfinden wird; Mars wird sich nicht lange in der Fastenzeit befinden. Die Tochter wird ausgeliefert werden zur Erhaltung der christlichen Kirche, ihr Beherrscher fällt gegen die heidnischen Sekten neuer Ungläubiger. Diese Tochter wird zwei Kinder haben, das eine treu, das andere untreu mit Billigung der katholischen Kirche. Das erste Kind wird zu seiner eigenen großen Verwirrung und späteren Reue sich selbst vernichten. Drei Gegenden werden trotz ihrer extremen Unterschiede im Bunde stehen – das Römerland, Germanien und Spanien. Diese Länder bringen verschiedene bewaffnete Parteien hervor, die vom 50. beziehungsweise dem 52. Breitengrad kommen. Dann wird die Menschheit dem Kult der Antike huldigen in den Ländern Europas und nördlich des 48. Grades. Dort wird man zuerst aus eitler Furcht den Krieg entfachen; dann aber werden auch die westlichen, südlichen und östlichen Reiche in Krieg geraten. Groß wird die Macht sein, die sich allein durch Bündnisse und Eintracht bei ihren kriegerischen Eroberungen unbesiegbar machen wird. Von Natur sind diese Völker gleich, aber sehr verschieden in ihrem Glauben.

Nach diesen Ereignissen wird die unfruchtbare Dame, deren Macht größer ist als die der zweiten Dame, von zwei Völkern aufgenommen. Zunächst durch das erste, das in der Gewalt dessen steht, der alle Macht besaß, dann durch ein zweites und drittes, das seine Kräfte im Umkreis des Osten Europas bis zu den Pannoniern ausbreiten wird, wo es geschlagen und unterliegen wird. Durch Unternehmungen auf dem Meere wird es sich bis nach Sizilien ausdehnen, aber über die Adria hinweg bis Griechenland und bis Germanien wird es unterliegen. Die barbarische Sekte, die sich überall ausgebreitet hatte, wird stark bedrängt und verjagt werden.

Dann aber wird das große Reich des Antichristen beginnen in Draa und Ras Fez. In einer unabsehbar großen Zahl werden die Anhänger des Antichristen herabsteigen, so daß das Kommen des heiligen Geistes, der auf dem 24. Breitengrad heraufsteigt, nötig sein wird. Er wird gegen die Greuel des Antichristen und den Krieg gegen die Monarchie kämpfen, und zwar gegen den König, der dann der große Stellvertreter Jesu Christi auf Erden ist, und gegen seine Kirche. Nach einer Sonnenfinsternis aber wird eine Zeit folgen, die dunkelste und finsterste, die es je seit der Schöpfung der Welt und seit dem Leben und Sterben Jesu Christi bis heute gegeben hat. Es wird im Monat Oktober sein, wo man eine große Verlagerung beobachten wird, so daß jedermann glaubt, die Schwerkraft der Erde habe ihre natürliche Bewegung verloren und die Welt sei in eine ewige Finsternis geschleudert.

Im Frühling werden extreme Änderungen vorausgehen und folgen, vor allem die Umgestaltung der Königreiche. Gewaltig wird die Erde beben, zugleich aber wird mit dem Anwachsen des neuen Babylons die elende Tochter emporwuchern durch die Greuel des ersten Brandopfers, doch wird sie nur 73 Jahre und 7 Monate währen. Dann jedoch wird aus dem Stamm jener, die so lange unfruchtbar war vom 50. Breitengrad aus der Mann entstehen, der die Kirche erneuern wird. Große Eintracht und großer Friede werden nun zwischen einigen Kindern gestiftet, die durch die Grenzen verschiedener Regierungen getrennt sind. Sodann wird ein so fester Friede geschlossen, daß die Förderer und Begründer der Kriegspartei, die als Vorwand die Unterschiedlichkeiten der Religionen benutzten, im tiefsten Abgrund angekettet bleiben werden. Obwohl er bisher den Weisen spielte, wird ein Königreich des Rabieux geeint werden. Die Länder, Dörfer, Städte, Reiche und Provinzen, die als erste den Weg verlassen hatten, um sich zu befreien, werden nun noch eher ihrer Freiheit beraubt werden und sich in noch tiefere Knechtschaft begeben. Nach dem gänzlichen Verlust der christlichen Religion werden sie beginnen, sich nach rechts zu wenden, von der linken Seite abgestoßen. Die lang unterdrückte Geistlichkeit wird mit der Heiligen Schrift in ihre alten Ehren eingesetzt werden, nachdem der große Hund den größten Köter hervorbringen wird, der überall die schlimmste Zerstörung anrichten wird, und sogar das vernichtet, was vorher vollendet war. Wie in den Zeiten des Urchristentums werden die heiligen Kirchen wieder aufgerichtet werden und die Geistlichkeit erhält ihren früheren Stand zurück. Sie wird jedoch beginnen zu prassen und tausend Sünden zu begehen; und daher wird man einer neuen Verwüstung nahekommen. Es werden sich die Machthaber und ihre militärischen Kräfte erheben in der Zeit der größten Gnade, und es werden ihr die beiden Schwerter abgegürtet werden und nur die äußeren Insignien bleiben. Sie wird das Volk wieder auf den rechten Weg führen durch die Seelsorge, die sie eifrig betreibt, und sie will nicht jenen nachgeben, die mit einer Politik der starken Hand die Erde antasten und entgegengesetzte politische Ziele verfolgen und die Völker aufhetzen bis zu dem Zeitpunkt, da aus ihrem Schoß ein neuer Zweig emporwächst, der die Menschheit in aller Welt von dieser Knechtschaft befreien wird. Jener Mann wird sie dann unter den Schutz der Kriege stellen und zugunsten der freien Stadt, die auf einer anderen kleinen Insel gegründet wurde, die Macht aller Ehren und Würden berauben. Der Statthalter wird dann entführt werden und an den Pfahl gestellt. Nichts ahnte er von den Konspirationen der Verschwörer des zweiten Thrasybul, der bereits alles vorbereitet hatte. Obwohl sie das Licht scheuen, werden die Schmutzigen offenbar werden und mit großer Schande in die Finsternis zurückgeworfen. Und das wird erst gegen Ende des Umsturzes seiner Herrschaft geschehen, wenn die Oberhäupter der Kirche Gott hintergehen und mehrere unter ihnen vom wahren Glauben abfallen werden.

Die mittlere der Sekten wird etwas degenerieren. Die erste breitet sich über ganz Europa aus, nachdem die dritte mit Hilfe der Armen im Geiste im größten Teil Afrikas ausgerottet wurde, da diesen von gefühllosen Menschen geschmeichelt wurde, die durch Luxus und Weltlust erhöht, die Wahrheit verzerren. Die Anhänger der Gesetzgeber werden vom Volk verjagt, das sich andauernd erheben wird. Es wird so aussehen, als ob Gott den Satan aus dem höllischen Gefängnis losgelöst hätte, um die großen Gog und Magog entstehen zu lassen, welche die Kirche so gräulich schänden werden, daß weder die Weißen noch die Roten die Lage nach der Wahrheit beurteilen können. Ihre Macht wird ihnen genommen, und es wird eine derartige Verfolgung stattfinden, wie sie noch niemals in der Kirche da war. Während dessen rafft eine Seuche zwei Drittel der Menschheit dahin. Die Not wird so gewaltig sein, daß die Lage der Felder und Häuser unkenntlich wird und das Gras auf den Straßen bis zu den Knien wächst. Unter dem Klerus wird eine totale Verwüstung angerichtet.

Die Kinder des Mars werden sich dessen bemächtigen, von Malta bis zu den Inseln der Stöchaden, was in der Sonnenstadt umgestürzt worden ist. Und die große Kette, die den Bosporus vor der Invasion versperrte, wird gebrochen. Vom Meer her wird ein neuer Angriff unternommen mit dem Ziel, durch einen kühnen Sprung Castulon von seiner ersten Besetzung durch die Mohammedaner zu befreien. Nicht überall werden ihre Einfälle vergeblich sein:

Sichem, wo früher Abrahams Wohnung war, wird durch die Männer, die die Jovialisten verehren, erobert. Jene Stadt Sichem wird von allen Seiten mit großer Stärke von den Bewaffneten umzingelt und belagert. Die Westmächte werden ihre Seestreitkräfte schwächen. Es folgt eine große Verheerung im Königreich, die größten Städte werden entvölkert. Jene, die in das Land zurückkehren, wird jedoch die Rache und der Zorn Gottes treffen. Das heilige Grab wird hoch verehrt werden, während es so lange Zeit offen unter dem Himmelszelt und unter den Augen des Weltalls, der Sonne und des Mondes gelegen hat. Der heilige Ort wird nur mehr eine kleine Zahl Ungläubiger beherbergen. Oh, welch unheilvolle Anfechtung wird den schwangeren Frauen zuteil werden. Das Heer aus dem Osten wird aufgewiegelt und durch die Bewohner des Nordens und Westens besiegt. Die Verlierer werden getötet, der Rest flieht, ihre Kinder, die in Vielweiberei gezeugt worden sind, werden interniert. Dadurch erfüllt sich die Weissagung des königlichen Propheten "damit Er die Klagen der Gefesselten höre, damit Er die Söhne der Getöteten befreie".

Nun wird auf die Statthalter und Fürsten der Königreiche, sogar auf die, deren Macht im Meer oder im Osten lag, großer Druck ausgeübt. Ihre Sprachen werden sich mit jener der Lateiner und der Araber vermengen, die die Verbindung zu Karthago wiederhergestellt haben. Die Könige des Orients werden verjagt und vertilgt, und zwar vor allem durch die Streitkräfte der Militärregierungen und durch das Enden unseres Jahrhunderts. Hierbei helfen drei Verbündete mit, obwohl immer einer heimlich des anderen Tod sucht. Sie stellen sich Fallen und belauern einander gegenseitig.

Sieben Jahre wird die Erneuerung des Triumvirats dauern; der Ruf dieser Partei wird in jener Zeit um die ganze Welt verbreitet. Es wird dem unbefleckten heiligen Meßopfer gehuldigt werden, und sodann werden zwei große Militärs die Völker des Orients unterwerfen. Es wird soviel Lärm und Kriegsgeschrei entstehen, daß der ganze Orient vor diesen Brüdern vor Furcht zittert, welche aber wiederum keine Brüder des Nordens sind. Deswegen, SIRE, habe ich die Vorhersagen in dieser Abhandlung ziemlich verworren niedergeschrieben. Will man nun wissen, wann die Ankunft dieser Brüder und Könige erfolgt, so muß man, um einen Irrtum der nun anschließenden Zeit zu vermeiden, beachten, daß sie gar nicht oder kaum mit der oberen übereinstimmt.

Unter dem Gesichtspunkt der Heiligen Schrift, die untrüglich ist, und auf astronomischem Wege könnte ich für jeden Vierzeiler, wenn ich wollte, eine genaue Zeitangabe machen. Diese Angaben und noch weniger die Auslegung dürften allerdings nicht allen zusagen, es sei denn, um den Verleumdern keine Ursache zu geben, mich durchzuhecheln.

Wenn ich die Jahre zähle, beträgt die Zeit der Erschaffung der Welt bis zur Geburt Noahs 1506. Von Noahs Geburt bis zur Fertigstellung der Arche, als die Sintflut bevorstand, die sich über die ganze Erde zog, vergingen wiederum 600 Jahre. Es fragt sich jedoch, ob der Rechnung Sonnenjahre oder Mondjahre oder beides gemischt zu Grunde liegen. Meiner Ansicht nach rechnet die Heilige Schrift nach Sonnenjahren. Am Ende dieser 600 Jahre bestieg Noah die Arche, um sich vor der Sintflut zu retten. Sie verbreitete sich über die ganze Erde und dauerte ein Jahr und zwei Monate. Von deren Ende bis zur Geburt Abrahams vergingen 295 Jahre, und von da bis zur Geburt Isaaks 100 Jahre, von Isaak bis Jakob 60 Jahre. Von der Stunde, da er ins Land der Ägypter kam bis zu seiner Ausreise vergingen 130 Jahre. Vom Einzug der Kinder Israels in Ägypten bis zu ihrem Auszug vergingen 430 Jahre. Von da an bis zur Errichtung des Tempels durch Salomon im vierten Jahre seiner Regierung verflossen 480 Jahre. Vom Tempelbau bis Jesus Christus vergingen nach der Berechnung der Heiligen Schrift 490 Jahre. Meine Tabelle, durch die Heilige Schrift ergänzt, weist nun etwa 4173 Jahre auf, 8 Monate mehr oder weniger. Ich berechne die gegenwärtigen Prophezeiungen nach den Gesetzen der Astronomie und auf Grund meiner natürlichen Eingebung nach der Ordnung der Kette, die auch ihre Enthüllung enthält, und übergehe die Zeit von Jesus Christus an infolge der Spaltungen der Sekten.

Nun vergeht eine Zeitspanne, in der die Zeit enthalten ist, da Saturn rückläufig wird, und zwar vom 7. April bis zum 25. August; Jupiter vom 14. Juni bis zum 7. Oktober; Mars vom 17. April bis zum 22. Juni; vom 9. April bis zum 22. Mai

Venus; Merkur vom 3. Februar bis zum 24. Februar und danach vom 1. bis zum 24. Juni und vom 25. September bis zum 16. Oktober. Saturn in Steinbock, Jupiter in Wassermann, Mars in Skorpion, Venus in den Fischen und Merkur während eines Monats in den Zeichen Steinbock, Wassermann und Fische; der Mond im Wassermann, der Kopf des Drachen in der Waage und der Drachenschwanz im gegenüberliegenden Zeichen. Es folgt nun eine Konjunktion zwischen Jupiter und Merkur mit einem Quadrataspekt von Mars auf Merkur. Der Kopf des Drachen steht in einer Konjunktion mit der Sonne und dem Jupiter. Friedlich wird das Jahr sein, ohne Sonnenfinsternis, aber nicht zur Gänze. Es wird jedoch der Anfang sein von dem, was Bestand hat. Zu Beginn des Jahres fängt eine große Verfolgung der christlichen Kirche an, wie sie nicht einmal in Afrika stattgefunden hat. Sie wird bis zum Jahre 1792 andauern, wo man glauben wird, dies sei der Zeitpunkt der Erneuerung des Zeitalters.

Danach wird das römische Volk einige dunkle Elemente fortjagen und anfangen, sich wieder empor zu richten. Es geht allerdings nicht ohne Spaltung und ständige Unruhen ab, obwohl es etwas von seinem früheren Glanz zurückerobert. Darauf wird Venedig eine große Machtentfaltung erfahren, es wird seine Schwingen so hoch ausbreiten, daß man zwischen ihm und der Herrlichkeit des alten Rom kaum noch einen Unterschied erblicken wird. In dieser Zeit wird man auch beobachten, wie das große Byzanz unter Mitwirkung einer nördlichen Macht sich mit den Ligurern vereint, doch auch hier wird es einige Hindernisse geben, welche von zwei Kretern verursacht werden, weil sie ihren Verbündeten nicht die Treue halten. Die von den alten Marsanhängern erbauten Triumphbögen werden in die Wogen Neptuns stürzen. Bei Andria wird große Zwietracht herrschen – was bisher vereint war, wird getrennt werden. Was zuvor noch eine große Stadt war und noch ist, wird zum Haus herabsinken, um das Mesopotamien Europas und im Pempotan zwischen dem 45. Breitengrad und dem 41., 42. und 37. Breitengrad.

In dieser Zeit und in diesen Gebieten wird die Gewalt des Teufels die Macht der Gegner des heiligen Gesetzes gegen die Kirche Jesu Christi aufhetzen. Die Kirche und der rechtmäßige Stellvertreter Petri werden vom zweiten Antichristen mit Unterstützung der derzeitigen Könige verfolgt. Sie werden durch Redner unwissentlich verführt, die mit ihren Worten eine größere Spaltung verursachen, als es das Schwert in den Händen eines Wahnsinnigen vermag. Die oben angesprochene Herrschaft des Antichristen wird nur bis zur Bestimmung des Mannes dauern, der in der Stadt Plancus beginnt und sich über Ferrara bis in die Nachbarschaft Siziliens fortsetzt, bis an die Stelle der Gewählte von Modone Fulcy gesetzt sein wird. Sodann wird der Berg Jupiters seinen Gang fortsetzen. Nun wird Ogmius so viele Anhänger gewinnen, daß das Reich sein Gesetz weit und breit ausbreitet, und kurz danach wird das Blut Unschuldiger mit Hilfe der Schuldigen reichlich vergossen. Ein wenig werden die Letzteren erhöht, dann wird aber durch große Fluten die Erinnerung an diese fortlaufenden Dinge so mächtig vernichtet, daß der Verlust nicht bezifferbar sein wird. Dasselbe wird der von den Völkern des Nordens verbreiteten Doktrin geschehen, die nach göttlichem Willen vernichtet wird. Und dann wird erneut ein allgemeiner Friede unter den Menschen gestiftet, die Kirche Jesu Christi von aller Trübsal befreit, so sehr auch die Azostains probieren werden, den Honig mit Galle zu vermengen und ihre pestartigen Verführungskünste spielen lassen werden. Dies aber wird sich zutragen, wenn die Welt sich dem 7. Jahrtausend nähert. Die Kirche Jesu Christi wird nicht länger von den Ungläubigen, die aus dem Norden kommen, mißhandelt. Eine große Feuerkatastrophe steht dann der Welt bevor. Hier enden meine Prophezeiungen, aber der Lauf der Zeit geht noch weit darüber hinaus.

In dem Brief, den ich vor einigen Jahren meinem Sohn Cäsar Nostradamus gewidmet habe, habe ich einige Punkte klar und offen dargelegt, ohne sie zu verschleiern. Nun im folgenden, SIRE, sind mehrere große und wunderbare Ereignisse, welche unsere Nachfahren erleben werden, zusammengefaßt.

Auf Grund meiner astronomischen Berechnungen, verglichen mit den Aussagen der Heiligen Schrift, wird die Verfolgung der Anhänger der Kirche durch die Stärke der nordischen Könige, die mit den östlichen verbündet sind, ihren Ausgang finden. Sie wird elf Jahre oder vielleicht etwas weniger dauern, weil dann der mächtigste nordische Herrscher gestürzt wird.

Sobald diese elf Jahre vorüber sind, wird sich sein südlicher Bundesgenosse emporschwingen und die Kirchenanhänger noch weitere drei Jahre verfolgen. Dazu bedient er sich der Verführungskünste eines Ketzers, der die unumschränkte militärische Macht im Namen der Kirche hat. Das heilige Volk Gottes, das das Gesetz bewahrt und hält, sowie alle religiösen Orden werden verfolgt und angefochten werden, so daß alles vom Blute der wahren kirchentreuen Christen schwimmt. Die Gefolgschaft eines der Könige wird Loblieder singen, in denen es heißt, daß er mehr unschuldiges Blut der Gläubigen vergossen habe, als er je Wein hätte trinken können. Unglaubliche Schandtaten gegen die Kirche wird dieser König begehen, vor aller Augen wird Menschenblut in den Straßen und in den Kirchen fließen, fast wie Wasser nach einem Gewitter. Die Flüsse werden rot von Blut sein. Außerdem färbt sich das Wasser rot durch einen furchtbaren Seekrieg, so daß der Bericht des Königs an einen anderen lautet: "Durch Seekriege färbte sich das Wasser rot."

Sodann wird in den folgenden Jahren zum Entsetzen der Menschheit die furchtbarste Pestseuche auftreten, der eine schreckliche Hungersnot vorangeht. Die Trübsale, die nun folgen, waren noch nie so groß seit der Gründung der christlichen Kirche und seit der Zeit des Urchristentums. Sie breiten sich in allen lateinischen Gegenden aus. Bleibende Spuren werden auch in einigen Gegenden Spaniens sichtbar.

Dann hört der dritte nordische König die Klagen des Volkes durch seinen ersten Minister. Er wird ein großes Heer aufstellen und an den Verwüstungen, die seine Ahnen angerichtet haben, vorüberziehen. Den Großteil wird er restaurieren. Auch der große Stellvertreter der Kappe wird in seinen alten Stand eingesetzt werden. Er wird aber auf das tiefste betrübt sein und dann von allen verlassen.

Wieder folgt eine Wende des Schicksals in der Geschichte der Sancta Sanctorum. Sie wird durch das Heidentum zerstört, das Alte und Neue Testament werden verworfen und verbrannt. Einmal noch, und zwar zum letzten Mal, werden alle Königreiche der Christenheit, genauso wie die Ungläubigen, für eine Zeit von 25 Jahren erzittern. Noch härtere Kriege werden geführt und noch blutigere Schlachten geschlagen werden. Städte, Dörfer und Festungen werden verbrannt. Viel Blut der Jungfrauen, Ehefrauen und Witwen wird vergossen werden, nachdem sie geschändet worden sind. Säuglinge werden gegen die Wände der zerstörten Dörfer geschleudert. Fast die ganze Erde wird verwüstet und zerstört, soviel Unheil richtet der höllische Fürst an. Bevor das geschieht, werden einige außergewöhnliche Vögel ihr "huy-huy" in den Lüften schreien. Nach einiger Zeit werden sie aber verschwunden sein.

Wenn dies alles lange genug gewährt hat, wird fast das zweite Reich des Saturn und das Goldene Zeitalter beginnen. Gott der Schöpfer wird die Not seines Volkes betrachten und sprechen: "Der Satan soll gebunden werden." Dann fängt zwischen Menschen und Gott ein allgemeiner Frieden an. Etwa tausend Jahre wird der Satan gefesselt sein. Die höchsten Befugnisse erhält die Kirchenmacht zurück. Dann aber wird der Satan wieder losgebunden.

Daß all diese Bilder mit der Heiligen Schrift übereinstimmen, genauso mit den himmlischen Dingen, kann man an den Stellungen des Jupiter, Saturn und Mars erkennen. Die anderen Konjunktionen sind mehr oder weniger perfekt, wie man aus einigen Vierzeilern ablesen kann. Ich hätte all dies noch gründlicher berechnen können, um die Übereinstimmung noch besser darzustellen. Da ich nun aber einsah, edler König, daß einige Ausführungen dann bei der Zensur Anstoß erregen würden, nahm ich die Gelegenheit wahr und legte meine Feder hin, um mich zur Nachtruhe zu begeben.

O König, der Du sehr mächtig bist, vieles wird sich in Kürze klar und deutlich zutragen, allerdings kann und will ich nicht alles in diesem an Dich gerichteten Brief hineinschreiben. Um die Andeutung einiger schrecklicher Ereignisse zu verstehen, muß das Schicksal begonnen haben, sich zu erfüllen.

Deine Größe und Menschenfreundlichkeit und Frömmigkeit ist so reich vor Gott, daß Du allein würdig bist, den Namen des mächtigsten christlichen Königs zu tragen. Dir allein muß auch in religiösen Dingen die höchste Autorität zustehen.

Ich erbitte nun ganz allein von Euch, gnädigster Herr, daß Ihr in Eurer einmaligen und leutseligen Weisheit den Wunsch versteht, der von Eurem Gefühl kommt und das Resultat meines größten Eifers, Ew. Majestät zu gehorchen, in Gnaden aufnehmt. Seit meine Augen Ew. sonnengleicher Herrlichkeit so nahe waren, an deren Größe meine Arbeit nicht im geringsten heranreicht, beseelt mich dieser Gedanke.

Salon, am 27. Juni 1558

KAPITEL VII

Deutung des Briefes an Heinrich den Zweiten

Am Anfang dieses Briefes erklärt Nostradamus, seine Prophezeiung beginne am 14. März 1547 und reiche bis zur Rückkehr des Messias. 1547 wurde Heinrich II. König. Die Namen Montmorency, Guise, Carlos Quinto, Calais und des Triumvirats tauchen in den Centurien auf. Alle gehörten in dieselbe Epoche: François de Guise besiegte Karl V. 1553 in Metz und nahm den Engländern 1558 Calais ab. Die Verbindung des Connetabel de Montmorency, des Guise und des Marschalls de Saint-André bildete das Triumvirat.

So ist es verständlich, daß die Veröffentlichung der Centurien bei Nostradamus' Zeitgenossen ein großer Erfolg wurde – glaubten doch die Leser, darin Ereignisse ihrer Zeit wiederzufinden.

Inzwischen, vierhundert Jahre später, erkennen wir, daß der Kontext nicht zur historischen Vergangenheit paßt und rechnen die allgemeine Deutung dieser Ereignisse in symbolischer Form zur Zukunft. Das weckt zwar das Interesse, aber der Text bleibt undurchdringlich.

So nahm man auch vorerst an, daß der Brief an den Heinrich II. gerichtet sei, der 1559 bei einem Turnier ums Leben kam. Tatsächlich gilt er ausdrücklich dem Monarchen, von dem am Anfang der ersten Centurie und in den drei folgenden die Rede ist: der König von Frankreich, der als zweiter im Geschlecht der Pau oder Navarra erst vierhundert Jahre später den Namen Heinrich tragen wird.

Er wird auch Großer Chyren, Großer Heinrich, Großer Hahn, Großer de Guise, Großer von Lothringen, von Navarra, von Béarn genannt. Diesem unbesiegbaren, mächtigsten und allerchristlichsten König ist also nicht nur der Brief an Heinrich den Zweiten, sondern auch der zweite Teil des Werkes des Nostradamus gewidmet.

Der historische Heinrich II. war im Erscheinungsjahr der zweiten Ausgabe der Prophezeiungen bei Rigaud in Lyon, im Jahre 1568, längst tot. Mit ihm, Franz II., Karl IX. und Heinrich III. erlosch der Zweig der Valois. Das Salische Gesetz – das noch zur Anwendung kommen wird, wie Nostradamus sagt –, ließ die Thronfolge an Heinrich von Navarra, den künftigen Heinrich IV. (Heinrich I. von Navarra) fallen.

In der Ausgabe von Amsterdam trägt der Brief die Anrede: *"Dem unbesiegbarsten, mächtigsten und allerchristlichsten Heinrich dem Zweiten, König von Frankreich"*, aber in der älteren Ausgabe von Lyon heißt es: *"Dem unbesiegbarsten, mächtigsten und allerchristlichsten Heinrich, König von Frankreich, dem Zweiten"* – eine erwähnenswerte Nuance.

Der Titel wird durch die Worte *"Sieg und Heil"* vor der Unterschrift des Autors ergänzt – prophetischer Gruß des Nostradamus an diese außergewöhnliche Person.

Von den ersten Zeilen an erkennt man, daß sich der Brief nicht an Heinrich II. richten kann:

Durch jene fürstliche Beachtung, die ich, o allerchristlichster und siegreichster König, gehabt habe seit jenem Tage, an dem mein Angesicht sich im Laufe einer langen Extase der Göttlichkeit Eurer großen Majestät gegenüber gesehen hat, war ich beständig geblendet; ich habe nicht aufgehört, diesen Tag zu ehren und zu preisen, an dem ich das erste Mal einer durch ihre Menschlichkeit einzigartigen Majestät gegenüberstand. Da ich nun also erkannte, daß es mir durch die Lage der Dinge unmöglich sein würde, sie ihr zu übereignen, habe ich mich in meiner plötzlich erleuchteten und vor das hehre Auge des ersten Monarchen getragenen Extase lange gefragt, wem ich diese drei Centurien, die von meinen Prophezeiungen noch übrig waren und das Tausend komplett machen, widmen sollte.

Der erste Monarch des Universums, also der Christenheit, das erinnert doch an die Worte am Beginn der I. Centurie:

"Ein Monarch wird's Universum schaffen."

Gleichzeitig erfahren wir, daß die drei Centurien, die dieser Anrede folgen, ganz besonders der Person geweiht sind, die alle Titel vereint: Sehr christlicher, sehr siegreicher König, Göttlichkeit der großen Majestät . . . Er findet in Frankreich dieselbe kritische Situation durch Partisanenkämpfe vor wie einst der Béarnais und gibt ihm seine gefährdete Einheit zurück – ein zweiter Heinrich IV.

Dann setzt Nostradamus seine Anrede an diesen *sehr klugen und weisen Fürsten* fort, weiht ihm noch einmal seine *nächtlichen und prophetischen Eingebungen,* die ihm durch *natürlichen Instinkt oder prophetisches Feuer* eingegeben wurden. Die meisten sind *komponiert und abgestimmt auf Grund astronomischer Berechnungen und (entsprechen) den Jahren.* In seinen Prophezeiungen liest Nostradamus die "Himmlische Uhr", die die Jahreszeiten und die Tage regelt, aus denen die Kalender und der Rhythmus des menschlichen Lebens entstehen. Auch die geographische Angabe der Orte ist gegeben, an denen die vorhergesehenen Ereignisse eintreffen werden: *Regionen, Gegenden, Orte und Städte ganz Europas, auch Afrikas und eines Teils von Asien, je nach den Änderungen* der Situation in diesen Ländern, die eine namentliche Erwähnung notwendig machen.

Der Zeitraum seiner Prophezeiungen erstreckt sich vom 14. März 1547, dem Datum der Niederschrift, bis zum Beginn des 7. Jahrtausends. Es wird von den größten Leiden gezeichnet sein, die die Kirche Jesu Christi je erlebt hat – aber es bleibt trotzdem *der Vorsehung überlassen, anders zu verfügen.*

In der Zeit unmittelbar vor dem 7. Jahrtausend wird der Prinz erscheinen, den er anspricht. Er ist gewissermaßen Motiv und höchstes Ziel des prophetischen Werkes, das *ebenso für die Zukunft,* wie auch für die Zeit bis zu seiner Ankunft, *für die vergangenen Zeiten* vor ihm, von der *Gegenwart an, die der 15. März 1547 ist,* berechnet ist. Das alles, obwohl man sagt, daß *die Zukunft nicht gänzlich festgelegt ist.*

Nostradamus hebt die Stille der Seele hervor, in der erst die göttliche Quelle aller Prophezeiungen fließen kann. Warum aber erwähnt er auch die Heilung von den Skrofeln (Schlangenbissen) oder die *Gabe der Weissagung* der französischen Könige? Ein Vierzeiler der Centurien kündigt an, daß das Wunder der Heilung von den Skrofeln zur Krönung Heinrich des Zweiten stattfinden werde. Aber gibt es ein geschichtliches Beispiel für eine Weissagung durch einen französischen König?

Jacques Bainville berichtet, Heinrich III. habe auf seinem Totenbett die Konvertierung des damals hugenottischen Heinrich von Navarra angekündigt. Und Edmond Pilon schreibt in der Zeitschrift "La Belle France" im Juli 1937:

"In einer Monographie über den Großen Condé . . . greift Henri Malo einen der so häufigen Augenblicke in der Geschichte unseres Landes heraus, in dem es aussah, als sei Frankreich zum Tode verurteilt.

Es geschah zu Beginn des Jahres 1643. Frankreich drohte eine Invasion, Ludwig XIII. lag im Sterben. So geschickt Kardinal Mazarin auch war, die Aussichten für Frankreich standen schlecht. Ludwig XIV., der spätere König, war damals erst fünf Jahre alt. Da ereignete sich gegen zehn Uhr abends, es war der 10. Mai, ein merkwürdiger Zwischenfall. In einem kurzen lichten Moment seiner Agonie öffnete Ludwig XIII. die Augen. Er erkannte den Prinzen von Condé, der sich ihm näherte, und sprach schwer atmend zu ihm: 'Ich träumte, daß Euer Sohn, der Herzog von Enghien, einen Händel mit den Feinden hatte. Der Kampf war hart und zäh, der Ausgang war lange ungewiß, bald war er aber endgültig auf der Seite der unseren, die Herren auf dem Schlachtfeld blieben.'

Am Tag nach dieser Weissagung, die zunächst niemand glaubte, starb der König. Keine sechs Tage darauf brach unter dem Gewitterhimmel Europas der Donner von Rocroy aus. Die spanische Infanterie, von der Bossuet eines Tages sagte, daß sie als die Gefürchtetste galt, war geschlagen worden – von diesem Herzog, einem erst 23-jährigen General, dem hitzigsten und unnachgiebigsten, den es je gab. Frankreich hatte einmal mehr in äußerster Bedrängnis ein Wunder erlebt."

Ein Vergleich dieser Zeilen, die wirklich nicht für dieses Buch geschrieben wurden, mit den merkwürdigen Worten des Nostradamus macht jeden Kommentar überflüssig.

Der ausgesprochen prophetische Teil des Briefes an Heinrich den Zweiten läßt sich in drei große Abschnitte teilen: 1. von der ersten biblischen Chronologie bis zum Beginn der zweiten; 2. von dort bis zum Verweis auf den Brief an Cäsar; 3. der Schluß.

Der erste Absatz wiederum läßt sich in zwei gesonderte Abschnitte teilen – der zweite erläutert den ersten. Er beginnt mit der Erklärung *In erster Linie wird von den Tempeln Gottes die Rede sein,* also von den Fragen der Religion, und *in zweiter Linie von den irdisch Lebenden,* die den vorausgesagten Niedergang und die großen Schwierigkeiten hervorrufen werden. Erst das Spirituelle, dann das Zeitliche.

Die französische Revolution von 1792 ist der Ausgangspunkt dieses wichtigen Abschnittes: *Denn Gott wird die Unfruchtbarkeit der Großen Dame ansehen,* der großen capetingischen Monarchie. Sie wird lange in ihren Werken unfruchtbar bleiben, 23 Jahre zwischen der Hinrichtung Ludwigs XVI. und der Restauration der Bourbonen mit Ludwig XVIII. und später mit Karl X., *ihren beiden fürstlichen Kindern* aus dem direkten Zweig. Doch wenn sie mit Karl X. *untergeht, wird ihr eine andere Monarchie folgen.* Ihre Kennzeichen sind Tod und revolutionärer Geist, von dem die bürgerliche Julimonarchie ebenso geprägt ist wie die parlamentarische Monarchie Napoleons III. Das erste Mal wird sie *ihr 18. Jahr nicht überdauern:* – und tatsächlich herrschte Ludwig-Philipp von 1830 bis 1848. Das zweite Mal erstreckt sich über 36 Jahre: die zusätzlichen 18 Jahre der Regierung Napoleons III., von der Proklamation des Kaiserreiches 1852 bis Sedan 1870. *Sie wird drei mögliche männliche Erben hinterlassen:* den Enkel Karls X., Herzog von Chambord; den Enkel Ludwig-Philipps, Herzog von Orléans; den Sohn Napoleons III., Prinz Ludwig. *Und einen weiblichen:* die Republik. *Die Regierung, deren Vertreter nie denselben Vater hatten* (die nicht auf dem Erbfolgerecht beruht), *wird es zweimal geben.*

Ebenso wie Nostradamus auf Grund des Wesens ihrer Regierungen die Regentschaft Ludwig-Philipps und Napoleons III. zusammennimmt, bilden die II. Republik – deren einziger Präsident Ludwig-Philipp nichts Eiligeres zu tun hatte, als sie zu stürzen –, die III. und die IV. Republik für ihn eine einzige historische Periode.

Die drei Brüder der capetingischen Linie, Ludwig XVIII.,

Karl X. und Ludwig-Philipp, *werden verschiedene Monarchien machen.* Aber nicht in der Außenpolitik: *in den vier Winkeln Europas wird man sie fürchten. Durch den Jüngsten* (den ersten der drei, Ludwig XVIII.) *wird der vom Christentum gestützte Geist der Monarchie aufrechterhalten und entwickelt.*

(Die Heilige Allianz war nur eine Art christliche Union, die über die Aufrechterhaltung des Friedens in Europa wachen sollte. Zar Alexander von Rußland, der Kaiser von Österreich und der König von Preußen waren die ersten Unterzeichner am 26. September 1815. Dieser Pakt, der eine Anrufung der Heiligen Dreifaltigkeit darstellte, sollte zwischen den Herrschern und ihren Völkern die wahre christliche Bruderschaft herstellen. Der folgende Absatz faßt seinen Geist zusammen: "Das oberste Prinzip wird sein, einander gegenseitig Dienste zu erweisen, die gegenseitige Zuneigung durch unerschütterliches Wohlwollen zu bezeugen, alle als Angehörige einer gleichen christlichen Nation zu betrachten; die drei Fürsten selbst sehen sich nur als Abgesandte des Schicksals, die drei Zweige der selben Familie zu regieren haben. Ludwig XVIII. und der Prinzregent von Großbritannien erklärten ihren Beitritt zu dem Abkommen, das im Februar 1816 veröffentlicht wurde." Albert Malet).

Geheime Gesellschaften (wie die Charbonnerie) *werden ebenso schnell niedergeschlagen werden, wie sie entstanden sind.* ("Fanatische Anhänger eines neuen Geschlechtes bewegten sich im Schatten und gründeten dort geheime Gesellschaften: Die Ritter der Sonne, der Verein der schwarzen Anstecknadel, die Geier Bonapartes usw. . . Manche hatten schon internationalen Charakter." V. Duruy). *Die Araber werden zurückgejagt* durch die Eroberung Algeriens; *Königreiche vereinigen sich* durch die Heilige Allianz, *neue Gesetze werden in der Öffentlichkeit verkündet* (die sogenannten Gesetze der Reaktion, die die Extremisten ausgearbeitet hatten: das Gesetz der Milliarde der Emigrierten, das Gesetz des Sakrilegs, die Pressegesetze). *Von den anderen Kindern* (Regierungen) *wird das erste* (das von Ludwig-Philipp) *das Reich der gekrönten Löwen besitzen* und dadurch *den Krieg zwischen denen von ein und derselben Rasse verhindern.* ("Zur Befreiung der Holländer im Dezember 1832 bedurfte es der Hilfe einer französischen Armee, die die mächtige Festung von Anvers belagerte und einnahm und sie an Belgien zurückgab." A. Malet) *Das zweite Kind,* Napoleon III., der nach der Überquerung der Alpen am 30. April 1859 die Führung der Armee übernahm, *wird im Lande der Römer gewaltig vorwärts stürzen, bis zum zweitenmal der furchbare Angriff auf den Berg Jupiters (Rom) unternommen wird:* Die Siege bei Magenta und Solferino werfen die "römische Frage" auf, die erst durch den Sturz des Kaiserreiches im Jahre 1870 endgültig gelöst wird und die schon seit dem ersten Italienfeldzug Bonapartes besteht. *Er steigt dann vom Thron herab, um die Pyrenäen zu erklimmen* (um sich in die spanische Frage einzumischen, die 1870 im Krieg entstanden war). Dieses Reich wird *nicht mehr die Form der alten* (bourbonischen) *Monarchie* des Herzogs von Chambord haben, den die Wahlen und die Verfassung von 1875 vertreiben werden.

Dann *wird es zu einer dritten Überschwemmung der Welt mit Menschenblut kommen,* dem Weltkrieg von 1914–1918. Die erste war 1792, durch die Kriege der Revolution und des ersten Kaiserreiches, die zweite während der mörderischen Schlachten, die Napoleon III. mit dem Ruf "Das Kaiserreich ist der Friede" auslöste.

Aber *Mars,* der Kriegsgott, wird *nicht lange in der Fastenzeit* sein; er bleibt nicht ohne Arbeit: der Krieg von 1914 eröffnet eine Ära der Zwistigkeiten, der Bürgerkriege und des Hasses unter den Nationen.

Die Tochter (die Republik) *wird ausgeliefert werden. Ihr Beherrscher* (ihr Präsident) *fällt gegen die heidnische Sekte neuer Ungläubiger* (die Marxisten). *Sie wird zwei Kinder haben, das eine treu* (rot); *das andere untreu mit Billigung der katholischen Kirche; das erste Kind* (die heidnische Sekte) *wird zu seiner eigenen großen Verwirrung und späten Reue sich selbst vernichten. Drei Gegenden werden trotz ihrer extremen Unterschiede im Bunde stehen: das Römerland, Germanien und Spanien.* Diese Länder *bringen verschiedene bewaffnete Parteien hervor, vom 50., beziehungsweise dem 52. Breitengrad kommend,* wo London liegt. Dort kamen die liberalen demokratischen Theorien her, aber sie waren dem Kult der Macht und der Diktatur unterlegen.

Dann wird die Menschheit dem Kult der Antike huldigen (dem Ariertum oder Rassismus) *in den Ländern Europas und nördlich des 48. Breitengrades* (in Deutschland), wo man *zuerst aus eitler Furcht den Krieg entfachen wird. Dann aber werden auch die westlichen, südlichen und östlichen Reiche in Krieg geraten. Groß wird die Macht sein, die sich allein durch Bündnisse und Eintracht bei ihren kriegerischen Eroberungen unbesiegbar machen wird. Von Natur sind diese Völker gleich, aber sehr verschieden in ihrem Glauben. Nach diesen Ereignissen* wird die Republik, die unfruchtbare Dame (sie ist nicht auf dem Erbrecht gegründet; Proklamation 1792), *deren Macht größer ist als die der zweiten, von zwei Völkern aufgenommen werden.* Zunächst durch *das erste* (England), *das in der Gewalt dessen steht, der alle Macht besaß* (Rom). Dann durch *ein zweites* (Rom selbst) und *ein drittes, das seine Kräfte im Umkreis des Ostens Europas* (Rußland) *ausbreiten wird, bis zu den Pannoniern* (alte Bezeichnung für Ungarn), *wo es geschlagen wird und unterliegt. Durch Unternehmungen auf dem Meere* wird es sich bis nach Sizilien ausbreiten. Aber über die Adria *bis Griechenland und bis Germanien wird es unterliegen* (also in der Ägäis und in Mitteleuropa). *Die barbarische Sekte,* die sich *überall ausgebreitet* hatte, *wird stark bedrängt und verjagt werden. Dann aber wird das große Reich des Antichristen beginnen in* der marokkanischen Provinz *DRAA und in* der arabischen Hauptstadt RAS FEZ (Ras bedeutet auf arabisch Kopf; das französische Wort für Hauptstadt, capitule, leitet sich von caput = Kopf ab). *In einer unabsehbar großen Zahl werden die Anhänger des Antichristen herabsteigen, so daß das Kommen des Heiligen Geistes, der auf dem 24. Breitengrad* (Ägypten) *heraufsteigt, nötig sein wird. Er wird gegen die Greuel des Antichristen und den Krieg kämpfen* (gegen die Monarchie, die ihre Verkörperung *im König haben wird), der dann der große Stellvertreter Jesu Christi auf Erden wird* (der Papst), und *gegen seine Kirche. Nach einer Sonnenfinsternis aber wird eine Zeit folgen, die dunkelste und finsterste, die es je seit der Schöpfung der Welt und seit dem Leben und Sterben Jesu Christi bis heute gegeben hat. Es wird im Monat Oktober sein, wo man eine große Verlagerung beobachten wird, so daß jedermann glauben wird, die Schwerkraft der Erde habe ihre natürliche Bewe-*

gung verloren und die Welt sei in ewige Finsternis geschleudert.

Dieser erste Überblick des Briefes an Heinrich den Zweiten ist die chronologische Zusammenfassung der von Nostradamus vorhergesehenen Ereignisse. Sie wird im weiteren Wortlaut des Dokuments und in den Centurien, den Weissagungen und den Sechszeilern genauer ausgeführt. Vom Jahr 1792 an erlaubt es seine präzise Gliederung, sich in dem Zeitraum, über den die Prophezeiung berichtet, zurecht zu finden und die historischen Ereignisse der Reihe nach festzulegen.

Unordnung und allgemeine Mißverständnisse drohen der abendländischen christlichen Zivilisation, heißt es über die Ankunft Heinrichs des Zweiten. Darum erstaunt auch der Wortlaut der Erläuterungen dazu nicht mehr:

Im Frühling werden extreme Änderungen vorausgehen und folgen, vor allem die Umgestaltung der Königreiche. Gewaltig wird die Erde beben, zugleich aber wird mit dem Anwachsen des neuen Babylons die elende Tochter emporwuchern durch die Greuel des ersten Brandopfers von 1793, doch wird sie nur 73 Jahre und 7 Monate währen. Dann jedoch wird aus dem Stamm jener, die so lange unfruchtbar war, vom 50. Breitengrad aus der Mann entstehen, der die Kirche erneuern wird. (. . .) Große Eintracht und großer Friede werden nun zwischen einigen Kindern, die durch die Grenzen verschiedener Regierungen getrennt sind, gestiftet. Sodann wird so ein fester Friede geschlossen werden, daß die Förderer und Begründer der Kriegspartei, die als Vorwand die Unterschiedlichkeit der Religionen benutzten, im tiefsten Abgrund angekettet bleiben werden. Und obwohl er bisher den Weisen spielte, wird ein Königreich des Rabieux geeint werden. Die Länder, Dörfer, Städte, Reiche und Provinzen, die als erste den Weg verlassen hatten, um sich zu befreien, werden nun noch eher ihrer Freiheit beraubt und sich in noch tiefere Knechtschaft begeben. Nach dem gänzlichen Verlust der christlichen Religion werden sie beginnen, sich nach rechts zu wenden, von der Linken abgestoßen. Die lange unterdrückte Geistlichkeit wird mit der Heiligen Schrift in ihre alten Ehren eingesetzt werden, nachdem der große Hund den größten Köter (den Antichrist) *hervorbringen wird, der überall größte Zerstörung anrichten wird und sogar das ver-*

nichtet, was vorher vollendet war. Wie in den Zeiten des Urchristentums werden die heiligen Kirchen wieder aufgerichtet werden und die Geistlichkeit erhält ihren früheren Stand zurück. Sie wird jedoch beginnen zu prassen und tausend Sünden zu begehen; und daher wird man einer neuen Verwüstung nahekommen. Es werden sich die Machthaber und ihre militärischen Kräfte erheben in der Zeit der größten Gnade, und es werden ihr die beiden Schwerter abgegürtet werden und nur die äußeren Insignien bleiben. Sie wird das Volk wieder auf den rechten Weg führen durch die Seelsorge, die sie eifrig betreibt, und sie will nicht jenen nachgeben, die mit einer Politik der starken Hand die Erde antasten und entgegengesetzte politische Ziele verfolgen und die Völker aufhetzen bis zu dem Zeitpunkt, da aus ihrem Schoß ein neuer Zweig emporwächst, der die Menschheit in aller Welt von dieser freiwilligen und segensreichen Knechtschaft befreien wird. Jener Mann wird sie dann unter den Schutz der Waffen stellen und zugunsten der freien Stadt (Avignon), *die auf einer anderen kleinen Insel gegründet wurde* (wie Paris), *die Macht aller Ehren und Würden berauben. Der Statthalter wird dann entführt werden und an den Pfahl gestellt. Nichts ahnte er von den Konspirationen der Verschwörer des zweiten Thrasybulos, der bereits alles vorbereitet hatte* (Thrasybulos: Athener General, der nach der Machtübernahme der 30 Tyrannen in Athen 404 v. Chr. nach Theben flüchtete und dort den Widerstand organisierte, der zur neuerlichen Unabhängigkeit Athens führte). *Obwohl sie das Licht scheuen, werden die Schmutzigen offenbar werden und mit großer Schande in die Finsternis zurückgeworfen. Und das wird erst gegen Ende des Umsturzes seiner Herrschaft* (Frankreichs Herrschaft) *geschehen, wenn die Oberhäupter der Kirche Gott hintergehen werden, und mehrere unter ihnen vom wahren Glauben abfallen werden.*

Vor der Machtübernahme durch diese französiche Monarchie, werden *drei Sekten* die Nationen spalten: *die der Mitte,* die ihre Anhänger die Gemäßigte oder die Liberale nennen, *wird etwas herunterkommen. Die erste,* die Diktatur, die Doktrin der Macht, *breitet sich über ganz Europa aus, nachdem die dritte mit Hilfe der Armen im Geiste im größten Teil Afrikas ausgerottet wurde (. . .) Die Anhänger der Gesetzgeber werden vom Volk verjagt werden, das sich andauernd erheben wird. Es wird so aussehen, als ob Gott den Satan aus dem höllischen Gefängnis losgelöst hätte, um die großen Gog und Magog entstehen zu lassen, welche die Kirchen so greulich schänden werden, daß weder die Weißen noch die Roten die Lage nach der Wahrheit werden beurteilen können, bis ihnen die Macht genommen wird* (von der Monarchie, die die Einheit und Gemeinschaft wieder herstellen wird).

Und es wird eine derartige Verfolgung stattfinden, wie sie noch niemals in der Kirche da war. Währenddessen wird eine Seuche zwei Drittel der Menschheit dahinraffen. Die Not wird so gewaltig sein, daß die Lage der Felder und Häuser unkenntlich wird und das Gras auf den Straßen bis zu den Knien wachsen wird. Unter dem Klerus wird eine totale Verwüstung angerichtet werden. Die Kinder des Mars werden sich dessen bemächtigen, von Malta bis zu den Inseln der Stöchaden (Inseln der provencalischen Küste), *was in der Sonnenstadt* (durch die capetingische Monarchie) *umgestürzt worden sein wird. Und die große Kette, die den Bosporus* (vor der orientalischen Invasion) *schützte, wird gebrochen werden. Vom* (Mittel-) *Meer her wird ein neuer Angriff unternommen werden mit dem Ziel, durch einen kühnen Sprung Andalusien von seiner ersten* (die erste in Bezug auf die zweite durch den Antichrist) *Besetzung durch die Mohammedaner zu befreien. Sichem* (Palästina), *wo früher Abrahams Wohnung war, wird durch die Männer, welche Christus* (Jovialisten: Anbeter Jehovas) *verehren, erobert werden. Jene Stadt Sichem wird von allen Seiten mit großer Stärke von den Bewaffneten umzingelt und belagert. Die Westmächte werden ihre Seestreitkräfte schwächen. Es folgt eine große Verheerung im Königreich, die größten Städte werden entvölkert. Jene, die in das Land zurückkehren, wird jedoch die Rache und der Zorn Gottes treffen. Das Heilige Grab wird hoch verehrt werden, während es so lange Zeit offen unter dem Himmelszelt und unter den Augen des Weltalls, der Sonne und des Mondes gelegen hat.*

Der Heilige Ort wird nur noch eine kleine Zahl Ungläubiger beherbergen. Oh, welch unheilvolle Anfechtung wird den schwangeren Frauen zuteil werden, *deren Leibesfrucht sie an der Flucht hindern wird;* denn das Heer aus dem Osten wird aufgerieben und besiegt werden. Die Verlierer werden *getötet, der Rest wird fliehen, die Kinder, die in Vielweiberei gezeugt worden sind, werden interniert werden. Dadurch erfüllt sich die Weissagung des königlichen Propheten* (David): *"damit Er die Klagen der Gefesselten höre, damit Er die Söhne der Getöteten freimache."*

Nun wird auf die Statthalter und Fürsten der Königreiche, selbst auf jene, deren Macht im Meer oder im Osten lag, großer Druck ausgeübt werden. Ihre Sprachen werden sich mit jener der Lateiner und der Araber vermengen, die die Verbindung zu Karthago und Rom wiederhergestellt haben. Diese Könige werden verjagt und vertilgt, und zwar vor allem durch die Streitkräfte der Militärregierungen und durch das Enden unseres Jahrhunderts. Hierbei helfen drei Verbündete mit, obwohl immer einer heimlich des anderen Tod sucht. Sie stellen sich Fallen und belauern einander gegenseitig. Sieben Jahre wird die Erneuerung des Triumvirats dauern; der Ruf dieser Partei wird in jener Zeit um die ganze Welt verbreitet. Es wird dem unbefleckten heiligen Meßopfer (trotz aller Bemühungen der Feinde) *weiter gehuldigt werden und dann werden zwei große Militärs die Völker des Orients unterwerfen. Es wird soviel Lärm und Kriegsgeschrei entstehen, daß der ganze Orient vor diesen Brüdern vor Furcht zittern wird, welche aber wiederum keine Brüder des Nordens sind* (Frankreich und Spanien). Hier endet die erste prophetische Rede des Briefes an Heinrich den Zweiten.

Mit einer erstaunlichen Kontinuität in der Prophetie bezieht sie sich auf die wichtigsten Ereignisse, die die Regierungszeit Heinrichs kennzeichnen. Zuerst werden die Gründe genannt, die die Rückkehr zur Monarchie nicht nur für Frankreich notwendig machen, sondern auch für die Kirche – nach 73 Jahren und sieben Monaten des Regimes, das Nostradamus das *neue Babylon* nennt. Dann kommt es zu der Verschwörung, die diese Regierung stürzen wird. Ihr Sturz wird von langer Hand von einem Mann vorbereitet, einem neuen Thrasybulos. Es ist ein hervorragender Politiker, wie sein Athener Vorbild, das einst nach seiner Verbannung im Triumphzug heimkehrte und das System seiner Feinde vernichtete. Am asiatischen Ufer des Mittelmeeres schließlich wird es zu einem siegreichen Feldzug des Westens gegen die Irrlehre des mohammedanischen Halbmondes kommen.

Diese außergewöhnliche Entdeckung wird durch den biblischen Vers *"Ut audiret gemitus compeditorum, ut solveret filios interemptorum"* unterbrochen und durch das Zeichen eines Völkerbundes zeitlich bestimmt, den Nostradamus in den Centurien beschreibt. Einen weiteren Hinweis stellen drei Oberhäupter dar, deren Doktrin sieben Jahre lang bis an die äußersten Enden der Welt hallen wird.

Durch ein großgeschriebenes und unterstrichenes SIRE erinnert Nostradamus daran, daß er sich immer noch an König Heinrich wendet. Er erinnert auch daran, daß er allen Prophezeiungen ein genaues Datum geben könnte, da sie doch *auf der heiligen Schrift* fußten, *die untrüglich sei.*

Der zweite prophetische Teil des Briefes an Heinrich den Zweiten überschneidet sich mit dem ersten, ergänzt und erklärt ihn, ebenso wie der dritte weitere Einzelheiten bringt. Die Anordnung der drei Teile erinnert an das moderne Verfahren der Trichromie, das beim Farbphotodruck verwendet wird: drei komplementäre Farbtafeln werden übereinandergelegt und geben zusammen die genaue Tönung wieder.

Der zweite Teil beginnt mit einer größeren Zahl von Monatsdaten. Sie entsprechen einer Folge von historischen Perioden und Epochen, die durch Saturn, den Gott der Zeit, symbolisiert werden. Ihre Jahre sind nicht angegeben, aber sie enden mit dem 16. Oktober: *Und im Monat Oktober wird eine große Veränderung eintreten.*

Zuerst stellt Nostradamus noch einmal fest, daß das Jahr *friedlich, ohne Sonnenfinsternis* sein wird, daß es also keine astronomischen Großereignisse als Anhaltspunkt für das genaue Jahr des Geschehens gibt. *Eine große Verfolgung der christlichen Kirche* wird eintreten, *wie sie nicht einmal in Afrika stattgefunden hat* (zur Zeit des mohammedanischen Schismas). Und er fährt fort, daß vom Zeitpunkt der Niederschrift an die französische Monarchie, *ancien Régime* (altes Regime), *bis zum Jahre 1792 andauern wird, wo man glauben wird, dies sei der Zeitpunkt der Erneuerung des Zeitalters.*

Dieses Jahr 1792 ist auch tatsächlich das Jahr der Ausrufung der 1. Republik, der Kalenderreform usw.

Danach, sagt er, *wird das römische Volk* (die Katholiken) *einige dunkle Elemente,* die es umgaben, *fortjagen und anfangen, sich wieder emporzurichten.* Es geht allerdings nicht ohne Spaltung und ständige Wirren ab, obwohl es etwas von seinem früheren Glanz zurückerobert. *Darauf wird Venedig seine Schwingen so hoch ausbreiten* (Machtentfaltung), *daß man zwischen ihm und der Herrlichkeit des alten Rom kaum noch einen Unterschied erblicken wird. In dieser Zeit wird man auch beobachten, wie das große Byzanz unter Mitwirkung einer nördlichen Macht* (Rußlands) *sich mit den Ligurern* (Ligurien: Norditalien, Hauptstadt Genua) *vereint, doch auch hier wird es einige Hindernisse geben, welche von zwei Lügnern* (Kreter: die Kreter waren berüchtigte Lügner) *verursacht werden, weil sie ihren Verbündeten nicht die Treue halten.* Die von den alten Kriegern der Erde, den Römern, errichteten Triumphbögen werden gleichzeitig mit den Mächten der Meere einstürzen.

Danach wird England, das ebenso wie Italien eine große Seeschlacht verliert, von einer grauenvollen Revolution heimgesucht, die nichts als einen Haufen Trümmer hinterläßt.

Bei Andria (in Süditalien, das hier durch die Stadt Andria bei Bari, im Gegensatz zur Adria, bezeichnet ist) *wird große Zwietracht herrschen.* Was bisher *vereint* war, *wird getrennt werden* – die italienische Einheit wird also zerstört werden. *Was zuvor noch eine große Stadt war und noch ist wird zum Haus herabsinken im Mesopotamien Europas* (England), *das von Wasser umgeben ist, und im Pempotan, dem teilweise von Wasser umgebenen Land zwischen dem 45. Breitengrad und dem 41., 42. und 37. Breitengrad* (Italien). *In dieser Zeit und in diesen Gebieten wird die Gewalt des Teufels die Macht der Gegner des heiligen Gesetzes gegen die Kirche Jesu Christi aufhetzen. Die Kirche und der rechtmäßig Stellvertreter Petris werden vom zweiten Antichristen* (Anti-Christ: der, dessen Auftauchen das Kommen Christi ankündigen wird. Zweiter, im Französischen second, bedeutet auch vorletzter – es ist der vorletzte, vor dem Mann des Satans, der etwas später kommen wird) *mit Unterstützung der derzeitigen Könige verfolgt. Sie werden durch Redner unwissentlich verführt, die mit ihren Worten eine größere Spaltung verursachen, als es das Schwert in den Händen des Wahnsinnigen vermag. Die oben angesprochene Herrschaft des Antichristen wird nur bis zur Bestimmung des Fürsten dauern, der in der*

Stadt Plancus (Lyon) *beginnt und sich über Ferrara bis in die Nachbarschaft Siziliens fortsetzen wird. Bis in Rom,* an die Stelle des Papstes, *der Gewählte von Modone Fulcy* (Hafen Griechenlands) *gesetzt sein wird, den die Italiener* (auf seinem Stuhl) *halten werden.* Dann wird Rom, *der Berg Jupiters seinen Gang fortsetzen. Nun wird Ogmius* (der gallische Gott der Redegabe) *so viele Anhänger gewinnen, daß das Reich sein Gesetz weit ausbreiten wird und kurz danach wird das Blut Unschuldiger mit Hilfe der Schuldigen reichlich vergossen. Ein wenig werden die Letzteren* durch ihren Hochmut *erhöht, dann wird aber durch große Fluten die Erinnerung* an diese fortlaufenden Dinge *so mächtig vernichtet, daß der Verlust nicht bezifferbar sein wird. Dasselbe wird mit der schlechten, von den Völkern des Nordens verbreiteten Doktrin geschehen, die nach göttlichem Willen durch die Fesselung des Satans vernichtet wird. Und dann wird erneut ein allgemeiner Friede unter den Menschen gestiftet werden, die Kirche Jesu Christi von aller Trübsal befreit, so sehr auch die Sophisten probieren werden, den Honig mit Galle zu vermengen und ihre pestartigen Verführungskünste spielen lassen werden. Dies aber wird sich zutragen, wenn die Welt sich dem 7. Jahrtausend nähert. Die Kirche Jesu Christi wird nicht länger von den Ungläubigen, die aus dem Norden kommen, mißhandelt. Eine große Feuerkatastrophe steht sodann der Welt bevor; hier enden meine Prophezeiungen, aber der Lauf der Zeit geht noch weit darüber hinaus . . .*

Wie man sieht, ist dieser Teil des Briefes nur eine weitere Vertiefung des bereits Gesagten. Er beginnt wieder im Jahre 1792 und endet mit der "großen Feuerkatastrophe", mit diesen Weltkriegen, die in den Evangelien als das Ende der christlichen Epoche angekündigt sind.

Der dritte Teil der prophetischen Rede im Brief an Heinrich den Zweiten nimmt zum letzten Mal den wichtigsten Passus dieser Chronologie auf.

Nostradamus erinnert: *in jenem Brief an meinen Sohn Cäsar Nostradamus habe ich einige Punkte klar und offen dargelegt ohne sie zu verschleiern.* Er fährt fort: *Auf Grund meiner astronomischen Berechnungen, verglichen mit den Aussagen der heiligen Schrift, wird die Verfolgung der Anhänger der Kirche durch die Macht der nordischen Könige, die mit den östlichen verbündet sind, ihren Ausgang finden. Sie wird elf Jahre oder vielleicht etwas weniger dauern, weil dann der mächtige nordische Herrscher* (Rußland) *gestürzt wird. Sobald diese elf Jahre vorüber sind, wird sich sein südlicher Bundesgenosse emporschwingen* (vgl. Bibel, Daniel 11 und 12), *und die Kirchenanhänger noch mehr weitere drei Jahre verfolgen. Dazu bedient er sich der Verführungskünste eines Ketzers, der die unumschränkte militärische Macht im Namen der Kirche hat. Das heilige Volk Gottes, das das Gesetz bewahrt und hält sowie alle religiösen Orden werden verfolgt und angefochten werden, so daß alles vom Blute der wahren kirchentreuen Christen schwimmt. Die Gefolgschaft eines der Könige wird Loblieder singen, in denen es heißt, daß er mehr unschuldiges Blut der Gläubigen vergossen habe, als er je Wein hätte trinken können. Unglaubliche Schandtaten gegen die Kirche wird dieser König begehen, vor aller Augen wird Menschenblut in den Straßen und in den Kirchen fließen, fast wie Wasser nach einem Gewitter. Die Flüsse werden rot von Blut sein. Außerdem färbt sich das Wasser rot durch einen Seekrieg, so daß der Bericht des Königs an einen anderen lautet: "Durch Seekriege färbte sich das Wasser rot."*

Sodann wird in den folgenden Jahren zum Entsetzen der Menschheit die furchtbarste je gesehene *Pestseuche auftreten, der eine schreckliche Hungersnot vorangeht. Die Trübsale, die nun folgen, waren noch nie so groß seit der Gründung der christlichen Kirche und seit der Zeit des Urchristentums. Sie breiten sich in allen lateinischen Gegenden aus. Bleibende Spuren werden auch in einigen Gegenden Spaniens sichtbar. Dann hört der dritte König einer Militärregierung* (nordischer König, die wieder erstandene französische Monarchie) *die Klagen des Volkes. Er wird ein großes Heer aufstellen und an den Verwüstungen, die seine Ahnen angerichtet haben, vorüberziehen. Den Großteil wird er sodann in den früheren Zustand zurückversetzen. Auch der große Stellvertreter mit der Kappe* (mit der Kappe: dieser Papst wird ein Franzose sein, ein Nachfolger des capetingischen Königs Ludwig XVII., der aus dem Temple-Gefängnis geflohen war. Er wird durch den König von Frankreich wieder auf den Heiligen Stuhl zurückgesetzt werden, von dem ihn Krieg und Revolution vertrieben hatten.) *wird in seinen alten Stand zurückversetzt werden: er wird aber auf das tiefste betrübt sein und dann von allen verlassen. Wieder folgt eine Wende des Schicksals in der Geschichte der Sancta Sanctorum, dem Heiligtum Christi. Sie wird durch das Heidentum zerstört,* während der Regierung des großen Antichristen *werden das Alte und Neue Testament verworfen und verbrannt werden, denn der Antichrist wird der höllische Fürst sein. Einmal noch, und zwar zum letzten Mal, werden alle Königreiche der Christenheit genauso wie die Ungläubigen für eine Zeitspanne von 25 Jahren erzittern. Noch härtere Kriege werden geführt und noch härtere Schlachten geschlagen werden. Städte, Dörfer und Festungen werden verbrannt. Viel Blut der Jungfrauen, Ehefrauen und Witwen wird, nachdem sie geschändet worden sind, vergossen werden. Säuglinge werden gegen die Wände der zerstörtern Dörfer geschleudert. Fast die ganze Erde wird verwüstet und zerstört sein, soviel Unheil wird der höllische Fürst anrichten. Bevor das passiert, werden einige außergewöhnliche Vögel* (Flugzeuge) *ihr "huy-huy" in den Lüften schreien. Nach einiger Zeit aber werden sie verschwunden sein,* denn die letzte Katastrophe der Welt wird beginnen.

Wenn dies alles lange genug gedauert hat, wird fast das zweite Reich des Saturn beginnen und das Goldene Zeitalter eingerichtet werden. Gott, der Schöpfer, wird die Not seines Volkes betrachten und sprechen: "Der Satan soll gebunden werden." Sodann fängt zwischen Menschen und Gott ein allgemeiner Friede an. Etwa tausend Jahre wird der Satan gefesselt sein (siehe "Die andern Toten aber wurden nicht wieder lebendig, bis daß die tausend Jahre vollendet wurden. Dies ist die erste Auferstehung." (Apokal. XX,5)) *Die höchsten Befugnisse wird die Kirchenmacht zurückerhalten. Dann aber wird der Satan wieder losgebunden."*

Hier enden die prophetischen Zeilen, die Nostradamus an den Großen König geschrieben hat, den er in seiner schicksalhaften Aufgabe 400 Jahre vorhersah. Er betont noch einmal, daß *all diese Bilder mit der Heiligen Schrift übereinstimmen, genauso mit den himmlichen Dingen, die man an den Stellungen des Jupiter, Saturn und Mars erkennen . . . kann.* Am Ende des Briefes steht eine wundervolle lateinische Periode, die keinen Zweifel mehr daran läßt, daß er an den künftigen König Heinrich den Zweiten gerichtet ist:

"O König, der Du sehr mächtig bist, vieles wird sich in Kürze klar und deutlich zutragen, allerdings kann und will ich nicht alles in diesen an Dich gerichteten Brief hineinschreiben: Um einige schreckliche Ereignisse zu verstehen, muß übrigens das Schicksal begonnen haben, sich zu erfüllen. Denn Deine Größe und Menschenfreundlichkeit und Frömmigkeit ist so reich vor Gott, daß Du allein würdig bist, den Namen des mächtigsten christlichen Königs zu tragen. Dir allein muß auch in religiösen Dingen die höchste Autorität zustehen."

KAPITEL VIII

Die Centurien

1. Glaubenskriege in Frankreich

Nostradamus' Prophezeiungen betreffen hauptsächlich die Krisen der Kirche und Frankreichs, "ihrer älteren Tochter".

Die ersten Ereignisse, die er voraussagt, sind deshalb auch die französischen Hugenottenkriege (1562-1598). Streitpunkt ist die Nachfolge von Heinrich III., der keinen Sohn hinterläßt. Wird Heinrich von Navarra (Bourbon) König, sitzt ein Hugenotte auf dem französischen Thron. Gegen ihn kämpft die katholische Liga (die Guise und Franz II.).

Die folgenden Vierzeiler des Nostradamus spiegeln in wenigen Versen die wichtigsten Ereignisse dieser tragischen Periode wider.

IV-62

Es bemächtigt sich des größten Heeres
Ein Coronell, den der Ehrgeiz weckt,
Gegen seinen Herrscher sinnt er Schweres,
Unter seiner Laube wird er entdeckt.

Die Hauptkräfte des Landes – werden von einem Komplott gegen die Krone übernommen: – Es wird ein Plan gegen den Herrscher geschmiedet, – aber in seinem Wald wird er überrascht.

Eine Verschwörung gegen den rechtmäßigen König wird schließlich stärker sein als er; das ist die Dominante der Situation, wie sie zuerst gesetzt werden muß.

"Die Guise beherrschen den König, den Hof und die Macht", schreibt Victor Duruy. Es kommt zur Verschwörung von Amboise, dem ersten blutigen Zwischenfall dieses

Kampfes zwischen Katholiken und Protestanten im Streit um den König. “Die Protestanten schmiedeten den Plan, den König aus dem Schloß von Amboise zu entführen, um ihn dem Einfluß der Guise zu entziehen. Aber die Verschwörung von Amboise wurde aufgedeckt; die Verschwörer, die sich in den umliegenden Wäldern versteckt hatten, wurden ermordet (März 1560).”

III-98

Königliche Brüder zum Entsetzen
Ziehen zum Krieg zwei gegeneinander aus,
Festungen ein jeder wird besetzen,
Thron und Leben gilt der blutige Strauß.

Heinrich III. und Heinrich von Guise, Brüder durch ihre gleichzeitig ausgeübte Macht, sind gegeneinander in einen tödlichen Krieg verwickelt.

III-55

Jahr, in dem ein Aug' in Frankreichs Marken
Wird regier'n der Hof in großen Nöten,
Großen von Blois sein Freund wird töten
Doppelt ist das Reich in Zweifeln und im Argen.

In dem Jahr, in dem Heinrich III., von seinem Unterschlupf in Blois aus, nur mehr mit dem Blick (oculus = Macht) wird regieren können, wird der Hof durch den Streit zwischen Protestanten und Katholiken in so große Schwierigkeiten geraten, daß der König seinen Vetter Heinrich von Guise ermordet (Dezember 1588). Er selbst fällt kurz darauf einem Anschlag des Mönches Jacques Clément zum Opfer. Seine Nachfolge wird doppelt schwierig sein: einerseits durch das Fehlen eines Stammhalters; andererseits durch die Thronbesteigung Heinrichs von Navarra, eines Protestanten.

III-30

Der den Größeren zum Kampf gefordert
Mit dem Schwert, wird nun selbst gefangen sein,
Nachts im Bett wird er von Sechs gemordet,
Stürmend auf den Unbewehrten ein.

Admiral de Coligny kämpfte zunächst gegen die katholischen Guise, lief dann zu ihnen über. In der Bartholomäusnacht (24. August 1572) wird er ermordet: durch Guise selbst, dessen Diener Besme und drei oder vier Schweizer. Das entspricht genau dem Text des Vierzeilers.

2. Niederlagen der Türken

Aus Gründen der Chronologie sei hier noch der Vierzeiler zitiert, der in der Schlacht bei Lepanto den Auslöser für den Niedergang des Osmanischen Reiches sieht.

III-64

Persiens Herr erfüllt die große Olchade,
Mit dreirudriger Flotte auf Mahmet los,
Parthien, Medien, Plünderung der Kykladen,
Lange Ruhe in jonischen Meeres Schoß.

Der Schah von Persien wird große Handelsschiffe füllen, – eine römische (dreirudrige) Flotte wird die Mohammedaner schlagen. – Durch Parthien und Medien sowie die Plünderung der Kykladen, – wird der große Hafen Ioniens, Smyrna, für lange Zeit Ruhe finden.

Der Kampf der Schiffe des Papstes, Venedigs und Spaniens (also des abendländischen Christentums) gegen die mohammedanischen Türken endete mit der Vernichtung der Orientalen. Sie zogen sich für Jahrhunderte zurück.

Selim II. verlor in dieser Schlacht am 7. Oktober 1571 unter den Schlägen Don Juans von Österreich 200 Galeeren und 30 000 Mann, was für damalige Verhältnisse eine riesige Zahl bedeutete. Vor allem aber "setzte dieser Sieg den türkischen Einfällen ein Ende", wie das historische Wörterbuch von Bouillé fast gleichlautend mit Nostradamus feststellt (2.–4. Zeile).

Keine sechzehn Jahre später nützte Abbas der Große, der König der Perser, diese vernichtende Niederlage, um den Osmanen 1587 Tauris und Georgien abzunehmen. Zur selben Zeit eroberte er von den Portugiesen den Hafen von Hormus am Persischen Golf, eine der großen Etappen auf der Seestraße nach Indien. Das veranlaßte Nostradamus zu sagen, er habe sich am Seehandel bereichert.

3. Der Sonnenkönig Ludwig XIV.

Die nächsten Centurien charakterisieren die Regierungszeit des Sonnenkönigs (Ludwig XIV., 1661–1715). Höhepunkt des Grand Siècle sind die großzügigen Bauwerke – Zeugen einer unvergleichlich reichen und prunkvollen Epoche: Versailles, der Invalidendom, die Gobelinmanufakturen u.s.w . . .

X-89

Aus Backstein zu Marmor das Gemäuer,
Siebenundfünfzig Jahre Friede und Freude
Allen Menschen, Aquäducte erneuert,
Wohlsein, goldene Früchte, Honigzeit.

Die Ziegelmauern werden mit Marmor neugebaut werden – siebenundfünfzig Jahre Frieden, – Freude für alle Menschen, die Brücke, die das Wasser für die Mühlen bringt, wird nicht mehr unterbrochen sein, – eine herrliche Zeit, deren Früchte Wohlstand und Glück sein werden.

Siebenundfünfzig friedliche Jahre: Entsprechend der genauen Kenntnis der Zukunft, die Nostradamus im Brief an Heinrich den Zweiten angibt, erreicht er hier eine Präzision, wie sie in prophetischen Texten selten ist. “Die Regierungszeit des minderjährigen Ludwig XIV.”, heißt es im historischen Wörterbuch, “war von Unruhen im Inneren und ständigen Kriegen gekennzeichnet, die erst durch den Pyrenäen-Frieden mit Spanien im Jahre 1659 beigelegt werden konnten. Ludwig XIV. heiratete die Infantin Maria-Theresia von Österreich, die Tochter des Königs von Spanien. Ludwig XIV. stellte den Handel wieder her, senkte die Steuern und förderte die Künste.” Von 1659 bis 1715, dem Tod des Sonnenkönigs, sind es genau siebenundfünfzig Jahre.

Doch das Eigenartigste kommt noch: Hat Nostradamus nicht auch Ereignisse vorausgesagt, deren Geheimnisse die Historiker bis heute nicht lüften konnten?

II-53

Von der Pest die Seestadt bleibt umnachtet,
Bis gerochen der gerechte Mann,
Gerechten das Blut nimmt, aber nicht verachtet,
Der Großen Dame durch Lug’ nichts angetan.

Die große Pest von Marseille wird so lange nicht vergehen, – wie der Tod des Thronerben nicht gerächt ist; – gerechtes Blut wird von dem Schuldigen genommen, der aber ohne Anklage bleiben wird, – damit die Monarchie von diesem Schwindel keinen Schaden nimmt.

"In wenigen Tagen", schreibt Malet, "mußte Ludwig XIV. seinen Sohn, den Großen Dauphin, dann seinen Enkel, den Herzog von Burgund, seine Enkelin und seinen Urenkel sterben sehen, wobei die letzten drei sehr plötzlich und aus ungeklärter Ursache starben." Es besteht kaum ein Zweifel, daß sie vergiftet wurden.

Es folgte die „Régence" (1715–1723) – und die Pest von Marseille. 85 000 Menschen starben bis 1723, dem Jahr, in dem Ludwig XV. für volljährig erklärt wurde.

III-15

Herz, Kraft, Ruhm des Reiches in Verfall,
Seinen Gegner hat es überall,
Frankreich Kindheit knechtet durch den Tod,
Noch mehr es ein Großregent bedroht.

Mut, Kraft und Ruhm des Thrones werden verfallen, – er wird einen Rivalen haben, der ihm in allen Punkten Gegner ist: – da wird eine Minderheit Frankreich tödlich knechten, – aber noch gefährlicher wird der große Regent sein.*

4. Die Aufklärung

Die Gespräche in den Salons nehmen immer freizügigere und aufrührerischere Gestalt an . . . die "Philosophen" Montesquieu, Voltaire, Rousseau sowie Diderot und die Enzyklopädisten geben vor, dem alten politischen Regime, das Bossuet auf der Heiligen Schrift aufgebaut hatte, ein neues System entgegenzusetzen, das allein auf der Vernunft und den Naturgesetzen fuße . . . Ihre Schriften bereiten die Revolution von 1789 vor. Die Doktrin war aus England gekommen . . . (Siehe Brief an Heinrich den Zweiten: "Sich von 50 und 52 Grad wegwendend").

* Großer Regent von Frankreich wurde Philipp von Orléans genannt, während seiner Regierungszeit beginnt der Verfall des alten Regimes.

IV-28

Wird von Sol die Venus überdeckt,
Schwindet unter dem Glanze ihre Gestalt,
Ist es Merkur im Feuer, der sie entdeckt,
Bloßgestellt durch Kriegslärm der Gewalt.

Wenn das Gift (venimeux: giftig) sich noch unter dem Deckmantel der Monarchie vorbereiten wird, – wird sich ein Gedanke (Gestalt) unter ihrem Glanz verbergen: – das Feuer der Redekunst wird ihn zu Tage bringen, – und durch Gewalt und Kriegslärm die Monarchie beschuldigen.

Das sind die bezeichnenden Vierzeiler für die Periode zwischen Nostradamus' Lebzeiten und der Französischen Revolution im Jahre 1792.

Die genaue Jahreszahl gibt er in seinem Brief an Cäsar an. Es ist der Beginn einer neuen Zeit. Von da an werden die prophetischen Strophen immer zahlreicher, um unter der Herrschaft des unbesiegbaren Königs Heinrich von Navarra, den Zweiten, zur vollen Entfaltung zu gelangen.

5. Die Französische Revolution – Enthauptung des Königs

II-2

Blauhaupt, Weißhaupt wird mit Bösem danken,
Was ihm Frankreich immer Gutes getan;
Tod in Blüt', am Ast der Große wird schwanken,
Gibt der König die Gefangenen an.

Die Republik (ihre Truppen trugen blaue Uniformen) wird der Monarchie so viel Schlechtes antun, – wie diese ihr Gutes getan hat. – Man wird jeden, der die Lilie (Blüt) trägt, zum Tode verurteilen, die Große Regierung wird an den Pranger gestellt werden – wenn der König die Zahl seiner gefangenen Angehörigen angeben kann.

Nostradamus faßt in dieser Centurie die schwere Zeit der Monarchie während der Französischen Revolution zusammen.

X-43

Zeit zu gut, zu groß des Königs Güte,
Aufgestellt, abgestellt, durch Nachlässigkeit.
Gattins Untreu glaubt man mit Gemüte,
Guter König selbst dem Tod sich weiht.

Eine zu gute Zeit, ein zu gutmütiger König (Ludwig XVI.) – werden rasch und plötzlich durch Nachlässigkeit zunichte gemacht – man wird mit Leichtigkeit an die Untreue der Königin (Marie Antoinette) glauben (die Halsbandaffaire) – während der König seinen Tod freiwillig herbeiführt.

X-20

Nachts wird kommen durch den Wald von Reines,
Durch das gewundene Tal am weißen Stein,
Der schwarze Mönch als Graurock nach Varennes,
Der Capt gewählt führt er Feuer, Blut herein.

Er wird nachts durch den Wald von Reims kommen, – zwischen zwei Seiten (Parteien) hin und her gerissen, mit reinem Gewissen, das auf der Monarchie fußt. – Als Einsamer (Mönch von Monos = einsam) wird er mit einer grauen Livrée verkleidet, nach Varennes kommen. – Die capetingische Wahl wird Sturm, Krieg und Blut hervorrufen.

Die Flucht nach Varennes (Juni 1791), eine direkte Folge der tiefen christlichen Gefühle von Ludwig XVI., wird zu einem der Hauptanklagepunkte werden, die ihn aufs Schafott bringen.

VII-44

Handeln wird sehr weislich dann ein Bourbone,
Welchem die Justiz in Händen ruht,
Der den Namen trägt von seinem Blut,
Für die Flucht das Urteil an ihm vollstreckt wurde.

Wenn ein Bourbone an der Macht sein wird, – der erste Richter des Landes, – der den Namen des Blutes trägt, – wird er für seine Flucht seine Strafe erhalten. Ludwig XVI. wird die Königswürde aberkannt. Er wird unter dem Namen Louis Capet enthauptet.

IV-49

Vor dem Volk wird Blut vergossen werden,
Das hinauf zum Himmel dringen wird,
Doch lange nicht gedenkt man dem auf Erden,
Nur des Einen Geist es zeugen wird.

Vor dem Volk wird Blut vergossen werden, – das dem Himmel nicht fern sein wird. – Aber lange wird man nichts mehr davon hören, – bis der Geist des Einen (der große capetingische Papst aus dem Brief an Heinrich den Zweiten) es wieder bezeugen wird. Ein Schauspiel, wie man es noch nie gesehen hatte: die öffentliche Guillotinierung eines Königs am 17. Januar 1793. Sie wird alle Pfeiler, auf der die Gesellschaft beruhte, und die natürliche Verteidigungskraft der Nation zum Einsturz bringen. Aber das Geschlecht der Bourbonen wird auf wunderbare Weise errettet werden.

II-58

Ohne Fuß und Hand mit spitzigem Zahn,
Globus Macht, der Ältere von der Hafenpforte,
Schleichet zur verräterischen Pforte,
Luna leuchtet, klein und groß, sie fahrn.

Ohne eine Spur zu hinterlassen, wird ein Mensch mit mächtigem Zahn, – durch die eingesetzte (Geld-)Menge (Globus) mit dem am Hafen geborenen älteren Sohn (Ludwig XVII.) – sich der verräterischen Pforte (Temple-Gefängnis) nähern, – während der Mond scheint, wird der Kleine, (jedoch durch Geburt) Große, fortgeschleppt.

Alle Versuche, die Capetinger auszurotten, bleiben jedoch vergeblich. Der kleine Ludwig XVII. konnte nachts aus dem Temple-Gefängnis fliehen. (Dort wurde die königliche Familie 1792 interniert.)

VI-51

Volk versammelt, Schauspiel neu fürwahr,
Fürsten sind und Könige da in Menge;
Bau stürzt ein, gerettet wunderbar
König und dreißig andere im Gedränge.

Das versammelte Volk wird ein neues Schauspiel erleben, – zahlreiche Fürsten und Könige werden dabei anwesend sein; – die Mauern (die Bastille) werden einstürzen, aber wie durch ein Wunder werden der König und dreißig seiner Anhänger gerettet. Sturm auf die Bastille am 14. Juli 1789: Auftakt zur Französischen Revolution.

IX-24

Im Palast am Fenstersims erscheinen
Häscher den zwei königlichen Kleinen,
Lutez, Denis Klöster an das Ohr ihnen dringen,
Nonnen, Meillant Wut und Kern verschlingen.

Ludwig XVII. und seine Schwester werden durch die schmalen Fenster ihres Kerkers befreit (1793). Sie durchqueren heimlich Paris und entkommen dem Grab des Klosters von Saint-Denis, der Grabstätte der Könige von Frankreich, mit der Hilfe eines Geistlichen. Die Bösen werden verzweifelt darüber sein, daß sie ausgespielt wurden.

VIII-80

Schuldlos, Witwen-, Jungfrauen-Blut vergossen,
Greuel durch diesen großen Rogen geschehen,
Heiligenkult ins heiße Wachs gestoßen,
Und vor Furcht man keinen mehr wird sehen.

Das Blut der Unschuldigen, der Witwen und Jungfrauen wird fließen, – alle Greuel kommen von dem großen Roten. (Statt "rouge" (rot) heißt es Roge, eine Verfälschung, die Nostradamus bewußt gemacht hat: die ersten beiden Buchstaben bezeichnen den Namen Robespierre.) Ein neuer Heiligenkult wird sofort in Wachs getränkt (besiegelt) – und aus Furcht vor der Schreckensherrschaft wagt es niemand, aufzumucken.

Unter der Schreckensherrschaft von Robespierre (1793/94) kommt es 1794 zu einem Blutbad (vgl. Brief an Heinrich den Zweiten) und zum Kult der Göttin der Vernunft – Mai 1794 wird das Christentum abgeschafft.

VIII-19

Die erschrockene große Kappe zu schirmen,
Gehen aufzulichten sie die Roten,
Tod wird fast die Familie überstürmen,
Roter Roten erschlagen sie den Roten.

Die große capetingische Monarchie wird in ihrer Rolle als Schirm und Stütze stark beeinträchtigt werden. – Die Roten werden marschieren, sie zu dezimieren, – die königliche Familie wird fast vollständig getötet (Ludwig XVII. entkommt). – Aber Rote, die röter sind als er, werden den Roten erschlagen.

Robespierre selbst, der die Tötung der königlichen Familie veranlaßt hatte, wird auf noch Rötere stoßen, die ihn selbst demselben Schicksal ausliefern werden (Juli 1794 wird Robespierre gestürzt und hingerichtet).

III-66

Den großen Baillif Orléans weiht dem Tode
Einer, der vom Rachegeist entbrannt;
Nicht wie er verdient, noch wie ihm drohte,
Stirbt, den Böser gelähmt an Fuß und Hand.

Orléans, der große Abgeordnete des Konvents (Baillif: alte franz. Form von baillir: eine Versammlung abhalten) wird getötet – von einem rachsüchtigen Menschen: – Sein Tod wird nicht verdient sein und auch nicht durch seine Machtausübung verschuldet, – sondern weil alle seine Schritte und Handlungen schon vom Bösen gelähmt waren.
Der Herzog von Orléans, Philippe-Egalité, der für den Tod Ludwigs XVI. stimmte und Abgeordneter des Konvents war, wurde auf Befehl Robespierres am 6. November 1793 enthauptet.

II-98

Wem des ihm verwandten Opfers Blut,
Das geschlachtet, färbt das Antlitz rot,
Als Omen Donner gegen Leu mit Wut,
Der Verlobten wegen selbst erlittener Tod.

Jener, der sich mit dem Blut des ihm verwandten Opfers (Ludwig XVI.) – das Gesicht besudelt, – wie es die Revolte gegen die Autorität vorhersagt, – wird wegen eben jener, die er heiraten wollte, getötet werden (wegen seiner Mesalliance mit der Republik).

IV-63

Keltisch Heer rückt trotz der Berge* Mauern,
Findet und fängt das Meuterer Volk in Schlingen,
Bald geschlagen die verschanzten Bauern,
Alle müssen über Klinge springen.

Die reguläre französische Armee wird den Widerständen der Montagnards (= Berge) zum Trotz, – deren Pläne durchschaut und die gefangen werden, – die verschanzten Bauern rasch schlagen. – Alle werden über die Klinge springen müssen.

Danton, Desmoulins und eine Gruppe von Montagnards bildeten eine Gruppe Gemäßigter. Sie wurden angeklagt, die Monarchie wieder einführen zu wollen und im April 1794 verhaftet und hingerichtet.

Ihr Widerstand setzte sich in dem Sümpfen und den Buschlandschaften bis 1795 fort. Das Emigrantenkorps, das die Engländer eingeschifft hatten, wurde in Quiberon bei der Landung geschlagen. Die Convention ließ alle Gefangenen erschießen.

6. Napoleon Bonaparte – Marie-Luise von Österreich

VI-63

Fürstin ist allein im Reich geblieben,
Auf dem Ehrenbett des Einzigen Leich
Nun erkannt im Schmerz der Jahre sieben,
Langes Leben nicht, kein Heil dem Reich.

Die Republik (Fürstin allein: Marianne ohne Mann), die nun die Macht innehat, – während der König längst tot ist, –

* Im Französischen Montagnards

wird sieben Jahre des Schmerzes (von 1793 bis 1799, dem Staatsstreich Bonapartes) bringen, – dann aber nicht mehr lange leben (Napoleons Konsulat auf Lebenszeit im Jahre 1802) und dem Lande nicht mehr dienen.

Über das Kaiserreich Napoleons I. richtet Nostradamus sehr hart: Er verurteilt die riesige Zahl von Soldatenleben, die seine ebenso ehrgeizigen wie sinnlosen Kriege gefordert haben sowie die Gesetze und die neue Verwaltung, die er Frankreich gegeben hat (die noch so sehr von den Prinzipien von 1789 geprägt sind, daß die III. Republik sie fast unverändert lassen wird).

Den Kampf gegen den Heiligen Stuhl und Papst Pius VII. sieht der Prophet als tieferen Grund für Napoleons Ruin.

I-60

Bei Italien wird geboren ein Kaiser,
Dem um teuren Preis verkauft der Thron,
Nicht sowohl als Herrscher, denn als Fleischer
Schildern ihn, mit denen er zu tun.

Nostradamus beschreibt zuerst Napoleons Geburtsort – dann aber seine Neigung, seinen kriegerischen Instinkt.

VIII-57

Vom Soldaten zur Regierung gelangt,
Von dem kurzen Rocke zu dem langen,
Tapfer in Waffen preßt er, wie der Schwamm
das Wasser, die Priester, es darf der Kirche bangen.

Rasch wird er alle Rangstufen der Armee bis zum Kaiser erklimmen. Vom kurzen Rock des einfachen Bürgers wird er sich bis zu jenem der Magistratur hinaufschwingen. Doch so tapfer er auch im Krieg sein wird, so schädlich wird er doch der Kirche: Er wird die Priester so leicht in den Griff bekommen, wie der Schwamm das Wasser aufnimmt.

VII-13

Von der zinsbaren Stadt am Meer gelegen,
Nimmt das geschorene Haupt die Satrapie,
Jagt die Schmutzigen, die ihm entgegen,
Vierzehn Jahre hat er die Tyrannie.

Vom Hafen aus, der unter fremder Herrschaft stand (Belagerung von Toulon), – wird der kleine Geschorene (= kein legitimes Recht auf die Thronfolge) die Macht ergreifen. – Erst wird er die schmutzigen Gestalten der Revolutionäre verjagen, die gegen ihn sind, – dann wird er vierzehn Jahre seine Tyrannei ausüben. Also vom Staatsstreich am 18. Brumaire (9. November 1799) bis zum 13. April 1814.

IV-54

König Galliens trägt den neuen Namen,
Nie zuvor so schreckliches Gewittern,
England, Spanien und Italien zittern,
Viel Beachtung schenkt er fremder Dame.

Er wird einen Namen tragen, den noch kein französischer König vor ihm getragen hat, – und niemals zuvor wird es ein so furchtbares Gewitter gegeben haben, – das England, Spanien und Italien in den Krieg führen wird, – während er eine fremde Frau sehr begehrt.

Die Frau ist Marie-Louise von Österreich. Wegen ihr ließ er sich von Josephine scheiden.

I-74

Wenn verweilt dort, wogen sie ins Reich.
Zum Hauptsuccurs gen Antiochien fahrt,
Schwarzer Fellkopf spannt gewaltig auf das Reich,
An dem Spieß gebraten von Kupferbart.

Nach einem Aufenthalt (in Ägypten) ziehen sie in einen anderen Kontinent (Reich), um Hilfe in Syrien zu suchen. – Der schwarze Fellhut (Fellkopf = der schwarze Hut mit der Trikolore) wird seine Macht auf das Reich ausweiten. – Der republikanische Geist (= Kupferbart) wird ihn dafür am Spieß braten.

Nach der Schlacht bei den Pyramiden und nach der Zerstörung der französischen Flotte durch Nelson wagt Napoleon einen Ausfall nach Syriens Hauptstadt Antiocha und belagert Akko. Wieder in Frankreich läßt er sich zum Kaiser krönen.

I-75

Der Tyrann besetzt Sien, Savona,
Flotte hält die Beste auf dem Meer,
Zwei Armeen in die Mark Ancona,
Schreck verbreitet, Haupt ergründet sehr.

Auf tyrannische Weise wird Napoleon Siena und Savona besetzen. – Die beste Flotte (die englische) wird er auf dem Meer (in Schach) halten (durch die Kontinentalsperre). – Die Niederlage zweier Armeen wird ihn zum Marsch auf Ancona bewegen. – Aber der Schrecken dieses Sakrilegs wird ihn dazu bringen, sein Gewissen zu erforschen.

Tatsächlich wurde Siena, die Stadt in der Toskana, 1808 an Frankreich angeschlossen und war bis 1814 Hauptstadt des Departements Umbrien. Savona, die Stadt der sardischen Staaten, war von 1809 bis 1814 Hauptstadt des Departements Montenotte. Napoleon hielt dort Papst Pius VII. von 1809 bis 1812 gefangen. Der Marsch auf Ancona zur Adria, einer Provinz der päpstlichen Staaten, bildete die Departements Trento, Musone und Metauro. Zwei preußische Armeen, die sich auf der Elbe bewegten, wurden in Jena und Auerstädt 1806 geschlagen. Im gleichen Jahr verzichtete Kaiser Franz II. auf die römisch-deutsche Kaiserwürde.

I-76

Am wilden Namen wird man ihn kennen,
Wie das Schicksal die drei Parzen hieß,
Groß an Wort und Tat das Volk ihn nennen,
Solchen Ruhm noch keiner hinterließ.

Man wird ihm einen wilden Namen geben, – den das Schicksal dem der drei Parzen ähnlich machen wird. – Dann wird er das Volk mit großen Worten und Taten führen. – Man wird von ihm mehr sprechen als von jedem anderen zuvor.

Sein wilder Name erinnert an die drei Gottheiten der Hölle, Clotho, Lachesis und Atropos, deren Aufgabe es war, die Menschenleben aufzufädeln und zu zerschneiden: Napoleon bedeutet im Griechischen "neuer Ausrotter".

I-77

Zwischen zweien Meeren wird er lagern,
Pferdesbiß gibt nachher ihm den Tod,
Sein schwarzes Segel wird Neptunus tragen
Um Calpet und bei Rocheval die Flott'.

Er wird bis zwischen die Meere, in den päpstlichen Staat gelangen. – Daran wird er, seinen Ärger verbeißend (franz: in seine Zügel beißen), zugrunde gehen. – Das Meer wird sein Leichentuch ausbreiten. – Nach der Restauration von Ludwig XVIII., Louis Capet, und seiner Einschiffung auf der "Bellérophon" bei Rochefort.

III-43

Ihr am Tarn, am Lot, an der Garona,
Hütet vor den Apenninen euch,
Euer Grab bei Rom und bei Ancona,
Der schwarze Fellkopf nutzt zum Ruhme euch.

Menschen aus allen Gegenden Frankreichs, – hütet euch vor der Überquerung der Apenninen, – eure Gräber, bei Rom und Ancona, – werden dem schwarzen Fellkopf noch zum Ruhme gereichen.

Das Blut der Franzosen bringt Napoleon den Sieg – aber es ist ein gottloser Feldzug.

II-99

Roms Gebiet, wie es August bestellte,
Schlägt der Gallier mit Brand und Mord;
Doch die Stunde fürchtet nun der Celte,
Zu weit flog die Flotte, von dem Nord.

Das römische Land, das der Kaiser sich erwählt hatte, – wird von den Franzosen mit Brand und Mord geschlagen werden. – Aber die Franzosen werden die Stunde der Kälte (des Nordens) noch fürchten lernen, – weil ihre Armee zu weit vorgestoßen ist.

Die Strafe für Napoleons Feldzug wird der Untergang der französischen Armee in Rußland sein (1812).

II-36

Briefe werden sie dem Propheten stehlen,
Die man findet und dem Tyrannen bringt;
Seinem König wollte er befehlen
Doch sein Anschlag nun ihn selbst verschlingt.

Dem großen Priester (Propheten), dem Papst, werden die Ordonnanzen genommen werden, – und dem Tyrannen übergeben, – der versuchen wird, ihm seine Macht abzunehmen, – aber daran scheitern wird. Scheint es nicht, als habe der Untergang Napoleons mit seiner Exkommunikation begonnen? (Pius VII. verzichtet auf Rückgabe der Kirchengüter. 1801 bindet das Konkordat den Klerus an den Staat, 1811 werden nach dem Nationalkonzil die kirchlichen Schulen und Priesterseminare geschlossen.)

I-88

Göttlich Weh wird großen Fürsten finden,
Kurz nachdem die Frau geehlicht hat,
Seine Stütze schnell, sein Ansehen schwinden,
Dem geschorenen Haupte stirbt der Rat.

Der göttliche Fluch wird den großen Fürsten treffen, – kurz nach seiner zweiten Heirat. – Plötzlich werden seine Stütze und sein Ansehen schwinden. Der Geschorene wird ratlos sein.

"Ab dem Zeitpunkt von Napoleons Eheschließung mit der Erzherzogin Marie-Louise von Österreich, die er 1810 heiratete, versuchten Fouché, Bernadotte und einige andere, ihn zu isolieren; Papst Pius VII., dem er seinen Staat nehmen wollte, exkommunizierte ihn. Alle Gewalt, die er verursacht hatte, brachte ihn in immer neue Schwierigkeiten. Trotzdem schreckte Napoleon nicht davor zurück, den schweren Krieg gegen Rußland auszulösen." (Historisches Wörterbuch).

III-25

Der das Reich Navarra wird ererben,
Wenn eins Napel und Sicilien,
Wird Bigore, Landes und von Einem erwerben,
Der zutief verhängt mit Spanien.

Jener, der die Macht in Navarra an sich reißen wird, – wenn Neapel und Sizilien vereint sein werden, – nimmt auch Bigore und Landes, – sowie das Land eines Königs, der mit dem Hause Spanien verbunden ist.

Napoleon wird nicht bloß Usurpator des Thrones der Familie Heinrichs IV. sein, sondern er wird auch die Nachkommen der Bourbonen ihrer Länder in Spanien und Italien berauben.

VIII-88

In Sardinien edler König erscheinen,
Der das Reich drei Jahre nur behält,
Mehrere Farben wird er sich vereinen,
Heilige Scome und Schlaf dann auf ihn fällt.

Ein edler König wird nach Sardinien kommen, – der aber nur drei Jahre regieren wird. – Er wird die Fahnen verschiedener Staaten vereinen. – Dann wird er, mit den Jesuiten verbunden, sterben.

Karl-Emmanuel II. zog sich 1783 nach Sardinien zurück. Er dankte im Juni 1802 zu Gunsten seines Bruders Victor-Emmanuel ab und ging nach Rom, wo er als Jesuit (Societas Jesu = französ. *S*ainte *Com*pagni*e* de Jésus) starb.

I-61

Elende Republik zu Grund gerichtet
Die unselige durch den neuen Rat,
Vieler Ausgetriebener böse Saat,
Darum Schwaben den Kontract vernichtet.

Die elende und unselige Republik wird vom neuen Rat zugrunde gerichtet werden. – Aber die Saat der vielen Exilierten – wird Deutschland veranlassen, das Bündnis zu verlassen. Napoleon wird die Republik stürzen und den Code Civil schaffen. “Mein wahrer Ruhm”, sagte er am Ende seines Lebens, “ist es nicht, 40 Schlachten gewonnen zu haben . . ., was durch nichts ausgelöscht werden wird, was ewig bestehen wird, das ist mein Code Civil.” Aber die Ausweisung der Royalisten und die Ermordung des Herzogs von Enghien am 20. März 1804, der aus dem Badischen entführt worden war, sollten zu einem völligen Umsturz der Allianzen führen, der zu seinem eigenen Sturz beitrug: "Preußen, das schon 1812 ein zweifelhafter Verbündeter gewesen war, schlug sich 1813 auf die Seite Rußlands . . . Österreich selbst ergriff ebenfalls gegen Napoleon Partei, und trotz des Sieges bei Dresden wurde dieses Beispiel von Bayern, Württemberg und Sachsen befolgt, deren alter König sie vergeblich im Bündnis mit Frankreich halten wollte." (Historisches Wörterbuch)

IV-75

Abgefallen, als schon im Feld der Ehre,
Feindliche Armee den Sieg erhält;
Setzen wird die Nachhut sich zur Wehre,
Die Besiegten fallen auf weißem Feld.

Die zum Kampf bereite Armee wird versagen. – Der Feind wird den Sieg davontragen; – die Nachhut wird das Land verteidigen. – Die Besiegten fallen in dem Land, in dem die Monarchie bereits restauriert worden ist.

"Nun stand aber Napoleon noch mit 60 000 Mann in Fontainebleau. Als er vom Marsch der Alliierten auf Paris gehört hatte, war er sofort mit verhängten Zügeln wiedergekommen. Er bereitete sich auf den Kampf vor. Aber seine Marschälle, die den Krieg satt hatten, weigerten sich zu marschieren. Einer von ihnen, Marmont, gab seinen Posten auf und nahm seine Truppe mit. Diese Auflösung bewog Napoleon, am 6. April 1814 abzudanken." (A. Malet)

I-98

Herrscher, der zahllos Volk hinweggeführt
Fern von seinem Himmel fremder Zungen,
Fünftausend in Cret, Thessal verliert,
Rettung dem in Meeres Scheune gelungen.

Der Herrscher, der zahllose Menschen in den Tod geführt hat, – wird fern von seinem Himmel und unter Menschen einer fremden Sprache, – auf einer Insel mit fünftausend Einwohnern enden – während das wahre Oberhaupt des Landes (Ludwig XVIII.) bis dahin gezwungen war, sich in der Scheune der Meere (in England) zu verstecken. 1821 stirbt Napoleon auf St. Helena. (Cret = Creta, Fels; St. Helena, felsige afrikanische Insel im Atlantik, 5000 Einwohner).

7. Die Restauration

In seinem Brief an Heinrich den Zweiten faßt Nostradamus bereits die beiden Regierungen Ludwig-Philipps und Napoleons III. zusammen. Beide fußen auf den Gedanken der Revolution. Diejenige, die als Nebenfrau zur Seite steht, wird durch jugendliche Unbesonnenheit mit 18 Jahren in Todesgefahr geraten und wird das 36. nicht überschreiten. Die Jahre der beiden Regierungszeiten sind zusammengefaßt, es ist also nur eine synthetische Art, die Dinge zu sehen.

I-54

Zwei Revolten die böse Hand wird drehen,
Zweimal gleich; dies ändert Welt und Reich:
Das unstete Zeichen kommt zu stehen
Zwischen zwei, die sind geneigt und gleich.

Zwei Revolutionen, die von dem selben Geist des Bösen geführt werden, – werden die Macht und die weltlichen Sitten stürzen; – das Zeichen der Unregelmäßigkeit wird herrschen, – mit den beiden gleichartigen Monarchen, die daran zugrunde gehen werden.

Nach den Revolutionen von 1792 und 1830, die die Erben der “alten Monarchie” endgültig vertreiben, werden Monarchen kommen, deren Macht von Instabilität gezeichnet sein wird, weil sie nur noch von der Unregelmäßigkeit der Wählerstimmen abhängen.

II-69

Durch der dextra celtica wenn sieht
Gallierkönig Zwist der Monarchie,
Auf drei Seiten dann sein Szepter erblüht
Gegen die Kappe der großen Hierarchie.

Wenn der König von Frankreich sehen wird, was für Zwiste die Extremen in die Große Monarchie tragen, – wird er sein Zepter in den drei Farben erblühen lassen, – gegen den älteren Zweig der Capetinger.

Karl X. flieht 1830 nach England. Von 1830 - 1848 wird Ludwig-Philipp I., Herzog von Orléans, König der Franzosen. Er akzeptiert die Trikolore.

VIII-42

Orléans Oberhaupt wird durch Gewinn
Die Seinen und Gewalttat plagen,
Sturm auf Saint Memir und abgeschlagen,
Tod im Zelt, und es heißt, er schlafe darin.

Der Herzog von Orléans wird seine Familie durch Gewinnsucht und Gewalttat plagen (indem er dem Grafen von Bordeaux, einem Enkel Karls X., den Thron wegnimmt). – Bei Saint-Merry wird es einen Aufstand geben. – Man wird sagen, der König schlafe und stelle sich tot.

Der letzte Vers bezieht sich auf die “Ersetzung der parlamentarischen Regierung durch die persönliche Macht”. Im Jahre 1840 übertrug der König die Präsidentschaft des Rates an Thiers, dessen Doktrin in folgender Formel deutlich wird: “Der König herrscht, aber er regiert nicht.”

IX-89

Sieben Jahre wird Philipp glücklich sein,
Wird den Arabern die Stärke nehmen,
Dann Mittags bricht Mißgeschick herein,
Ihm jung Ogmion die Kraft wird lähmen.

Philipp wird also sieben Jahre glücklich regieren, – er wird den Widerstand der Araber brechen. – Doch dann wird sein Stern sinken, Mißgeschicke werden ihm zustoßen. – Eine junge Republik wird seine Macht lähmen und in den Abgrund stürzen. “Ab 1836, als die republikanische Opposition niedergeschlagen war, ersetzte die parlamentarische Agitation die Straßenkämpfe. Von 1836 bis 1840 gab es sechs Regierungswechsel. Ludwig-Philipp versuchte seine persönliche Politik durchzusetzen. Aber die drei parlamentarischen Gruppierungen koalierten gegen die Regierung des Hofes.” (A. Malet)

IV-64

Der gesunken ist ins Bürgerkleide,
Hält den König durch der Kränkung Taten,
Fünfzehn Ustag und die meisten Soldaten,
Letztes Leben, Güter Herr und Freude.

Der, der in das Kleid des Bürgers zurückfallen wird, – wird die Macht durch seine Schandtat halten können (gegen den rechtmäßigen Thronerben); – aber fünfzehn Soldaten, größtenteils Gardesoldaten, – werden seinem Leben als Herr über seine Güter ein Ende setzen.

"Als Ludwig-Philipp über die Vorhaben jenes Bürgertums Klarheit gewann, an dessen Treue er geglaubt hatte, entschloß er sich, Guizot zu danken, doch es war bereits zu spät. Eine Schießerei am Boulevard des Capucines, vor dem Außenministerium, kostete rund 15 Aufständischen das Leben, und der Transport der Leichen durch Paris brachte die Menge weiter auf. Während am 22. Februar 1848 die Barrikaden errichtet wurden, nahmen die Gardebataillone ihre Posten mit dem Ruf 'Es lebe die Reform!' ein." (J. Bainville) Der "Bürgerkönig" dankte ab und ging nach England. Die Februarrevolution erscheint bei Nostradamus als direkte Folge der populistischen Tendenzen des Königs.

8. Das zweite Kaiserreich

Man könnte Nostradamus eine ständige Parteilichkeit vorwerfen: denn weder das Zweite Kaiserreich noch die III. Republik finden seine Billigung, ebensowenig wie Bonaparte und die Revolutionen zuvor.

Er kümmert sich nicht darum, ob sein Leser in der fernen Zukunft über diese Meinungsäußerungen verärgert ist. Er kennt "den Lauf der künftigen Zeit" und kann es sich erlauben, die Geschichte zu beurteilen.

So sonderbar es vom rein menschlichen, oder wie er sagt, irdischen Standpunkt auch scheinen mag: er will nach Gott keine andere Autorität anerkennen als den König von Frankreich, dessen Blut von Generation zu Generation in Reims geweiht sein muß.

Die politischen Schwierigkeiten nach der Revolution von 1848 sind es, die die Thronbesteigung Ludwig-Napoleons sehr erleichtern: “Die Bauern wollten ebenso wie die Bürger eine Regierung, die das Recht auf Eigentum und die innere Ruhe zu sichern imstande sei. Aus dieser Geisteshaltung entsproß das Zweite Kaiserreich (1852-1870).” (A. Malet)

III-28

Niederer Abkunft und mit wenig Lande
Vom Ende und Frieden kommt sie in das Reich,
Lange Zeit regiert eine Frau im Lande,
Einem schlechten Regiment nichts gleich.

Ohne Mitgift und von niederer Abkunft, – durch die extreme Lage und die Notwendigkeit eines inneren Friedens, – wird er für lange Zeit eine junge Republik einsetzen, – so daß nie wieder ein verhängnisvollerer Herrscher kommen sollte.

Tatsächlich war Napoleon erst Präsident der Republik und ließ sich dann durch Plebiszit zum Kaiser proklamieren. Er regierte neben einem gesetzgebenden Körper und ließ seine ersten Gesetze, die die Grundlage der Verfassung von 1875 bilden sollten, wählen. Er war also in diesem Sinne tatsächlich noch zu seinen Lebzeiten Urheber der III. Republik.

9. Der Deutsch-Französische Krieg – Die Kapitulation von Paris – Sieg der Deutschen

I-92

Einer wird den Frieden proclamieren,
Aber Plünderung bald und Aufruhr droht,
Meer und Land wird störrige Stadt verlieren,
Drittelsmillion gefangen, tot.

Er wird überall den Frieden proklamieren, – aber bald wird der Feind plündern und die Revolution wird drohen. – Die Weigerung von Paris, den Frieden zu unterzeichnen, wird den Verlust von Elsaß-Lothringen zur Folge haben, – eine Drittelmillion Mann wird gefangen werden oder fallen.

Napoleon III. verkündete zwar: "Das Reich ist der Friede". Aber er führte unentwegt Kriege: in Mexiko, auf der Krim, in Italien, bis zu jenem Desaster, das in Sedan 124 000 und in Metz 179 000 Gefangene kostete, von den Toten ganz zu schweigen. Durch das Abkommen von Frankfurt am 10. Mai 1871 verlor er Elsaß-Lothringen.

III-50

Zu Friedens Strenge will nicht stehen,
Die große Stadt im Bürgerrat;
König hinaus wird bei ihr Trompete geben,
Leiter an der Mauer, es büßt die Stadt.

Die Republik von Paris wird sich der Strenge der Niederlage nicht unterwerfen wollen; – die Regierung wird unter großem Lärm aus der Stadt ausbrechen. – Aber wenn der Feind nahe daran sein wird, einzudringen, wird die Stadt es bereuen. Paris kapitulierte 1871.

V-42

Mars schon steht auf seiner höchsten Warten,
Darum Allobrog nach Frankreich zieht;
Groß erschrecken werden die Lombarden,
Unterer Waage nimmt der Adler mit.

Der Krieg auf seinem Höhepunkt, – wird die Savoyer wieder zu Frankreich führen; – die Lombarder werden darüber so erschrecken, – daß sie sich unter dem Vorwand der Gerechtigkeit ausplündern lassen werden.

Nur der brillante Italienfeldzug, der "zweite zitternde und furchterregende Gang zum Berg Jupiters" aus dem Brief an Heinrich den Zweiten wird für Frankreich durch die Annektion Nizzas und Savoyens positiv enden.

X-7

Großer Kampf wird sich in Nancy g'stalten,
Alles zwing ich, spricht Æmathion,
Sorgen ob Wein und Salz in Albion,
Lang wird Metz nicht zwischen zwei Phinalten.

In dem großen Konflikt, der in Lothringen beginnen wird, – wird der Mazedonier (Æmathion: ehemalige Provinz Mazedoniens) sagen: ich unterwerfe alles, – England wird sich wegen seiner materiellen Güter Sorgen machen, – und inmitten von zweimal 500 000 Mann (Phi: griechischer Buchstabe, auch Zahl 500 000) wird Metz nicht lange standhalten.

Zu Beginn des Krieges wurden zwei Armeen in Lothringen zusammengezogen.

Der Æmathier bezeichnet sinnbildlich den deutschen Kaiser. Später wird man vom "jungen Æmathier" hören. Wie man weiß, entstand die deutsche Einheit im Gefolge des preußischen Sieges von 1871. Bis dahin waren die Hohenzollern Lehensfürsten einer größeren Zahl unabhängiger Fürstentümer. Preußen nahm eine ähnliche Stellung ein, wie Æmathion, das dem Historischen Wörterbuch zufolge Wiege und Zentrum der mazedonischen Monarchie war. Wilhelm I., der sich "nach schwierigen Verhandlungen mit den Fürsten Süddeutschlands in der Spiegelgalerie von Versailles zum deutschen Kaiser proklamieren ließ" (A. Malet) ist in allen Punkten mit der Dynastie Philipps und Alexanders vergleichbar, die Mazedonien aus der Teilung und der Anarchie in die neue Einheit führten.

Als Napoleon III. schließlich zurückgetreten war, wandte Gambetta 500 000 Männer auf, um das zurückgezogene Lager von Paris zu verteidigen, und weitere 600 000 in den Départements, was der von Nostradamus angeführten Zahl entspricht.

II-25

Fremde Wache wird die Fest verraten,
Hoffnung, Aussicht auf erlauchtere Ehe:
Die betrogene Wache in Klemm geraten
Loire, Saône, Rosne, Gar, o Todesweh.

Die Armee, die die Festung bewachen soll, wird Verrat üben, in der vergeblichen Hoffnung auf eine höhere Unterstützung. Doch wenn die Regierung in die Zangen des Feindes gerät, wird sie enttäuscht. Die Armeen der Loire (Chanzy), der Saône und der Rhône (Bourbaki und Denfert-Rochereau) werden von Garibaldi ausgelöscht.

IV-65

Dem, der es für gut fand, auszureißen,
Wird, wenn er die Fest verlassen hat,
Große Heldentat sein Gegner weisen,
Kaiser stirbt, sein Bluturteil hat statt.

"Bazaine, von Natur aus Intrigen nicht abgeneigt, vom Ehrgeiz besessen, eine wichtige politische Rolle zu spielen und nach dem Umsturz des Kaiserreichs die Macht zu ergreifen, begann Verhandlungen mit Bismarck. Dieser zog die vergeblichen Verhandlungen so lange hin, bis es keine Lebensmittel mehr gab." (A. Malet) Metz kapitulierte zwei Monate nach Sedan, am 27. Oktober 1870. Bald darauf starb Napoleon III., am 9. Januar 1873, und Bazaine wurde am 10. Dezember desselben Jahres verurteilt.

V-82

Bei geschlossenem Frieden aus der Feste
Wagt er sich in der Verzweiflung nicht.
Albois, Langres kämpfen gegen Bresse,
Nehmen die Dôle, kein Gegner nicht.

Beim Friedensabschluß, der außerhalb der Festung stattfindet, bleibt der Besiegte völlig entmachtet auf der Strecke. Als jene, die Arbois und Langres halten, auf Bresse marschieren, stoßen sie in Dôle auf keinen nennenswerten Widerstand.

Außerhalb des Lagers von Paris, in Versailles, werde der Waffenstillstand unterzeichnet, während die Deutschen, Herren des Jura und von Langres, die kleine Armee Bourbakis in Bourges endgültig ausschalteten. Von Manteuffel in Villersexel geschlagen, zog sie sich auf Dôle zurück.

II-44

Adler auf vielen Flaggen stehend,
Von anderen Vögeln übermannt,
Cymbren, Schellen und Trompeten Klänge,
Bringen verrückte Dame zum Verstand.

Der Adler, der sich auf den Flaggen niedergelassen hatte, wird von anderen Vögeln verjagt, als der Lärm der Zimbern (= Teutonen) mit Trompetenklängen und Waffenklirren (Schellen) der verrückten Dame das Leben wiedergibt.

Der Adler Napoleons wird vom deutschen Adler verjagt und durch die Republik ersetzt.

10. Die Dritte Republik

V-45

Bald sieht man das große Reich vereinsamt
Und am Ardennenwalde umgestürzt;
Beide Bastarde Alteren stoßen,
Harpie Aenobard regiert.

Das große Reich wird bald keine Anhänger mehr haben und in der Nähe des Ardennenwaldes (Sedan) eine Niederlage erleiden. Die beiden Pseudo-Könige (die zwei Präsidenten Thiers und Mac-Mahon) werden sich dem Thronfolger (Graf von Chambord) an die Fersen heften. Aber er wird ausgeschlossen werden. Regieren wird die Republik (Harpie).

III-59

Das Barbarenreich an sich reißt der Dritte,
Größtenteils zum Tod führt er sein Blut,
Tod auch den Vierten schafft aus der Mitte,
Aus Besorgnis, Blut möchte nicht töten Blut.

Infolge der Usurpierung durch die Dritte Republik wird das Barbarenreich zusehen müssen, wie die meisten seiner Erben zugrunde gehen. Der vierte Thronkandidat (seit der Revolution) wird durch eigene Schuld zu Tode kommen und mit ihm die Angst, das Blut Ludwigs XVI. hätte das königliche Blut nicht ausgelöscht. Für die Monarchie gab es keinen Nachfolger.

Mac-Mahon wurde Präsident der Republik, nachdem Thiers die Nationalversammlung einberufen hatte. Sie sollte die Verfassung ausarbeiten.

VI-52

An die Stelle des verdammten Hohen,
Tritt sein Freund aus seinem Eisenturm,
Totgeboren Sechsmondhoffnung von Trojen,
Sol und Urn auf Strom und Eis gestoßen.

Die Stelle des verurteilten Napoleons III. nimmt sein Freund ein, der in Sedan gefangengenommen worden war (Thiers). Die capetingische Hoffnung (Trojas König Priamos = Urvater des ersten französischen Königs) totgeboren, wird in sechs Monaten zunichte gemacht. Über die Monarchie (Sol) wird eine Volksabstimmung abgehalten, doch das Land kann sich dafür nicht begeistern und steht der Monarchie feindlich gegenüber.

Die Hoffnung, die Bourbonen wieder einzusetzen, wird sich nicht erfüllen, die "Hoffnung von Trojen" war also tatsächlich totgeboren – hielt sich aber doch sechs Monate von Februar bis Juli 1875. In dieser Zeit stellte die Nationalversammlung die berühmte Verfassung von 1875 auf, die Grundlage der Dritten Republik.

VI-95

Als Verkleinerer beim Nachgebornen
Angeschwärzt: weil Heldentaten geschehn,
Der geringste Verdacht beim Erstgebornen,
Und im Reiche bald Partein sich regen.

Schikanen und Kritik des Erben des jüngeren Zweiges werden folgendes bewirken: Zu dem Zeitpunkt, als die Kriegshandlungen zunehmen, wird die weiße Flagge des älteren Zweiges zweifelhaft erscheinen, und sehr bald werden sich die Parteien, die sich an der Macht befinden, regen.

Die Opposition der Trikolore der Orléanisten gegen die weiße Fahne der Legitimisten führte, trotz der Versöhnung der Prinzen in Frohsdorf in Niederösterreich, zur Einführung der sogenannten Parteipolitik.

11. Der Erste Weltkrieg – Geldentwertung

Glückliche Völker haben keine Geschichte, auch der Prophet warnt nur vor Krisenzeiten. Er wird friedliche Jahre des Wohlstands zwar erwähnen, doch sein Blick richtet sich vor allem auf die großen traurigen Ereignisse und andere Unglückszeiten, die da kommen. Vom Zusammenbruch des Jahres 1870 gehen wir zum Ersten Weltkrieg über.

Die vierundvierzig Jahre, die zwischen 1870 und dem Ersten Weltkrieg liegen, sind ein Zeitabschnitt ohne große Probleme. Nostradamus bezeichnet ihn als "ziemlich langen Milchregen".

III-18

Nach dem ziemlich langen Milchregen
Fleckt der Himmel in Reims sich hier und da,
Grund zu einem blutigen Kampf sie legen,
Sohn und Vater wagen sich nicht nah.

Der "Milchregen" dauert 44 Jahre. Dann verdunkelt sich der Himmel um Reims, dem Mittelpunkt der Schlachten der Marne und Schauplatz von ununterbrochenen Kämpfen, vom Rauch der schweren Artilleriegefechte; es werden so viele Tote begraben, der Boden so verwüstet, daß sich niemand in die Nähe wagen wird, weder Väter und Söhne, noch die Mitglieder der Verwaltung.

IV-12

Auf dem Zuge in die Flucht geschlagen
Wird das größte Heer, doch nicht verfolgt:
Sammelt es sich und schlägt neu das Lager,
Darauf hinausgejagt ganz vom gallischen Volk.

Das größte Land wird besiegt und in die Flucht geschlagen, es wird jedoch nicht verfolgt. Das Vaterland wird durch die Rückkehr einer Region (Elsaß-Lothringen) wieder vollständig, und alle Fremden, die Frankreich eingenommen haben, werden hinausgeworfen.

VII-25

Aufgeriebenes Heer im Kriegeslauf,
Neu zu schaffen es, gebricht es an Gold,
Leder prägt statt Silber man und Gold,
Gallisch Erz mit Lunas Halbmond drauf.

Im langen Krieg konnte das fremde Heer aus dem Lande gedrängt werden, doch er war so kostspielig, daß die Soldaten nicht mehr bezahlt werden können.

Der Krieg wird so lange gedauert haben, daß die Finanzen des Landes ruiniert sein werden. Das Metallgeld (Gold und Silber) kommt langsam aus dem Umlauf, und der Franc wird immer weniger wert; er wird sich auf das Gewicht des Metalls beschränken, was auf der Münze durch einen immer schmaler werdenden Halbmond dargestellt wird.

12. Zwischen Vergangenheit und Zukunft

> "Der positive Staat, wie er von Auguste Comte verstanden wird, wird den reinen Rationalismus mit sich bringen, die Herrschaft des Kopfes und den Tod der Herzen. Das darf nicht sein. Menschen, die in diesem Maße von der Wissenschaft bestimmt werden, sind moralische Ungeheuer. Sie haben das Herz mit dem Kopf vertauscht."
>
> *Claude Bernard*

Bevor wir unseren Weg in die Zukunft fortsetzen und im einzelnen die tragischen Ereignisse untersuchen, wie Nostradamus sie in seinem Buch niedergeschrieben hat, müssen wir noch einen Überblick über die scheinbar unentwirrbaren Verknüpfungen unserer Zeit geben und die Situation ausloten.

Die Ideen der Publizisten und Schriftsteller, die wir jeden Tag lesen können, liefern uns die Mittel dazu. Ist es nicht sonderbar, wie nahe der Text des Propheten ihren Gedanken kommt, obwohl ihnen die Tragweite ihrer Schriften nicht wirklich bewußt wird?

In “L’Illustration” vom 18. September 1937 sind unter dem vielsagenden Titel “Die verrückte Welt” folgende Zeilen erschienen, die – und das ist für die ganze Welt gültig – die Moral der heutigen Menschheit beurteilen:

“Im Ersten Weltkrieg brachten uns die Meldungen der Photoagenturen beinahe täglich Bilder rauchender Ruinen, verstümmelter und zerfetzter Körper, deren Gesichter den Ausdruck des Entsetzens bis in den Tod behielten.

Dann kam der Friede mit all den erhebenden Hoffnungen, die er mit sich brachte. Nie wieder wird man den Krieg und sein abscheuliches Gefolge sehen . . . Und doch! Erst neunzehn Jahre ist es her, seit die Trompeten des Waffenstillstands klangen, und heute sind unsere Schreibtische wieder mit den gleichen Dokumenten bedeckt . . . Krieg in China . . .

Der Krieg ist noch unbarmherziger geworden, als er ohnehin schon war. Er hat sein Zerstörungswerkzeug perfektioniert; die Schlachtfelder sind noch größer geworden. Nicht nur bei den Soldaten holt er sich seine Opfer. Es scheint, als entfessele er sich noch viel mehr gegen die Zivilbevölkerung, gegen Frauen und Kinder. Eine einzige Bombe, aus der Luft abgeworfen, fordert 400 Todesopfer, wie in Schanghai . . . Trotz unserer Vorbehalte können wir diesen blutigen Wahn nicht ignorieren, dem unsere Welt heute verfallen ist . . .”

Schrieb doch Nostradamus selbst:

“Noch härtere Kriege werden geführt und noch blutigere Schlachten geschlagen werden. Städte, Dörfer und Festungen werden verbrannt. Viel Blut der Jungfrauen, Ehefrauen und Witwen wird, nachdem sie geschändet worden sind, vergossen. Säuglinge werden gegen die Wände der zerstörten Dörfer geschleudert. Fast die ganze Erde wird verwüstet und zerstört, soviel Unheil wird der höllische Fürst anrichten. Bevor das passiert, werden einige außergewöhnliche Vögel ihr “huy–huy” in den Lüften schreien . . .”

Sicher, der Ehrgeiz des Eroberers ist nichts Neues. Es ist auch nicht neu, daß die Habgier auf die Spitze getrieben wird, weil durch die modernen Methoden überall auf der Erde immer größere Reichtümer ausgebeutet werden können. Aber sind die zur Rechtfertigung vorgeschobenen Theorien nicht typisch für unsere Zeit, diese von Anfang bis Ende erfundenen "Mystiken", die nur dazu da sind, die tausendjährige Ordnung der Welt über den Haufen zu werfen? Die um so gefährlicher sind, weil durch sie die Massen mobilisiert und fanatisiert werden können?

Hatte Hitler nicht vorgehabt, eine neue, tausendjährige Ordnung einzuführen – tausend Jahre, eine Zahl, direkt aus der Apokalypse? Wer kann heute noch behaupten, für sich und seine Familie auf dieser Welt einen Ort der Zuflucht finden zu können, der auch morgen noch Sicherheit bietet? Nichts ist vor dem Feuer sicher, nicht der ewige Schnee und nicht die verlorenste Insel im großen Ozean.

Die Weltkriege, Unruhen, Massaker, Hungersnöte und Seuchen wurden im Alten und Neuen Testament unmißverständlich vorausgesagt:

> "Sehet zu, daß euch nicht jemand verführe. Denn es werden viele kommen unter meinem Namen und sagen: Ich bin der Christus, und werden viele verführen. Ihr werdet hören von Kriegen und Kriegsgeschrei; sehet zu und erschrecket nicht. Denn das muß so geschehen; aber es ist noch nicht das Ende. Denn es wird sich empören ein Volk wider das andere und ein Königreich wider das andere, und werden sein teure Zeit und Erdbeben hin und her. Das alles aber ist der Anfang der Wehen.
>
> Alsdann werden sie euch überantworten in Trübsal und werden euch töten. Und ihr werdet gehaßt werden um meines Namens willen von allen Völkern. Dann werden viele der Anfechtung erliegen und werden sich untereinander verraten und werden sich untereinander hassen.
>
> Und es werden sich viele falsche Propheten erheben und werden viele verführen. Und weil der Unglaube wird überhandnehmen, wird die Liebe in vielen erkalten . . . Wenn ihr nun sehen werdet den Greuel der Verwüstung stehen an der heiligen Stätte, von dem gesagt ist durch Daniel – wer das liest, der merke auf! –, alsdann fliehe auf

die Berge, wer im jüdischen Land ist; und wer auf dem Dach ist, der steige nicht hernieder, etwas aus seinem Hause zu holen; und wer auf dem Felde ist, der kehre nicht um, um seinen Mantel zu holen. Weh aber den Schwangeren und Säugenden zu jener Zeit!

. . . Denn es wird eine große Trübsal sein, wie sie nicht gewesen ist von Anfang der Welt bisher und auch nicht wieder werden wird.

. . . Bald aber nach der Trübsal jener Zeit werden Sonne und Mond den Schein verlieren, und die Sterne werden vom Himmel fallen, und die Kräfte der Himmel geraten ins Wanken. Und alsdann wird erscheinen das Zeichen des Menschensohnes am Himmel. Und alsdann werden heulen alle Geschlechter auf Erden und werden kommen sehen des Menschen Sohn in den Wolken des Himmels mit großer Kraft und Herrlichkeit . . .

An dem Feigenbaum lernet ein Gleichnis: wenn sein Zweig jetzt treibt und die Blätter kommen, so wißt ihr, daß der Sommer nahe ist. So auch ihr: wenn ihr das alles sehet, so wisset, daß es nahe vor der Tür ist . . . Denn wie es in den Tagen Noahs war, so wird auch sein das Kommen des Menschensohnes. Denn wie sie waren in den Tagen vor der Sintflut – sie aßen, sie tranken, sie freiten und ließen sich freien bis an den Tag, da Noah in die Arche heineinging; und sie achtetens nicht, bis die Sintflut kam und nahm sie alle dahin – so wird auch sein das Kommen des Menschensohnes."

(Matthäus 24,4 ff).

Also waren die Ängste bis zum Jahr Eintausend unbegründet, da das Ende nur zu jener Stunde kommen kann, wenn niemand es erwartet. In der Heiligen Schrift steht wörtlich: Niemand wird daran denken, wenn es kommt. Es ist wohl das Schicksal der Prophezeiungen, daß sie erst dann eintreffen, wenn die Menschen nicht mehr an sie glauben.

Nun ist besonders bemerkenswert, daß sich das Buch des Nostradamus an dieser Stelle in die biblischen Texte einfügt; ihre Möglichkeit der historischen Anwendung erscheint dadurch in einem ganz klaren Licht. Die Parallelität der Dokumente ist bei genauer Prüfung nicht zu übersehen.

Wenn wir uns an die Worte Nostradamus' halten, bezieht sich "die Endzeit", wie der bildliche Ablauf der Apokalypse nach Matthäus 24,4, auf einen wohl relativ kurzen, jedoch um so ereignisreicheren Zeitraum.

Diese Zeit (von 1939 bis nach 2000) umfaßt zwei unruhige Epochen, zwei Weltkriege. Dazwischen liegt eine Phase herrlichen Friedens und ein Triumph für die Kirche und Frankreich, ihre älteste Tochter. Beide Kriege lassen sich im politischen Klima der darin verwickelten Nationen und den verwendeten Waffen vergleichen: es sind Zerstörungskriege auf dem Land, zur See und in der Luft, mit allen technischen Feinheiten. Der erste ist nichts als eine kleinere Ausgabe des zweiten.

Der voraussichtliche Zeitpunkt des Todes von Papst Pius XI. nach einem siebzehnjährigen Pontifikat weist auf den Beginn dieser Endperiode hin und läutet die Alarmglocke der ersten Bedrängnisse. Wir sollten das nicht unterschätzen, es gibt in den Centurien keine annähernd vergleichbare Stelle. Der Tod dieses Papstes ist der einzige, auf den Nostradamus ausdrücklich hinweist! Solange Pius XI. lebt, können wir vor einem Krieg sicher sein. Wenn er stirbt, wissen wir, daß der weltweite Konflikt vor der Tür steht: "Feuer, Wasser über neununddreißig"!

Wir haben an anderer Stelle schon darauf hingewiesen, daß der Peloponneskrieg der Hintergrund dieses für "neununddreißig" vorausgesagten Krieges war. Im Jahre 400 v. Christus führten die Redner der schillernden Athener Demokratie nur noch unfruchtbare Debatten. Aber ihr Feind Sparta bereite sich fieberhaft darauf vor, die unerreichte Zivilisation seiner Rivalin niederzuschlagen. Der Krieg brach aus und Athen war zu schlecht vorbereitet, um den Aufprall abzufangen. Der Historiker Robert Cohen*, aus dessen Buch wir die folgende Stelle entlehnen, faßt Nostradamus' Prophezeiung so klar zusammen, als habe er sie eigens für ihn geschrieben:

"Einen ganzen Winter war die Stadt des Perikles durch die Peloponneser belagert worden. Sie war ausgehungert und geschlagen und kapitulierte in den ersten Tagen des Frühjahrs 404. Sie, die so stolz gewesen, mußte sich erbar-

* Athènes, Une Démocratie de sa naissance à sa mort, Arthème Fayard.

mungslosen Bedingungen unterwerfen. Sie mußte ihre Flotte abgeben, ihre Mauern schleifen und mit ihrer ehemaligen Feindin ein Bündnis eingehen. Wird sie ohne Reich, ohne Flotte, ohne Befestigungen nur noch eine ruhmreiche Erinnerung sein? Nein, und das ist das wahre Wunder ihrer Geschichte. Athen wird überleben und nach einer Zeit der Unruhen und des Unglücks wieder aufblühen.

Unter ihren Bürgern rief die Niederlage gemischte Gefühle hervor. Die das Programm des Perikles unterstützt hatten, begannen, das Ausmaß des Desasters zu erkennen. Plötzlich standen sie ohne Rückhalt und ohne lukrative Beschäftigung da. Die überzeugtesten Verfechter der Demokratie verstanden endlich, daß sie die ersten Opfer ihres Zusammenbruchs sein würden. Andere wiederum freuten sich. Athen stand kurz vor dem Bürgerkrieg und es hätte große Klugheit erfordert, ihn zu verhindern.

Eine außerordentliche Versammlung wurde einberufen. Sie führte unter dem Damoklesschwert des spartanischen Feindes ihre Beratungen. Am Ende ihrer Weisheit angelangt, stimmte sie für die Ernennung eines dreißigköpfigen Exekutivkomitees, das bis zur Aufstellung einer neuen Verfassung die Macht in seinen Händen halten sollte. Die Oligarchie riß die Republik an sich.

Die Zeit der dreißig 'Tyrannen' war für Athen traurig. Man kann sich vorstellen, wie sie mit der Unterstützung von Sparta die Staatsgeschäfte nach ihrem eigenen Gutdünken führten. Die Demokraten wurden verfolgt und hinter Schloß und Riegel gebracht, Gesetze wurde abgeändert. Bürger, vor allem die Ausländer, wurden verfolgt, nur weil sie reich waren. In Athen herrschte ein Regime des Terrors. Aber sie gingen zu weit. Um ihnen zu entkommen, flohen viele Athener ins Ausland. Das Signal zum Aufstand gegen die Diktatur der Tyrannen kam dann auch von außen.

Theben war darüber aufgebracht, daß es nach der Schlacht von Aigospotamoi von Sparta nicht den ausgehandelten Teil der Beute erhalten hatte. Es nahm die Athener Flüchtlinge nur zu gern auf, so auch Thrasybulos, aus Stevra, der für seine demokratischen Überzeugungen mindestens ebenso bekannt war wie für sein militärisches Geschick. Er handelte flink und geschickt und versammelte einige entschlossene Männer um sich. Eine siebzig Mann starke Gruppe passierte die Grenze Attikas und nahm die kleine Festung von Phyle ein. Die Tyrannen versuchten vergeblich, sie wieder zu vertreiben. Phyle wurde Zentrum und Zuflucht der Verbannten. Einstweilen bereitete Thrasybulos einen neuen Sprung vor; eines Nachts ließ er sich im Norden von Munichia nieder. Die Tyrannen mußten erneut eine Niederlage hinnehmen, diese jedoch war entscheidend. Ihre Macht ging an ein Zehnerkomitee über. Aber nichts konnte Thrasybulos aufhalten, und statt mit ihm zu verhandeln, riefen die Zehn wieder die Spartaner zu Hilfe.

Am 2. September 403 versammelten sich die Menschen von Athen und Piräus vor dem Tempel der Athene und leisteten ihren Eid zu einem Text, den Thrasybulos ihnen vortrug. Nun mußte so rasch wie möglich die Einheit des Staates wiederhergestellt werden . . ."

Dieses Fresko, in dem Frankreich mit Athen gleichzusetzen ist, Hitlerdeutschland mit Sparta und England mit Theben, zeigt die kritische Stunde an, auf die Nostradamus seine ganze Aufmerksamkeit richtet, und zu der offensichtlich die Teilung der Welt in Ost und West angekündigt wird.

Die Jagd nach materiellen Reichtümern, ohne Besinnung auf geistige Werte, wird bald Krieg und Seuchen bringen, und als wäre es ein Ausbruch himmlischen Zornes, werden sich dazu astronomische Zeichen und Erdbeben gesellen.

In diese bevorstehende Zeit gehören: die Invasion Frankreichs über die Schweiz; die Zerstörung von Paris; die Flucht des Papstes; das Schisma, das aus seinem Fortgang und der Besetzung Italiens durch seine Feinde hervorgehen wird; das Auftauchen eines ungewöhnlichen Kometen in der Nähe des Polarsterns; die Entdeckung des Grabes des heiligen Petrus im Vatikan; die Ankunft des großen französischen Prinzen in Monaco, der Frankreich wieder zum Ruhm führen wird; die Revolution, die die britische Monarchie umstürzen wird; schließlich die Offenbarung des großen capetingischen Papstes, des wunderbaren Nachkommens von Ludwig XVII., den die siegreichen Franzosen in die Ewige Stadt einziehen lassen, wenn sie den großen Halbmond des arabischen Reiches verjagen.

Die Hauptstadt Frankreichs wird an den Zusammenfluß von Rhône und Durance verlegt, in die alte provenzalische Stadt, die die berühmten Andenken des Papstpalastes bewahrt hat (Avignon). Frankreich und Spanien, die beiden katholischen Nationen, gehen ein Bündnis ein, um ihre Banner gegen die neue Häresie "aus dem Brunnen des Abgrunds" zu vereinen. Sie wird von den orientalischen Mächten verbreitet: "Wenn man euch sagt, Christus ist hier, geht nicht hin". Ein großer, donnernder Feldzug führt quer durch das Mittelmeer von Westen nach Osten, in Richtung Schwarzes Meer, Türkei und zu den mohammedanischen Ländern. Es wird der letzte Kreuzzug sein, der mit der Unterwerfung des Islams endet. Konstantinopel wird eingenommen, und bald auch Jerusalem. Deshalb meint Nostradamus: "Vom Schloß der Päpste in Avignon wird der König des jüngeren Zweiges von Lothringen bis hin zum Persischen Golf regieren".

Auf die vielen Kriege folgt endlich eine Phase des Friedens und des Glaubens, die so sehnlich erwartete Zeit des geistigen und materiellen Glücks, der Versöhnung unter den Völkern, damit die Worte des Propheten Jesaja Wirklichkeit werden können:

> "Es wird zur letzten Zeit der Berg, der des Herrn Haus ist, fest stehen, höher als alle Berge und über alle Hügel erhaben, und alle Heiden werden herzulaufen (Jes., 2,2). . . . Da werden sie ihre Schwerter zu Pflugscharen und ihre Spieße zu Sicheln machen. Denn es wird kein Volk wider das andere das Schwert erheben, und sie werden hinfort nicht mehr lernen, Krieg zu führen (Jes., 2,4)."

Nach zweitausend Jahren des Exils erlangt das jüdische Volk im Land seiner Väter wieder die Unabhängigkeit. Das von den Propheten Hosea, Hezekiel und Jesaja vorausgesehene Ereignis eröffnet mit einem Schlag vor unseren Augen ein neues Kapitel der Heiligen Geschichte, das unsere Epoche der biblischen Zeit wieder näherbringt.

Doch der süße Friede ist leider nicht von Dauer, denn die Zeit schreitet mit großen Schritten fort in diesen Jahren, die wie Jahrhunderte wirken – so intensiv spielt sich das Leben ab. Das große russische Babylon, "das Weib bekleidet mit Purpur und Scharlach und überglänzt mit Gold und edlen Steinen", wie es der heilige Johannes beschreibt, unterliegt zwar kurz, macht jedoch bald neue Pläne der Weltherrschaft gegen die westliche Zivilisation. Es ist das "Tier mit sieben Köpfen und zehn Hörnern", das heißt mit sieben hierarchischen Anführern und zehn Nationen, wie es in der Apokalypse dargestellt ist. Seine Hauptstadt ist Konstantinopel, Stadt auf sieben Hügeln, genau wie Rom! Seine Stärke geht zurück auf das Land des sagenumwobenen Attila, in jene ferne Mongolei, die an die Töne von Gog und Magog erinnert.

Teuflischer Anführer ist der Antichrist. "Die Zahl seines Namens", sagt die Bibel, "wird 666 sein". Da die Bibel aus der griechischen Version der Siebzig übersetzt ist, muß man in den Zahlenbuchstaben jener Sprache nach der entsprechenden Zahl suchen. Es ist bekannt, daß die Zahlenbuchstaben des Namens Adam auf griechisch 444 ergeben, eine irdische Zahl im Zahlensymbolismus (Iesous 888). Die Isopsephie, die Wissenschaft der Zusammenhänge zwischen Buchstaben und Zahlen der antiken Alphabete, erbringt, daß 666 die Zahl des Kaisers oder Cäsars ist. Davon leitet sich Zar ab, und das führt uns wieder zum König des aquilonischen Reiches zurück. Auch der heilige Petrus und die ersten Christen wurden von Kaisern der Folter ausgeliefert, deren generischer Name Cäsar war.

So wird also wieder der ganze Orient gegen den Westen und seinen letzten römischen Papst ziehen. Seine unzähligen Luftstreitkräfte, die, wie Nostradamus sagt, "imstande sind, die Klarheit der Sonne zu verdunkeln", werden im Juli 1999 niedergehen – einen Monat vor der vollständigen Sonnenfinsternis, deren Schatten die ganze nördliche Hemisphäre bedecken wird. Doch schreckliche himmlische Zeichen begleiten den Eintritt der Welt in das Zeichen des Wassermanns. Ein Stern wird durch seine Anziehungskraft das Kräftegleichgewicht unseres Sonnensystems aus dem Lot bringen. Je näher er kommt, desto höher wird das Wasser der Weltmeere steigen, das seinem Einfluß unterliegt, und die Kontinente überfluten – zuerst die Küsten des Pazifiks, seine Wassermasse ist die größte. Und auch hier wird das Wort der Heiligen Schrift Wirklichkeit: "Die Menschen werden erschrecken vor dem Lärm des Meeres und der Fluten".

Der Mond wird sich verdunkeln und die Sonne sich blutig färben. Und dann fährt Nostradamus fort, werden die

Toten auferstehen und Gott wird richten die Lebenden und die Toten . . .

13. Der Tod Papst Pius XI.

V–92

Einer auf dem Stuhle siebzehn Jahre ist,
Fünfe ändern's in der kurzen Frist,
Werden einen sie dazu erwählen,
Dem es an der Römer Gunst wird fehlen.

Nach einem Papst, der sein Amt siebzehn Jahre bekleidet, werden fünf weitere Jahre viele Veränderungen bringen: Dann wird ein Papst gewählt werden, der nicht die Gunst der Römer hat.

Wie man weiß, wurde Pius XI. am 6. Februar 1922 zum Papst gewählt. Siebzehn volle Jahre würden Februar 1939 ergeben. Pius ist tatsächlich am 10. Februar dieses Jahres, nach siebzehn Jahren und drei Tagen Amtszeit, verstorben. Sein Nachfolger wurde Pius XII. (1939–1958).

14. Hitler und das Dritte Reich – Deutschland besetzt Frankreich

VI–84

Der in Sparta Claudius* nicht regieren
Kann, wird auf Verführung sich verstehen,
Lassen ihn mit längerem Netz umschnüren,
Der es auf den König abgesehen.

Der Herrscher, der in Sparta (in einem diktatorisch regierten Land, also die nationalsozialistische Diktatur) nicht in der (lässigen) Art eines Claudius regieren kann – wird es durch Verführung tun: er wird seine Netze weiter auswerfen – und sich gegen diese Art zu regieren richten.

* Claudius: Römischer Kaiser, der seine Nichte Agrippina heiratete. Sie übte einen starken Einfluß auf ihn aus und brachte ihn dazu, Nero, den sie von ihrem ersten Manne, Ænobarbus, hatte, zu adoptieren. Er war besonders schwach und fast debil.

III–76

Deutschland wird verschiedene Sekten gründen,
Die dem goldenen Heidentum sich nahen.
Das gefangene Herz, die kargen Renten
Maßen sich den wahren Zehnten an.

In Deutschland werden verschiedene Vereinigungen entstehen (Nazis, Stahlhelme usw.) – die an das Heidentum erinnern, – ohne aber in ihren Gefühlen frei zu sein oder sich zu bereichern; – ihre Anhänger werden schließlich die hohe Zeche bezahlen.

IV–80

Großer Graben am großen Strom landschmal,
Wird das Wasser in fünfzehn Teile geteilt,
Stadt genommen, Feuer, Blut, Kampf überall,
Alles gesperrt, gefangen im Schock.

Nahe dem großen Fluß (Rhein) wird ein großer Schützengraben in die Erde gebaut werden – in fünfzehn hydrographische Bereiche geteilt: – die eingenommene Stadt wird voll Feuer, Blut und Kampf sein, – und die meisten Franzosen werden vom Schock überwältigt sein.

Frankreich kann auch durch die berühmte Maginot-Linie die Einnahme von Paris nicht verhindern (14. Juni 1940).

III–53

Wird der Größere den Preis bekommen,
Ziehen von Nürnberg, Augsburg, Baselland
Über Agrippina – Frankfurt genommen –
Bis nach Gallien sie durch flämisch Land.

Wenn der größere der beiden Kriegsführer (Deutschland) den Preis (zu Beginn des Feldzuges) eingehoben haben wird, – werden die aus Nürnberg, Augsburg und Basel, also die Völker aus dem Süden Deutschlands, die es nicht weit nach Frankreich hatten, – nach der Rücknahme des Abkommens von Frankfurt – Flandern bis Frankreich durchqueren (1939).

Die Deutschen marschierten tatsächlich über Belgien ein. Das Abkommen von Frankfurt wurde 1919 annuliert.

VI–30

Während der Verräter heilig scheint,
Liefert er den Sitz in Feindes Hand,
In der Nacht, wo man sich sicher meint,
Rücken die von Lüttich gen Brabant.

Entgegen den Friedensbeteuerungen – wird das besetzte Land dem Feind ausgeliefert: –In der selben Nacht, da man sich noch sicher glaubte – rücken die, die schon Lüttich eingenommen haben, weiter bis Brabant.

I–34

Der Raubvogel wird an's Fenster fliegen
Den Franzosen bietet er den Strauß,
Ein bedenklich Zeichen wird drin liegen,
Doch die Schwächern deuten's günstig aus.

Während der deutsche Adler schon bis an die Fenster fliegt – versucht er erst, den Franzosen zu schmeicheln. – Viele werden darin ein schlechtes Vorzeichen erkennen, – aber die Schwächeren werden ihm folgen.

Wie im peloponnesischen Krieg, in dem General Thrasybulos (siehe Brief an Heinrich den Zweiten) vom Ausland aus seine Landsleute zur Fortsetzung des Kampfes aufgerufen hatte, wird Hitler den Franzosen schmeicheln und sie zur Mitarbeit zwingen. Die Résistance verweigert die Kollaboration.

IV-59

Zwei, die ein Glas Wasser konnte erhalten,
In der Fest' durch ihren Durst verbrannt,
Schloß durchfeilt, und ein tiefsinniger Alter
Monstra Nira in dem Genfer Land.

Zwei, die ihren Durst mit gleichartigen Doktrinen stillen, sind in einer Festung belagert, – die Macht (in Frankreich) ist nicht mehr vorhanden mit dem verträumten Alten – einer der beiden zeigt den Genfern die Spuren des Iran. (Nira: Anagramm von Iran: Iraner oder Arier: alle Völker, die Sanskrit, Persisch, Griechisch, Latein, Deutsch, Slawisch oder Keltisch sprechen.)

Hitler und Mussolini in der "Festung Europa" fordern die Allianz der drei großen Nationen heraus.

VII-34

Gallisch Volk in großem Jammer schier,
Leichter Sinn gilt für Vermessenheit,
Brot Salz, nicht Wein, Wasser Gift, nicht Bier,
Gefangenschaft, Frost, Hunger, Herzeleid.

Um das französische Volk wird es schlecht stehen, – sein leichter Sinn wird vermessen sein: – Es wird an allem fehlen, an Brot, Salz, Wein, Wasser, Medikamenten und Bier, – es wird in Gefangenschaft geraten und Opfer von Kälte und Hunger und großem Schmerz werden.

I-78

Greisem Fürst wird Dummheit Sohn erwecken,
Ausartend an Waffen und an Wissen,
Frankreichs Haupt ist seiner Schwester Schrecken,
Den Gendarmen das Feld verteilt, zerrissen.

Ein greiser Fürst wird gegen alle Vernunft handeln, – herunterkommen in Wissen und militärischer Vernunft – dieser Chef Frankreichs wird von seiner Schwester (die Résistance) gefürchtet, – er führt sein Land in die Teilung und überläßt es der Besetzung.

Der alte Marschall Pétain kann weder die Restriktionen noch die Besetzung verhindern. Die Kollaboration wird von der Résistance vertrieben.

IV-32

Fleisch statt Fisch, nach Ort und Zeit, dagegen
Ein gemeines Gesetz von anderem Plan,
Alter fest, geräumt dann aus dem Wege,
Den Pantacoina Philon setzt man hint' an.

Zu dieser Zeit, an diesem Ort wird man Fisch zu Fleisch erklären, – man wird gegen den üblichen Brauch handeln, – ein Alter wird seine Macht festhalten, bis er aus dem Weg (aus Frankreich und Frankreichs Regierung) geräumt ist, – der Kommunismus wird abgelehnt werden (1942). (Pantacoina Philon: “Zwischen Freunden ist alles gemeinsam”; franz. commun). Marschall Pétain wurde am 19. August 1944 von den Deutschen nach Sigmaringen mitgenommen.

IV-61

Seine Stelle dem Alten höhnend rauben,
Wird der Fremde der ihn verführt, die Hand
Gefressen seines Sohns vor seinen Augen,
Chartres Bruder, Orl verrät Rouen.

Der Alte wird ausgespielt und von seinem Platz verjagt, – vom Ausland, das ihn verführt, gegen die Interessen seines Landes zu wirken, – die Hand seines Sohnes (des Regimes, das er einsetzen wollte) wird vor seinen Augen verzehrt, – während seine (Waffen)-Brüder in Chartres, Orléans und Rouen sind, verrät er sie.

Am 19. August 1944 marschieren aus drei verschiedenen Richtungen die Alliierten nach Chartres, Orléans und Rouen ein.

VIII-65

Seine größte Hoffnung täuscht den Alten
Doch gelangt er auf des Reiches Thron,
Zwanzig Monde wird ein Thyrann er walten
Einem Schlimmern lassen dann die Kron’.

Den alten Marschall verläßt seine größte Hoffnung (die Freizone aufrechtzuerhalten), Hitler erreicht den Höhepunkt seiner Macht. Zwanzig Monate wird er absoluter Herrscher, Tyrann sein, um dann einem Schlimmeren (Stalin) Platz zu machen. Zwanzig Monate der Besetzung Frankreichs: vom 11. November 1942 bis Juli 1944.

VIII-81

Das neue Reich mit seinem Jammerstande
Umgewandelt wird vor Mitternacht
die Bewegung im Sizilischen Lande
stört die Eroberung, die er Philipp macht.

Das neue Reich steht bereits schlecht – sein Schicksal wird ihm von Mitternacht (Norden – Rußland) kommen – aber von Sizilien wird seine Macht über Philipp, der ihm Tribut zahlen muß, gestört. (Die Landung in Sizilien im September 1943 wird das Signal zum Untergang des 3. Reiches.)

IV-30

Mehr als elf Mal Luna Sol verschmähet
Alles steigt und sinket nach und nach,
Und so tief, daß Gold gering man nähet,
Hunger, Pest dann, Geheimnis an den Tag.

Mehr als elfmal wird die Republik (Luna) einen Thronanwärter (Sol) abweisen, – je mehr es sein werden, um so niedriger wird ihr Rang: – Man wird so tief sinken, daß man kein Gold mehr an die Kleider nähen kann (wie zuvor) – aber nach Hunger und Pest wird man den Grund dafür erkennen.

Die III. Republik wird 12 Präsidenten haben. Am Ende dieser Zeit wird die Geldentwertung furchtbare Ausmaße angenommen haben, aber das Volk wird die Gründe dafür erst später erkennen.

15. Der Dritte Weltkrieg und andere Katastrophen

Der Krieg von 1939 kündigt den großen und ersten weltweiten Konflikt zwischen dem Osten und dem Westen und die Revolutionen an, die er nach sich zieht "mit Feuer und Wasser im Jahre dreißig-neun". Trotz seiner materiellen Überlegenheit wird der Osten unterliegen. Hunger und bakteriologische Waffen kommen noch zu den anderen grausamen Vernichtungsmitteln hinzu.

II-46

Großer Lärm, worin wir uns bewegen,
Größerer folgt, die Welt erneuert sich:
Blut, Milch, Hunger, Schwert und Pest und Regen,
Feuer am Himmel, langer Funkenstrich.

Nach einer großen Revolution folgt eine noch größere, die die ganze Welt ergreift. Blut, Hunger, Krieg und Pest werden die Menschen ertragen müssen. Dann erscheint am Himmel ein großer Komet.

IX-55

Furchtbar rüstet Mars im Abendlande,
Das Jahr darauf die Pest mit grimmer Wut
Jung und Alt und Vieh befällt und Blut,
Feuer, Merkur, Mars, Jupiter im Frankenlande.

Ein furchtbarer Krieg wird im Abendland beginnen. Im Jahr darauf wird die Pest jung und alt und das Vieh befallen. Mord, Brandstiftung, Verleumdung und Krieg werden Frankreich beherrschen.

I-50

Gott auf welche Änderungen deuten
Haupt des Widers, Jupiter und Saturn!
Lang dann kehren seine bösen Zeiten,
Gallien und Italien, welcher Sturm!

Großer Gott, was für Umwälzungen kommen durch die Führer der Armeen, der Macht und der Epoche auf uns zu! Lange Zeit danach kehren die bösen Zeiten mit Fanatismus in Frankreich und Italien wieder.

VIII-59

Zweimal oben, zweimal wieder unten,
Das Morgenland schwächt – auch das Abendland;
Sein Gegner, nachdem sie oft sich stunden,
Wird zu Meer geschlagen und übermannt.

Zweimal Sieg, zweimal Niederlage: der Orient wird den Westen schwächen. Nach vielen Schlachten wird er seinen Gegner ins Meer treiben und schlagen.

X-58

Zu der Zeit, wo Selin Krieg der Starke*,
Mit dem jungen Armathion beginnt,
Gallien wankt, gefährdet ist die Barke
Plan auf Phokäer im Westen spinnt.

* Der Leopard des englischen Wappens.

Auch während der Krieg zwischen England und dem jungen Mazedonien (Armathion in Erinnerung an das mazedonische Reich Alexanders d. Großen, dessen Name Sinnbild für Eroberer wurde) tobt, wird Frankreich dem Untergang nahe sein. Sogar die Kirche wird wanken! Aber mit Marseille (von den Phokäern gegründet) wird der Westen widerstehen können.

16. Die französische Republik

Nach Nostradamus liegt die augenblickliche Schwäche Frankreichs an den unglücklichen innen- und außenpolitischen Umständen. Aber entgegen aller menschlichen Voraussicht wird Frankreich die Nation sein, die das Leben anderer Völker wieder ins Gleichgewicht bringt.

I-62

Wie Vieles wird die Wissenschaft genommen,
Vor Latonas Himmel ist vollkommen!
Feuer, Flut, mehr rohen Fürsten Macht,
Stürzt auf lange Zeiten sie in die Nacht.

Wieviel Schaden werden die ganzen Doktrinen angerichtet haben, bis die Zeit der Republik vorbei ist. Krieg und eine große Invasion gibt es durch die brutale Gewalt der Herrscher; es wird lange dauern, bis sich das Land wieder erholt hat. (Latona: der Mond, in der Astrologie Symbol des Volkes. In der Astronomie dauert ein Mondzyklus 19 Jahre.)

V-38

Der Monarch, der Große, der dem Toten
Folgt, schränkt durch nichts die Wollust ein,
Und am Ende, weil er nichts verboten,
Tritt das salische Gesetz noch ein.

Unter der großen Regierung, die dem Toten (Napoleon III.) folgt, wird es Unmoral und Chaos geben. Ihr Monarch wird nichts verbieten, so daß am Ende das Salische Gesetz in Kraft tritt. (Salisches Gesetz: Gesetz, das Frauen von der Thronfolge in Frankreich ausschloß und in Kraft trat, als die capetingische Hauptlinie ausstarb und die Valois auf den Thron kamen.)

VI-61

Der Geschichte Hauptteil wird verschweigen
Halb das große Gemälde, das man zeigt,
Aus dem Reich gejagt er so wild nackt zeigen,
Daß zum Krieg ihn alles glaubt geneigt.

Der wichtigere Teil des historischen Bildes wird verschwiegen werden: Wie kriegerisch die Regierung war, wird erst klar, wenn er vertrieben wurde.

V-72

Gift wird ein Edikt in Glauben säen,
Das den Schild dem Sinnentaumel hält,
Venus auf so reinen Wegen gehen,
Daß sie Sols Gesetz in Schatten stellt.

Ein Gesetz, das Freizeit und Vergnügungen regeln wird, ist trügerisch. Die Verleumder scheinen so aufrichtig zu sein, daß sogar die Wahrheit über den Ursprung des Königtums verlorengeht.

17. Revolution in Frankreich

S-36

Groß Geschrei durch Frankenland wird dröhnen,
Die unmächtigen nach der Macht sich sehnen,
Honig auf der Zunge Chamäleone
Von Zündstöcken und Laternenfegern,
Krähen und Elstern, Neuigkeitenträgern,
Deren Biß mahnt an Skorpione.

II-95

Öde wird es an volkreichen Orten,
Große Felderteilung weit und breit,
Reiche den unfähigen Klugen worden,
Dann die großen Brüder Tod und Streit.

X-16

Glück in Frankreichs Herrschaft, Glück im Leben,
Ohne Wissen Blut, Wut, Morden und Rauben,
Schmeichler ihm nicht lange Weile geben,
König entrückt, der Küche zu viel Glauben.

Glückliches Volk des französichen Königreichs! Glücklich mit einem Leben, – das weder Mord, noch Terror, noch Raub kennt. – Durch Schmeichler wirst du zum Haß gebracht. Die (verantwortliche) Regierung wird stürzen: Sie hat sich zu sehr auf ihre eigenen Rezepte verlassen.

VI-23

Der Regierungsgeist verschrien, man wiegelt
Völker gegen ihren König auf,
Neuer Scheinfrieden, Sitten nun gezügelt,
Rapis war noch nie so übel auf.

Der Herrschaftsgedanke wird neu aufflammen. Da werden sich die Völker gegen ihre Regierungen auflehnen. – Zum Frieden kommen die neuen Heiligen Gesetze hinzu, es gab nie zuvor eine härtere Gesetzgebung.

XII-56

König und König, Herzog und Prinz,
Haßentbrannt bekämpfen alle sich,
Wut- und racherfüllt die ganze Provinz,
Frankreich Krieg und Umschwung fürchterlich.

IV-21

Sehr schwer die Veränderung, die wichtige
Stadt und Land hat ihren Gewinn dabei,
Sinn hoch, Klugheit weg, verjagt das Tüchtige
Zu Meer und Land, das Volk seinen Stand macht neu.

Die Veränderung wird sehr tiefgreifend sein, aber Stadt und Land ziehen ihren Vorteil daraus. Großzügigkeit und Weisheit, die bis dahin nichts mehr galten, kehren zurück und verändern Meer, Land und Menschen.

IV-45

Wegen Kampfes König das Reich verläßt,
Der Hauptführer fällt zur Zeit der Rot,
Schwere Schlacht, fast alle trifft der Tod
Von den Andern, Einer ist Zeuge des.

Der Kampf wird die Regierung zum Rücktritt zwingen: der Regierungschef fällt. Nur wenige seiner Kampfgefährten überleben; der König wird Zeuge sein.

IV-14

Der Monarch auf einmal auf der Bahren,
Und den Thron besteigt ein Anderer,
Früh und spät und alt und jung an Jahren,
Fürchtet man ihn auch zu Land und Meer.

Der Tod des Regierungschefs führt zum Wechsel. Ein anderer ergreift die Macht, den jeder fürchten wird. Er kommt früh genug (um die Situation zu retten), aber doch spät (angesichts der kritische Lage), und er ist noch sehr jung (für diese Aufgabe).

I-56

Großen Wechsel früh und spät bereiten
Greueltaten, die die Rache spinnt:
Als ob Luna würde ihr Engel leiten,
Wird der Himmel anderwärts gesinnt.

Zwar früh genug, aber doch verspätet, wird ein großer Umbruch mit Greueltaten und Rache kommen. Denn wenn die Republik sich von ihren Geistern lenken läßt, ist die Hilfe des Himmels verloren.

VI-4

Keltischer Strom das Ufer wird verändern,
Nicht mehr halten Agrippinens Haupt;
Alles, nur nicht die Sprache sich verändern,
Saturn, Löwe, Mars und Krebs auf Raub.

Die Ufer der Seine werden ihr Aussehen verändern, die Hauptstadt der Republik (Paris) bleibt nicht stehen: alles, außer der alten Sprache, wird anders. Die (vergangene) Epoche, die Diktatur, der Krieg und das Elend werden mit Macht vertrieben.

II-6

Vor und in den Mauern von zwei Orten,
Wird man nie erhörte Plagen sehen,
Pest und Hunger wird die drinnen morden
Und das Schwert die draußen niedermähen.

An den Grenzen und in zwei Städten wird es so entsetzliche Plagen geben wie nie zuvor. Durch Pest, Hunger und durch Waffengewalt werden die Menschen vernichtet werden.

III-7

Flucht, des Himmels Feuer auf die Piken,
Kampf ist nah, es balgen sich die Raben;
Hilferuf, die Himmel Hilfe schicken,
Wenn die Kämpfer auf dem Festungsgraben.

Wenn die Menschen vor dem himmlischen Feuer fliehen, das über dem Kriegsschauplatz erscheint, wird es bald zum Kampf um die Beute kommen. Von der Erde ruft man den Himmel zur Hilfe, sie kommt in dem Moment, als sich die Feinde der Festung nähern.

18. Krieg und Elend auch in Spanien und Italien

II-57

Vor dem Kampfe stürzt die große Mauer,
Und der kaum geborene Große sinkt –
Früher, jäher Tod keine bittere Trauer!
Die Mehrzahl schwimmt, Blut Stromes Ufer trinkt.

Noch vor dem großen Kampf wird die Festung fallen. Der junge Herrscher wird zu plötzlich getötet, für Trauer ist keine Zeit. Die Kirche (in Rom) steht ohne Oberhaupt da und wird im Blut schwimmen, das die Ufer (des Tibers) rot färbt.

II-65

Großes Elend mit dem Gelde steht,
Spanien wird es und Insubra erreichen;
Feuer im Schiff, Gefangenschaft und Seuchen,
Hermes steht im Bogen, Saturnus sät.

Mit der schlechten Wirtschaftslage wird das Elend auch in Spanien und Italien (Insubren) herrschen. Die Kirchen stehen in Flammen, Seuchen und Sklaverei regieren, die Lüge wird ihre Pfeile schießen: diese Zeit wird keine Ernte einbringen können.

V-63

Klage ob ungebührlicher Verehrung,
Gallier irren im Latinerland,
Hunger, Frost und Nässe übt Verheerung,
Blut am Timber, Plagen allerhand.

Französische Flüchtlinge ziehen durch die lateinischen Länder. Hunger, Kälte und Nässe machen ihnen das Leben schwer. Im Land am Tiber herrscht der Terror, und die Menschen leiden an der Pest.

III-75

Pau, Verona, Saragossa ereilen,
Vincenz auch, das Schwert und weit und breit
Schwere Pest mit giftgeschwollenen Beulen,
Hilfe nah und Gegenmittel weit.

Wenn Pau, Verona, Vicenza und Saragossa vom Feind in Blut getränkt worden sind, wird die Pest alle befallen. Hilfe wird nah sein, die Gegenmittel aber kaum zu bekommen.

19. Frankreich kommunistisch

Nostradamus hält sich lange bei der Revolution auf, die die Republik und "ihr Kind" gleichzeitig mit der "orientalischen Barbarei" vernichten wird.

VIII-48

Aus der Herrschaft stürzen zwei Bastarde.
Sie ergreift der Neffe von Geblüt,
Wie ein Pfeil in seine Sänfte fliegt,
Senkt aus Furcht der Neffe die Standarte.

Nach dem Sturz von zwei heruntergekommenen Regimen – ergreift das "blutrünstige Kind" die Macht. Es wird hinterlistig angreifen, aber aus Furcht einen Rückzieher machen.

III-24

Viel Verwirrung in dem Unternehmen.
Volksverlust, der größte Schatz war Dein,
Doch mußt noch's Gelüste danach zähmen,
Denke, Frankreich, dieser Rede mein.

Das Chaos wird immer größer, viele Menschen sterben und große Werte werden zerstört. Doch, Frankreich, du darfst nicht zusammenbrechen, erinnere dich doch an deine Vergangenheit!

VIII-1b

Mehrere überrascht bei ihrem Angriff,
Den Bewohnern wird man nicht verzeihen,
Die beharren wollten auf dem Angriff,
Doch die Zeit wird ihnen man nicht leihen.

Viele werden in ihren Hoffnungen enttäuscht, es wird ihnen nicht verziehen. Jene, die glauben, noch Zeit gewinnen zu können, verkennen, daß sie keine mehr haben.

20. Verschwörung gegen die rote Regierung

IX-51

Sekten wider die Roten sich empören,
Wasser, Feuer, Schwert, Herz nach Frieden kreist,
Auf das Blutgerüst, die sich verschwören,
Außer einem, der die Welt zerreißt.

Die Ligen werden sich gegen die Roten verbünden; Überschwemmungen, Feuer und Revolution werden wüten. Die Herzen sehnen sich nach Frieden. Die Verschwörer werden sterben. Nur einer bleibt am Leben, und der wird die ganze Welt zerstören.

IV-38

Dux, König, Königin drängt, in Banden
Byzantiner Haupt in Samothraken,
Vor dem Sturm der Eine frißt den Andern,
Folgt der Blutspur Keule schwer beschlagen.

Während der Diktator (Dux) und König die Stelle der Republik (Königin) einnimmt, wird der orientalische Herrscher in Samothrake gefangen genommen. – Noch bevor sie angegriffen werden, reiben sich seine Anhänger gegenseitig auf. Das Schwert richtet sich jetzt gegen die, die selbst raubten und mordeten.

IX-53

Junger Nero Edelknaben lebend
Wirft in drei Kaminen in das Feuer,
Glücklich, der da fern vom Ungeheuer,
Drei von seinem Blut den Tod ihm geben.

Die junge rote Regierung wird ihre eigenen Anhänger durch drei Dinge vernichten – glücklich, wer dieser Verfolgung entgeht. – Aber drei Personen vom selben Blute warten darauf, sie zu stürzen.

IX-17

Dritter Erster, schlimmer noch als Nero,
Flieht den Tapfern, der nur Blut vergießt,
Wieder aufbauen läßt er Forneron
Goldene Zeit mit ihm verflossen ist.

Der erste der drei wird noch grausamer als Nero sein. Er hat Freude daran, die Menschen zu vertreiben und Blut zu vergießen: Er wird den Brand (das Regime) weiter ausbreiten. Das goldene Zeitalter ist vorüber.

IX-76

Mit dem schwarzen Rapax Wüterich
Aus dem blutigen Nero Raub entsprossen,
Kriegsmannschaft von zweien Strömen umflossen,
Durch einen kahlen Mönch bei Todeslicht.

Mit dem raffgierigen und blutrünstigen Diktator, der nach dem unmenschlichen Sohn der Republik kommt, wird der Flügel der Armee, die zwischen zwei Flüssen liegt, von einem jungen Mann geschlagen.

IV-31

Vollmond Nachts auf Berges hohem Stuhle,
Mit dem bloßen Hirn neue Sophie sieht,
Gern unsterblich möchte ihn seine Schule,
Augen am Mittag, Feuer an jedem Glied.

Inzwischen wird die Republik durch einen außergewöhnlichen Politiker gerichtet, der seine Weisheit aus den Lehren der griechischen Antike schöpfen wird.

Die Republik wird von dem neuen griechischen Weisen durch einen einzigen Gedanken gerichtet. Seine Jünger nennen ihn den Unsterblichen. Die Augen nach Süden (Mittag) gerichtet, wird er alle seine Taten durch seine Sinne bewirken.

V-31

In dem Attischen Land der Weisheit Haupt,
Welches jetzt die Rose ist der Welt,

Seemacht weg, der Herrlichkeit beraubt,
Unterjocht, das Schiff im Meer zerschellt.

Durch seine attische Kultur wird er das Oberhaupt der Weisheit – die schönsten Blume der Erde. Auch wenn die Menschen glauben, daß seine Herrschaft gebrochen sei und die Revolutionäre ihn verachten und vernichten wollen.

Die Republik wird durch eine Verschwörung gestürzt werden, wie es schon im Brief an Heinrich den Zweiten, angekündigt wird.

IX-77

Das Reich genommen, den König lädt die Gattin
Zu sich ein, ergriffen und angeklagt,
Das Leben wird und dem Sohn versagt,
Und die Ruine teilt das Los der Gattin.

Das unterdrückte Land will wieder einen König haben. Die Verschwörer vernichten die Republik. Auch ihr Kind und die kommunistische Macht werden abgestreift.

VIII-73

Großen König Barbar Soldat wird schlagen,
Ungerecht ihn führen an Grabes Rand,
Reine Habsucht wird den Frevel wagen,
Den Verschwörer schmerzt es und das Land.

Ein barbarischer Soldat wird die Regierung ausgerechnet in dem Moment angreifen, in dem sie ohnehin durch ihre Exzesse zum Untergang verurteilt ist. Die Habsucht (wegen der Steuern) wird der Grund für die Verschwörung sein. Aber das Land wird es bereuen.

V-33

Aufruhr durch die Großen in der Stadt,
Denen ihre Freiheit gar am Herzen,
Unglückseliger Kampf, Schwert frißt sich satt,
Jammer in Nantes, o Anblick voll der Schmerzen.

Die Oberhäupter von Paris werden sich auflehnen, um wieder um die Freiheit zu kämpfen. Aber der Aufstand endet blutig. Armes Nantes, dort wird es entsetzlich sein.

VIII-87

Die Verschworenen den Mord vollenden,
Auf die Todesreise einen senden,
Der Erwählte empfangen von Seinen erschlagen,
Schuldlos Blut vor dem Glauben am Herzen nagen.

Die Verschwörung gelingt, die Regierung wird gestürzt. Gerade die, welche die Regierung an die Macht gebracht hatten, vernichten sie jetzt, weil das vergossene Blut der Gläubigen ihr Gewissen nicht zur Ruhe kommen läßt.

III-51

Große Mordtat wird Paris beschließen,
Blois sie stell'n in voller Wahrheit an,
Haupt von Orléans zurückgewiesen,
Angers, Troyes, Langres ihm bösen Plan.

In Paris wird ein großer Mord beschlossen. Der König von Blois (Orléans) wird daraus Gewinn ziehen. Die Königstreuen wollen ihn wieder an die Macht bringen, aber Angers, Troyes und Langres weisen ihn ab.

VI-13

Nah ein Zweifelhafter kommt dem Throne,
Von der Mehrzahl ist er unterstützt;
Ein Kapitel ist gegen seine Krone,
Nicht behaupten kann er seinen Sitz.

Ein zwielichtiger Politiker wird fast die Macht ergreifen, er hat die Mehrheit hinter sich. Aber der Rat wird sich dagegen aussprechen.

VI-74

Die Vertriebene wird wiederkehren,
Ihre Feinde erfinden als Verschwörer,
Triumphieren mehr als je, enthaupten
Dreiundsiebzig, die sich sicher glaubten.

Die Linksgerichteten werden doch wieder herrschen. Ihre Feinde werden zu Verschwörern abgestempelt: sie sind mächtiger als je zuvor bis dreiundsiebzig (hier gibt es drei

Theorien: 73 Tage, 73 Wochen = 1 Jahr, 5 Monate, 1 Woche, oder 73 Monate = 6 Jahre, 1 Monat) werden sie sicher sein, töten zu können.

21. Frankreich kehrt zur Monarchie zurück

VI-25

Mars wird wieder zur Monarchie beugen
Des gewaltigen Fischers trübes Ziehen,
Junger Schwarzrot wird Thron besteigen,
Die Verräter unterm Nebel fliehen.

Als Folge des Krieges kommt es doch wieder zur Monarchie. Gegen den Willen der Personen, die an der Revolution verdienen wollten. Ein junger, schwarz-roter Mann wird den Thron besteigen, die Verräter müssen fliehen.

IX-57

Rex statt Drux wird er in Ruh sich geben,
Nach dem Widerruf des Fluches streben;
Donner rollt mit fürchterlichen Schlägen,
Neuer Schlag, König an sein Kind Hand legen.

Aus Dreux (dort steht die Kapelle der Orléans) wird man einen neuen König küren und versuchen, den Fluch (die Trennung von Staat und Kirche) zu beseitigen. Aber der Krieg tobt so fürchterlich, daß die Regierung selbst ihr neues Kind töten wird.

I-86

Sieht die große Königin sich erliegen,
Zeiget mehr als Männermut das Weib,
Nackt wird sie zu Pferd den Strom durchfliegen,
Dann das Schwert sich bohren in den Leib.

Wenn die große Republik erkennen wird, daß sie verloren ist, wird sie sich besonders stark zeigen. In Paris wird sie ihre Position ganz klar darlegen und den Glauben verfolgen.

VII-83

Heißer Wind, Beratung, Tränen, Kleinmut,
Des Nachts im Bett ermordet ohne Waffen,
Bedränget werden sie mit großer Wut,
Epithalame wird viele Tränen schaffen.

Sorgen, Ängste, Tränen und Beratungen folgen. Man wird grausam in der Nacht ermordet, ohne Möglichkeit der Gegenwehr, und aus dem Liebesgesang (Epithalame = Brautgesang) werden Klagen und Tränen.

VI-8

Das Wissen wird man in dem Reich entwerten,
Die es besaßen, beim Thronwechsel arm,
Stütz- und geldlos flüchtig die Gelehrten,
Der Gelehrsamkeit sich Gott erbarm!

Die Wissenschaft gilt in dem Land nichts mehr. Die Regierung verfolgt die Wissenschaftler. Viele werden ohne Hilfe und ohne Geld des Landes verwiesen, ihre Theorien sind auf der ganzen Erde nichts mehr wert.

VI-72

Toll vom Wahne zu zeigen göttlich' Regung,
Schwer verletzt das Große Weib das Volk,
Richten wollen, verdammen die Bewegung,
Und ein Opfer fällt dem blinden Volk.

Die Republik (das große Weib) täuscht eine religiöse Regung vor und schadet den Menschen. Richter werden ihre Doktrin verurteilen und sie dem ahnungslosen Volk zum Opfer bringen.

VI-71

Wenn man fast den großen König begraben,
Noch bevor er die Seele hauchet aus,
Wird er schmücken sich mit fremden Farben,
Adler, Löwen, Kreuz, die Krone rauf.

Das Begräbnis der Regierung (der Republik) wird zu früh gefeiert. Sie scheint plötzlich Reiche, Diktaturen und Religion anzunehmen. Die Krone wird dabei nur an Wert gewinnen.

IV-16

Freistadt, statt der Freiheit untertänig,
Narren und Träumern ein Zufluchthaus,
Nicht so abhold ihnen der neue König,
Hundert werden mehr als tausend draus.

Die freie Stadt wird für ihre zu große Freiheit versklavt werden. Sie wird Zufluchtstätte der Träumer und der Verrückten sein. Die neue Regierung wird es tolerieren, denn aus hundert Anhängern können tausend werden.

IV-56

Nach dem Sieg der wuterfüllten Sprache,
Rührig schafft in dumpfer Ruh der Geist,
Eine Rede hält des Siegers Rache,
Die samt den Knochen brät das Fleisch.

Der Sieger, der eine racherfüllte Rede gehalten hatte, – wird mit Fleisch und Knochen gebraten werden (mit seinem ganzen Anhang vernichtet).

V-65

Plötzlich überfallen, großer Schrecken,
Die Urheber hüllen sich in Nacht,
Dame in Rot ist nicht mehr zu entdecken,
Mehr und mehr die Großen aufgebracht.

Plötzlich erscheint der König wieder auf der politischen Szene. Er stellt die Hauptverantwortlichen, die sich versteckt gehalten hatten. Die rote Republik wird entmachtet, die Spitzen der Politik beseitigt.

V-80

Ogmion wird groß Byzanz sich nahen,
Und gesprengt wird die Barbarenlig'
Einem von zwei Gesetzen wird Heid entsagen
Frankisch und barbarisch stets im Krieg.

Die Republik (Ogmion) wird dem großen Byzanz zwar ähnlich werden, – doch die barbarische Sekte wird vertrieben. – Von den zwei Gesetzen (dem wahren und dem falschen) wird das eine, das Machtgesetz der Heiden, wirkungslos. – Das Gesetz der Barbaren wird stets eifersüchtig auf die Freiheit Frankreichs sein. (Barbarensekte: Siehe Brief an Heinrich)

X-28

Zweiter und Dritter, die die Prime singen*,
Stehen bei dem König hoch in Ehren,
Fett, dann mager, Venus halber zehrend
Wird der Ethik er ein Opfer bringen.

Die zweite und dritte Partei, die hauptsächlich an der Erpressung mitwirkten, werden von der Regierung selbst zu höchsten Ehren befördert werden. – Doch statt dadurch an Einfluß zu gewinnen, werden ihre Lügen sie schwächen.

V-24

Unter Venus Reich und Recht gehoben,
Jupiter beugt sich unter den Saturn,
Recht und Reich wenn Sonnenball gehoben,
Schlimmer wird ertragen den Saturn.

Reich und Recht, die unter dem Zeichen der Lüge gewachsen sind, werden Herren der Epoche und der Macht.

Bis die Monarchie wieder an die Macht kommt, werden dasselbe Gesetz und dasselbe Reich durch ihre Zeitgenossen noch Schlimmeres ertragen müssen.

I-45

Sectensectner, der Arglist wehe,
Bestie trifft Anordnung, im Schauspielhaus,
Der Inik Erfinder in der Höhe,
Sekten machen alles wirr und kraus.

* Im Französischen: Chanter = singen, chantage = Erpressung

Der Richter der Parteien wird große Schwierigkeiten haben, die Arglist zu besiegen. Denn die werden Komödie spielen und die Parade theatralisch aufziehen. Der Urheber der Ungerechtigkeit (Inik) wird in den Himmel gehoben. Die Parteien verwirren und spalten die ganze Welt.

III-36

Lebend ein Starrsüchtiger begraben
Wird gefunden mit zerfressener Hand;
Der Häretker, der verändert haben
Ihr Gesetz soll, von der Stadt verdammt.

Der rote Herrscher wird zwar noch am Leben, aber nicht mehr handlungsfähig sein. Er wird gefunden, vollkommen machtlos. Der Vatikan wird den Häretiker verdammen, denn er hatte versprochen, die Gesetze zu ändern.

I-96

Der die Tempel, Sekten soll zerstören
Die man wechselt, je nach Zeit und Ort,
Läßt vor Felsen mehr als Menschen hören,
Ohren in Macht von schön gedrechselt Wort.

Der Politiker, der die Kirchen und Sekten zerstören sollte, wird mehr den Bauwerken als den Menschen schaden – sie hören schönen Reden zu.

XII-71

Ström dem Übel werden zu Obstakeln,
Während noch die alte Zornesflamme leckt,
Dies in Franken in Umlauf gleich Oraklen,
Schloß, Palast, wie Haus, geschorne Sekt'.

Die Flüsse und Ströme werden Hindernisse für das Böse werden. Aber eines ist gewiß: die Zornesflamme wird weiterhin durch Frankreich züngeln: In jedem Schloß, Palast oder Haus wird die verantwortliche Partei zerstört werden.

22. Inflation und Wirtschaftsnot

Die schlechte Finanzverwaltung wird Frankreich in eine höchst kritische Wirtschafts- und Finanzlage bringen.

III-26

Statue werden Könige nun setzen,
Hohle Auguren und Haruspizes,
Goldenes Füllhorn Opfer, Himmel entsetzen,
Nun versteht die Extispizen.

Die Könige und Regierungen werden Chimären zeigen, leere Versprechungen machen und Hellseher (Haruspizen) spielen. Zuerst vergeht der Wohlstand, nun wird man diese Orakel (Extispizen) begreifen.

VIII-14

Viel Credit und Gold und Geld in Fülle,
Macht die Ehre durch die Wollust blind;
Und der Ehrbruch läßt sich nicht verhüllen,
Große Schande ihm die Sünde bringt.

Der große Kredit, das viele Geld und Gold: die Korruption verdrängt die Rechtschaffenheit: – Man wird den schändlichen Betrug erkennen.

VII-28

Bildnisse, die Gold und Silber decken,
Nach Gutens Plünderung ins Furienfeur gelegt,
Bei der Entdeckung erschöpft und All in Schrecken,
Marmorschrift abgeschrieben und ausgelegt.

Die Inflation des wahren Wertes von Gold und Silber durch Papiergeld wird unglaublich sein. Die Aufdeckung der Schulden wird Schrecken verbreiten: es gibt keine Reserven mehr, Papiere und alle Werte sind vernichtet.

IV-22

Das nun fortgejagte große Vermögen
Im Augenblick, setzt den König nun in Nöten,

Die von fern versprochene Treu ist erlogen,
Sieht er sich von Angst und Not umzogen.

Die Verschleuderung des großen Reichtums, der in kürzester Zeit verpraßt wurde, bringt die Regierung in arge Bedrängnis. Man wird von Not und Angst umgeben sein.

VII-35

Jede große Tasche wird nun weinen,
Nach der Wahl: nicht zur Zeit betrogen,
Niemand will sich mehr mit ihnen einen,
Wird durch die von seiner Sprach betrogen.

Die Wohlhabenden werden die Wahl beklagen. Die, die betrogen haben, werden nicht mehr in diese Zeit gehören. Sie werden gemieden und von ihren Landsleuten bitter enttäuscht werden.

VII-19

Nicht bekämpft wird Nicenes Stärke werden,
Ihn besiegt das rötliche Metall,
Lang wird seine Tat besprochen werden,
Für die Bürger ein seltner Schreckensfall.

Die siegreiche (Nicene: Anagramm von Niceen: siegreich) Macht wird nicht bekämpft werden. – Sie wird durch die finanzielle Lage (durch das Gold) besiegt werden. Ihr Fall wird lange Zeit besprochen werden, und für das Bürgertum ein besonders schreckliches Beispiel bleiben.

23. Sonnen- und Mondfinsternis signalisieren Katastrophen

III-34

Wird sich dann die Sonn mit Nacht umkleiden,
Wird man am Mittag das Monstrum sehn,
In ganz anderem Sinne wird mans deuten,
Und auf Teurung keiner sich verstehn.

Wenn die Sonnenfinsternis eintritt, wird die schreckliche Sache in vollem Licht erscheinen; aber man wird die Gründe nicht begreifen, keiner wird auf die Teuerung geachtet haben und niemand wird sie bekämpft haben (Monstrum = monere: warnen).

III-5

Nah Finsternis, fern zwei große Leuchten,
Was hereinbricht zwischen April und März:
Welche Teurung! doch Erd' und Meeres Feuchten
Erretten zwei Mildtätge allerwärts.

Wenn Sonne und Mond sich verbergen, wird man sehen, was sich zwischen April und März ereignet. Die Teuerung ist groß! Doch zwei Mildtätige werden auf Land und Wasser alle erretten.

VII-33

Das Reich durch Trug erlangt, von Truppen plündern,
Flott' blockiert, Passage für den Spion,
Zwei heilge Freunde werden sich verbünden
Haß erwacht, der lang geschlafen schon.

Wenn das Land durch Betrug seine Truppen verloren hat, seine Flotte angegriffen und blockiert wird und die Grenzen ausspioniert werden, dann verbünden sich zwei heilige Freunde wieder. Es ist ein Augenblick, in dem ein alter Haß, der lange Zeit begraben war, erneut ausbricht.

II-89

Eines Tages die beiden Meister sehen
Sich entsetzt, vermehrt wird ihre Macht,
Neuland wird im Höhepunkte stehen,
Die Blutdürstgen werden hingebracht.

Die erneuerte Erde wird an ihrem Höhepunkt stehen, und die Kriegerischen sind zu einer verschwindenden Minderheit zusammengeschrumpft.

24. Der "große Monarch"

Der "große französische Monarch" wird zwei Verbündete haben.

I-99

Großmonarch wird die Verbindung schließen
Mit zwei Königen, die im Bunde stehn;
Welch Erleichterung der großen Patrie fließen,
Kinder rings um Narbon, welches Weh!

Der große Monarch wird sich mit zwei Regierungen verbünden, die miteinander befreundet sind. Das Vaterland ist darüber sehr erleichtert – nur die Anhänger Narbonnes lehnen diese Entwicklung ab.

III-92

Nah die Welt der letzten Periode,
Spät noch kehrt Saturn zurück ins Haus;
Man besiegt das Reich im Volk von Brodes
Narbon hackt das Aug Umgebung aus.

Wenn die Welt in ihren letzten Zyklus eintreten wird, kehrt eine späte Epoche noch einmal zurück. Das Reich wird in Savoyen geschlagen werden, die Befehlsführung (Auge) wird Narbonne entrissen. (Brodes: "Die Allobrogen, welche von den Provenzalen fälschlich Brodes genannt wurden, wurden von Fabius Maximus an der Isère besiegt." Cäsar Nostradamus.)

VIII-82

Roter, lang und trocken spielt den Diener gut,
Bleibt am Ende ihm der Abschied nur,
Dolch und Gift und Briefe im Gewahr,
Wird ergriffen, als entsprungen der Gefahr.

Der lange, trockene Rote spielt den treuen Diener. Doch zum Schluß bleibt ihm nur der Abschied. Seine eigene Hinterlist bringt ihn zu Fall. Auf Befehl wird er in dem Moment verhaftet, in dem er sich schon gerettet sah.

VIII-96

Synagog, die keine Frucht will bringen,
Unter den Ungläubigen einer Stadt,
Von Babels Folge Tochter matt,
Schneidet Jammer und Elend ihr die Schwingen.

Die fruchtlose jüdische Doktrin, die zu keinem Ergebnis führt, wird von den Ungläubigen aufgenommen. Die Republik des Mannes, der nach dem Marxismus kommt, wird durch Elend und Trauer gehemmt.

VI-18

Von Physiken König aufgegeben,
Und Ebräer stirbt hat nicht die Kunst;
Er und sein Geschlecht sich hoch erhoben,
Die den Christ verfolgen groß in Gunst.

Die große Regierung muß aufgeben (physis: durch Naturgesetze). Der Jude wird getötet, weil er die Kunst des Regierens nicht beherrschte. Er und seine Rasse, die so hoch an die Macht gelangt waren, werden den Verfolgern Christi großen Dank schulden.

S-6

Der Verrat, auf welchen Robin denkt
Welcher Edle und großen Ersten kränkt,
Durch das Ende entdeckt raubt ihm den Kopf;
Banner im Wind und Spanien befreundet,
Post erwischt, wie er im Feld erscheint,
Schreiber ins Wasser stürzt, der dumme Tropf.

Wenn der schlechte Anwalt (Robin: der Mann mit der Robe) durch Verrat die Mächtigen und einen großen Prinzen bedrängt, wird er doch am Ende durchschaut und geköpft werden. Er wird mit der spanischen Republik verbündet sein. – Er wird an seinem Posten im Laufe seines Feldzugs ergriffen, und der Schriftsteller wird sich in die Revolution stürzen (Schreiber siehe: Der Chef und Gouverneur wird . . . untergehen . . . über die Verschwörung mit dem zweiten Thrasybulos nicht unterrichtet).

III-85

Wegen Betrug und List die Stadt genommen,
Mittels eines schönen Jungen genommen,
Nach dem Sturm, Raubine nah am Aude,
Er und alle für Verrat den Tod.

Die Stadt wird wegen ihrer Betrügereien von einem schönen jungen Mann eingenommen. Nach dem Sturm wird der von der Robine nahe der Aude mit allen seinen Anhängern wegen seines ungeheuerlichen Betruges getötet. (Raubine: Robine oder Roubine: "Verbindungskanal von einem Salzteich zum Meer. Vor den Kanalisierungsarbeiten am Lez wurde der Tauschhandel zwischen Montpellier und den Häfen von Aigues–Mortes und Cette und den übrigen schiffbaren Teichen entlang der Küste über eine alte Robine abgewickelt.")

25. Spanisch-Französischer Krieg

IV-94

Ein großes Brüderpaar vertrieben aus Spanien,
Älterer besiegt bei den Pyrenäen,
Rhôn, Meer, Leman rot von Almannien,
Getränkt von Narbon, Blyterre und Ath.

Wenn zwei große Brüder aus Spanien vertrieben werden, und der ältere bei den Pyrenäen geschlagen wird, färben sich das Meer, die Rhône und der Genfer See (Leman) vom Blut der Deutschen rot, das Land wird von Ath bis Narbonne und Béziers (Blyterre) getränkt sein.

IX-64

Mit Armathion über die Pyrenäen,
In Mars, Narbon nicht leistet Widerstand,
Alles übersät zu Meer und Land,
Cap in keinem Land sich sicher sehen,

Mit Hilfe des Mazedoniers werden im Krieg die Pyrenäen überquert, wird Narbonne keinen Widerstand leisten können. Zu Wasser und zu Land wird das Chaos so groß sein, daß der Capetinger nirgends sicher sein kann.

VI-56

Feind erschreckt mit seinen furchtbaren Schwärmen
Narbon, die hesperschen Völker sehr,
Parpignan geleert durch blinden Arbon
Da zieht Barcelon in Krieg zu Meer.

Die Waffen des Feindes Narbonne werden die Spanier furchtbar erschrecken. Perpignan wird aus Furcht vor dem Blinden aus Narbonne verlassen sein. Da wird Barcelona auf See in den Krieg eintreten.

II-59

Gallische Flotte auf Neptunus' Wogen,
Schwimmt von seiner Dreizackmacht beschirmt,
Provence durch eine Kriegsheer' ausgesogen,
Nimmer Mars mit Speer und Pfeil aus Narbo stürmt.

Die französische Flotte wird mit Unterstützung der britischen Flotte kämpfen. Die Provence wird arm durch die Unterstützung der großen Truppe, und Narbonne wird den Krieg nicht weiter mit Speeren und vergifteten Pfeilen schüren.

26. Krieg in Europa, der vom Mittleren Osten augeht

Der Zeitraum zwischen den beiden Kriegen wird nicht sehr lang sein. Er wird von Friedenserklärungen begleitet, die allerdings durch die Ereignisse sehr fragwürdig erscheinen.

II-40

Bald darauf wird sich ein Lärm erheben,
Ein gewaltiger zu Meer und Land,
Namentlich wirds einen Seekampf geben,
Tiere mehr verheeren noch und Brand.

Schon nach kurzer Zeit wird auf den Meeren und auf der Erde ein großer Tumult ausbrechen. Der Seekrieg wird entsetzlich sein, Feuer und Bestialität werden ungeheuere Ausmaße annehmen. (Siehe Brief an Heinrich den Zweiten, in dem immer wieder darauf hingewiesen wird, daß sich das Meer rot färbt.)

VII-2 b

Mehrere werden kommen, vom Frieden zu sprechen,
Unter mächtigen Königen und Herren;
Doch so leicht wirds nicht abgehen,
Ein wenig mehr Gehorsam ist vonnöten.

VIII-3 b

Weh welch Zorn! Weh welch Mitleid,
Wird es geben bei sehr vielen!
Selten sah man solche Freundschaft,
Wölfe werden sehr schnell laufen müssen.

VIII-4 b

Viele werden diskutieren wollen
Mit den Herren, die sie bekriegen,
Doch auf sie will keiner hören,
Gott, so schick doch Fried auf die Erden!

IX-52

Friede naht von einer Seite und Krieg,
Nie war die Verfolgung noch so heftig,
Mann und Frau erwürgt ohne Unterschied,
Und ganz Frankreich ist dabei geschäftig.

I-91

Götter werden zu den Menschen steigen
Und herbeiführn einen großen Streit,
Vor am heitren Himmel Schwert und Speer sich zeigen
Links ist noch unheilvollere Zeit.

Die Menschen werden durch Mythen getäuscht, diese werden die Ursache für einen großen Konflikt sein. Die Waffen werden aus heiterem Himmel kommen und die Linke am härtesten treffen.

Die Zwietracht im Mittleren Osten wird der Anlaß der Konflikte sein. Das Feuer des Krieges wird sich in Windeseile ausbreiten:

II-34

An der Tafel zücken wilder Weise,
Brüder ihre Schwerter auf der Stell,
Tot, verwundet im Begriff der Reise:
Ein für Frankreich trauriges Duell.

Der Wahnsinn dieses grauenvollen Kampfes führt soweit, daß selbst Brüder, die am selben Tisch sitzen, ihre Schwerter ziehen, sie können erst getrennt werden, wenn einer von ihnen stirbt: dieses Duell bringt Frankreich nichts Gutes.

I-9

Aus dem Osten kommt die pun'sche Rotte,
Adria gilts und Romuls Erben schwer,
Ist begleitet von der libschen Flotte,
Zittert. Malt und Nachbarinseln leer!

Die perfide Aktion richtet sich gegen Italien (und die Erben Roms). Sie kommt mit der Hilfe Libyens aus dem Osten. Besonders den Einwohnern von Malta und den Nachbarinseln geht es sehr schlecht.

II-60

Pun'sche Treu gebrochen im Morgenland,
Gang, Ind und Rosn, Loir und Tag schwillt,
Anders, wenn des Maultiers Hunger gestillt,
Flotte versenkt, nur Leichen und Blut am Strande.

Der punische Glaube im Orient wird gebrochen. Dadurch ändern sich die Verhältnisse am Ganges, am Indus und an der Rhône, an der Loire und am Tajo. Wenn der Sture seinen Hunger gestillt hat, wird seine Flotte versenkt sein und das Blut seiner Matrosen wird das Meer und den Strand tränken. (Die Perfidie der Karthager war sprichwörtlich: Punisch Wort war gleichbedeutend mit Lügners Wort.)

I-70

Regen, Hunger, Krieg in Persien ohne Ende,
Zu großer Glaube verrät Monarch.
Gallien begonnen mit dem Ende,
Eine Vorbedeutung stumm und karg.

Bis Persien reichen die Fluten, die Hungersnot, der Krieg. Den Monarchen verrät sein zu großes Vertrauen, so wird der in Frankreich begonnene Krieg ein Ende finden.

VII-16

Tiefer Eingang von der Königin gegraben,
Der die Stelle unzugänglich macht,
Der drei Löwen Heer aufs Haupt geschlagen,
Schreckensfall die Bürger in Angst gebracht.

Die große Invasion, die die große Republik ermöglicht hat, wird zur Blockade Frankreichs führen. Die Armee der drei Löwen wird geschlagen, im Lande entsteht eine unerträgliche Lage.

I-90

Bordeaux, Poitiers ziehen bis nach Langon,
Nach der Glocke Klang mit großer Macht,
Gegen Gallien führt sie ihr Zug; bei Orgon
Häßlich Ungeheur zur Welt gebracht.

Über Bordeaux und Poitiers zieht die große Armee bis nach Langon. Sie wird Frankreich vor sich hertreiben wie der Nordwind, als ein schreckliches Unglück bei Orgon geschieht. (Orig. tramontane, im Süden übliche Bezeichnung für den Nordwind.)

IV-19

Rouän, d'Insubre wird belagert werden
Und die Wege gesperrt zu Meer und Land;
Von Haynaut, Flandern, Gent und Lüttich werden
Eingenommen Meer und Strand.

Rouen, dann Italien werden belagert, alle Verkehrswege gesperrt. Der Feind, der über Hainaut, Flandern, Gent und Lüttich einmarschiert, wird bald die gesamte Küste einnehmen.

III-9

Bordeaux, Rouän, La Rochelle reichen
Im Besitz des Meeres sich die Hand,

Angeln, Fläminger, Bretonen scheuchen
Bis Rouäne zurück sie in das Land.

Bordeaux, Rouen und La Rochelle halten gemeinsam die Atlantikküste. Die Armeen Englands, der Bretagne und Flanderns werden bis in die Nähe von Roanne vorstoßen.

II-19

Andre setzen an der nackten Feste,
Die für jetzt noch unbewohnt, sich fest:
Nehmen Wiesen, Felder, Häuser, Städte,
Lange ohne Feldbau nach Hunger, Krieg und Pest.

Die neuen Machthaber, die durch offene Städte kommen, werden das unbewohnbare Land besetzen, nehmen Felder, Häuser und Städte. Viele weite Felder werden nach der Hungersnot, den Kriegen und den Seuchen nicht bestellt werden.

V-96

Vor dem Volk das Blut der Rose wird
Um der neuen Taten willen vergossen,
Für die Wahrheit bleibt der Mund verschlossen;
Zu spät der Ersehnte kommen wird.

Neue, unerwartete Umstände werden dazu führen, daß England (Rose: Symbol der Geschlechter von York und Lancaster) zusehen muß, wie das Blut seines Volkes vergossen wird, es wird stillhalten müssen. Der Erlöser wird spät aber doch noch kommen.

VIII-85

Zwischen Bayonne und Saint-Jean-de-Luz
Wird der blutge Mars seine Spitze betten:
Aquilons Geiern wird Nanat raubens Licht,
Dann erwürgt im Bette ohne Retten.

In der Nähe von Bayonne und Saint-Jean-de-Luz wird der vorgeschobenste Kriegsschauplatz liegen. Ein Mann von hoher Geburt wird Rußland (Aquilon) vollkommen hilflos machen.

27. Invasion Österreichs und Deutschlands

V-94

Entzogen groß Germanien Brabant und Flandern,
Brügge, Gent, Bononja;
Die Pause gemacht, der Herzog von Armenien,
Überfalln Vienne und Colonia.

Belgien und Boulogne wird erobert. Nach dem Waffenstillstand greift Kleinasiens großer Diktator Österreich (Wien) und Deutschland (Köln) an und stößt bis zum Rhein vor. (Das antike Armenien erstreckte sich südlich des Kaukasus.)

V-4

Bullenbeißer aus der Stadt verjagt,
Ihn verdrießt das neue Bündnis sehr,
Wenn der Hirsch in das Feld gejagt,
Tritt das Mißtrauen zwischen Wolf und Bär.

Der große Hund wird aus der Stadt verjagt, aber er wird sehr verdrossen sein. Deutschland und Rußland werden sich nach ihrer Treibjagd nicht mehr verstehen.

28. Der Papst muß fliehen – Ein neuer "König" bringt Frieden

X-3

Nach fünfen läßt er keine Truppe draußen,
Ein Flüchtiger für Penelon läßt fallen,
Falsches Murren, Hülfe kommt von außen,
Stuhles Herr wird seine Stelle verlassen.

Nach fünf werden keine Truppen mehr flüchten können. Ein Flüchtling wird wegen Polen (Penelon) seine Aufgabe nicht erfüllen, es wird viel unnötig gemurrt. Die Hilfe kommt in dem Augenblick, in dem der Papst Rom verlassen wird.

X-1

Feind, dem Glauben gelobt, wird sich nicht halten,
Die Gefangenen zurückgehalten,
Vom Tod bedrängt, der Rest ihr Hemd
Noch gäben für die Rettung.

Der Feind, der dem Glauben verschworen ist, wird sich nicht halten können. – Die Gefangenen werden eingeschlossen und mit dem Tod bedroht. Die ihm entgehen, würden ihr letztes Hemd dafür hergeben, gerettet zu werden.

I-30

Stürme das wunderbare Schiff verschlagen
Fern an einen unbekannten Ort:
Was auch Palmenzweige immer sagen,
Nach Tod und Raub, zu spät das Warnungswort.

Das königliche Schiff aus dem Ausland wird durch die Wirren des Seekrieges zu einem unbekannten Hafen verschlagen. – Nach Tod und Plünderungen, kommt der Frieden, spät – aber er kommt.

II-14

Tours, Gien wahrt Augen, die nicht schlafen,
Die Serene* sehen sie von weit.
Sie und ihr Gefolg erscheint im Hafen,
Kampf und Sieg und Herrlichkeit.

X-11

Durch Juncars** gefährliche Passage
Läßt Posthumius rücken seine Bande,
Über d'Pyrenäen sein Bagage,
Herzog eilt von Perpignan nach Tende.***

Der Nachfolger schickt seine Truppen über den gefährlichen Paß Le Perthus. Sein Material wird die Pyrenäen überqueren. Der General legt den Weg von Perpignan nach Tende sehr rasch zurück.

* Serene, die große Glückselige: die Monarchie

** Orig. Jonchère, die Junquera, Paß in den Pyrenäen auf dem Weg von Perpignan nach Barcelona. Weg der alten römischen Kaiserstraße

*** Tende: Paß in den Alpes-Maritimes (Südostfrankreich)

II-66

Vom Gefangenen, große Gefahren entkommen,
Große bald ein anderes Schicksal hat,
Im Palast das Volk wird festgenommen,
Zu guter Stunde belagert auch die Stadt.

Ein Gefangener muß durch große Gefahren gehen, durch ihn wird das große Land (Frankreich) nach kurzer Zeit einen Schicksalswandel erleben. Das Volk, das die Regierung an sich gerissen hatte, wird gefangengenommen, die Stadt angegriffen werden.

IV-46

Vor dem, was man "Tat" nennt, mußt dich hüten,
Tours, dein Untergang ist nicht mehr weit,
London sie und Nantes durch Reims verbieten,
Geh nicht weiter in der Nebelzeit.

Schreitet nicht fort zur Zeit der Niederlage!

VI-1

Rings der Pyrenäen viel Colonnen
Fremden Volks stehn dem neuen König bei;
Tempel Mas* bei der Garonnen,
Römer hat im Wasser vor ihm Scheu.

29. Ein Luftkrieg beginnt im Westen – Von Ägypten geht ein neuer Krieg aus

S-27

Himmlisch Feuer zieht vom Niedergang
Sich den Mittag nach dem Osten entlang,
Das Gewürm statt Wurzeln findet den Tod,
Drittes Zeitalter sieht Ares stürmen
Und Karfunkeln Feuersäulen türmen,
Erst Karfunkelzeit, zuletzt Hungersnot.

* Le Temple: Ortschaft nahe des Mas-d'Agenais

Der Luftkrieg, der im Westen beginnt, wird sich über den Süden nach Osten ausdehnen . . . Es kommt das Zeitalter der Farbe Rot, und am Ende die Hungersnot.

S-35

Dam ob Tod vor Gram sich kaum zu fassen,
Mutter am Blut, von welchem sie verlassen,
Dam und Herrn zu Waisenkindern worden,
Von den Nattern und den Krokodilen
Festen, Burgen, Schlösser und Städt sich füllen
Schütze Gott sie vor den wilden Horden.

S-45

Ob dem Schwertstoß staunet alle Welt,
Welchen wundersam vom Krokodil erhält
Ein ganz Großer, dem Egel verwandt,
Bald darauf geht mit einem andern Stoß
Auf den Wolf ein Meuchelmörder los,
Solcher Taten Frucht wird bald erkannt.

Die ganze Welt wird über den Angriff Ägyptens (Krokodil) gegen ein großes Land (Frankreich), das die Revolution hervorgebracht hat, erstaunt sein.

S-31

Er, der die Gefahren überwunden,
Der nie Furcht vor Schwert, Feuer, Wasser empfunden,
Nah aus dem Basaclischen Gebiet
Schwertstoß zum Erstaunen aller Welt
Wundersam vom Krokodil erhält,
Außer sich das Volk, das solches sieht.

Er, der weder Krieg, Feuer, noch die Revolution gefürchtet hatte . . . (Basacle: Mühle in Toulouse).

C-30

Bald wird der Arzt der Krankheit Schand,
Und der Blutegel, ihm an Rang und Stand
Ungleich, Feuer an den Ölzweig legen;
Von Schwertstoß alle hin und wieder eilen,
Und ihr Reich durchwandern Feuersäulen,
Neu entbrannt, Franks Speichelreich gestorben.

Der Retter wird den Zweig des Friedens verbrennen. Der Feind wird vor dem neu entflammten Krieg gegen sein Reich in alle Richtungen flüchten. In Frankreich wird das Reich des Speichels untergehen.

30. Bürgerkrieg in Spanien

VI-19

Dame wird verzehren die wahre Flamme,
Weil Unschuldge sie verbrennen will,
Bei dem Sturm die Truppen sich entflammen,
Ein monströser Ochse in Sevill.

Wenn sie die Gläubigen verfolgen will, wird die Flamme der Wahrheit die Republik in Asche legen. Die Armee wird sich entflammen. In Sevilla feiert man Orgien.

IV-2

Frankreich macht zum Tod sich auf den Weg,
Flott zu Meer, und über die Pyrenäen,
Spanien in Bewegung, Kriegsvolk rege,
Von den Frauen viel nach Frankreich gehen.

Frankreich wird eine tödliche Reise antreten; die Flotte läuft aus und die Armee die Pyrenäen überquert. – In Spanien ist Revolution. Die Militärjunta stößt vor; viele Frauen werden nach Frankreich gebracht.

III-62

Nah am Dur, das Meer bei Cir noch offen,
Bald hat er die Pyrenäen durchbrochen.
Verkürzt die Hand und Zunge verdrossen,
Führt nach Carcassone sein Heer.

Die in der Nähe des Duero sein werden, in der Provinz Burgos werden die Pyrenäen überschreiten. Das Meer am Kap Cires ist nicht abgeriegelt. Die Hand zur Faust geballt und wütende Worte ausstoßend, wird er in der Aude (Pyrenäen) Unruhe stiften. (Die Hand zur Faust geballt, deshalb kürzer.)

IV-70

An den großen Pyrenängebirgen,
Stürzt ein großes Heer er auf den Aar,
Gräßlich Blutbad, entdeckt die Lügen,
Bis nach Pau hinab verfolgt die Schar.

In der Nähe der Pyrenäen wird er ein großes Heer gegen den kaiserlichen Adler schicken. Aber seine Lügen werden erst aufgedeckt und sein Heer wird erst vernichtet, wenn er bis Pau zurückgeschlagen wird.

VI-64

Kein Vertrag gehalten, den sie schließen,
Alle gehen mit Betrug sie um.
Land und Meer wollen Fried und Ruhe sehn,
Als Barcelonas Flotte zu Taten gehn.

Kein Friedensvertrag wird eingehalten; – alle Beteiligten handeln unaufrichtig und falsch. – Alle wünschen den Frieden, aber die Flotte in Barcelona rüstet zum Auslaufen.

IV-71

Hingericht die Töchter statt der Gattin,
Mord die schwere Schuld nicht überlebt:
Drin die wenig angezogenen untergehn,
Gattin löscht ihren Durst mit Aconit.

Nicht die Ehefrauen, sondern die Töchter werden durch einen Fehler getötet. In ihren Verstecken werden sie – wenig bekleidet – von der Revolution überrascht. Die Gattin wird ihren Durst mit einem Schluck Gift (Aconit: giftige Pflanze) löschen.

VI-10

Kurze Zeit die Tempel in den Farben
Weiß und schwarz gemischt:
Rot und gelb erscheinen ihnen die ihren,
Blut, Pest, Hunger, Feuer, Wasser allerwärts.

Kurze Zeit wird die Geistlichkeit der Farbe der Flaggen folgen (weiß und anarchistisch). Die Roten und die Gelben werden ihr Vertrauen gewinnen, und wieder wird die Erde von Blut, Pest, Huger, Feuer und Revolution heimgesucht.

X-14

Urnel, Vancile, ohne Rat von selbst,
Ängstlich uns aus Furcht besiegt, gefangen;
Von verruflich blassem Dirnenvolk umfangen,
Von Barcelonas Chartren überzeugt zuletzt.

Die Republik (Urnel) Valencia (Vancile: Anagramm zu Valenci) von Natur aus nicht besonders klug, ist ängstlich und wird deshalb besiegt. Sie wird von den leichtlebigen, blassen (bleich wie der Tod) Damen unterstützt. Die Verhaftungen (Chartre: Keller) in Barcelona werden sie überzeugen.

X-48

Wenn die Flagge von Spaniens tiefsten Gefühlen,
Aus dem hintersten Europa hervortreten wird,
Unruhen über Brücke von Laigne,
Geschlagen von einer Bande mit großer Schar.

Die revolutionären Kräfte, die über das Galienische Meer gekommen sind, werden von einer großen Expedition geschlagen.
(Laigne: Anagramm von GALIEN. Das heutige Ägäische Meer hieß damals Galienisches Meer.)

31. Sturz der spanischen Diktatur – Von Spanien geht ein neuer Frieden aus

Ebenso scharf wie die Republik verurteilt Nostradamus die Diktatur, die die Massen verführt. Von Italien wird sie auf Spanien übergreifen, doch auch sie wird eingekreist werden und elend untergehen:

IX-78

Griechsche Dame, leid und schön,
Durch Fortschritt zu ungeheuren Schätzen,
In das Reich Hispaniens übersetzen,
Gefangen und elend dann zu Grunde gehn.

Die reiche Diktatur (das spartanische Regime) wird zwar in das Königreich Spanien kommen, aber dort untergehen. Die griechische Dame! . . . "Candide" schreibt am 30. September 1937: "Die Demokratien werfen den autoritären Regimes die Gewohnheit einer unmenschlichen Sprache vor. Das unermüdliche Feiern des Kults des nationalen Ruhms, des kollektiven Prestiges, der Rassenmerkmale, der Religion und der körperlichen Ertüchtigung, die Mißachtung von Leiden und Tod werden sie unweigerlich zum Krieg treiben, der Erfüllung der spartanischen Tugenden."

I-73

Frankreich angefallen von fünf Seiten,
Perser wiegeln Tunis, Algier auf,
Leon, Sevill, Barcelona leiden,
Und Venedigs Flotte bleibet aus.

Frankreich wird zu arglos sein. Es wird von fünf Seiten gleichzeitig angegriffen. Die Perser treiben Tunis und Algier zum Aufstand. – Barcelona wird von Leon (Burgos) und Sevilla geschlagen. – Auch auf dem Seeweg kann es nicht mehr gerettet werden, die Herren von Venedig werden es verhindern.

III-86

Ein ausonscher Fürst nach Spanien gehen
Wird zu Meer und halten in Marseille an,
Wunder wird nach seinem Tod geschehen,
Dem ein langes Siechtum ging voran.

Ein italienischer (Ausonia) Feldherr wird auf dem Seeweg nach Spanien kommen, in Marseille unterbricht er seine Reise und wird sehr lange dahinsiechen; doch nach seinem Tode werden große Dinge geschehen.

III-54

Ein Gewaltger wird nach Spanien fliehen,
Sein Land lange Wunde brennt;
Sengend wird er über die Berge ziehen,
Führen dann ein friedlich Regiment.

Einer der größten Feldherren wird in Spanien Zuflucht finden. Streitkräfte werden die Berge überqueren und alles auf ihrem Weg zerstören. Dann wird er in Frieden regieren.

S-41

Schiff mit ihrer Flagge und Galeeren
Sich bekämpfen in Gibraltars Meeren,
Schweres dann geschieht in Pampelon,
Tausend Übel hat es zu ertragen,
Wiederholte Stürme abzuschlagen,
Endlich wirds vereinigt mit der Kron.

Dann wird sich in Pamplona eine neue Macht einrichten.

32. Zentren des Krieges: Italien, Donau und Rhein

Durch seine Lage am Mittelmeer gerät Italien ins Zentrum der Schlacht. Es wird ein furchtbares Desaster erleben:

III-37

Vor dem Angriff das Gebet gesprochen,
Aar Milan durch Hinterlist gewinnt:
Durchs Geschütz die alte Mauer durchbrochen,
Schwert und Feuer, wenig Volk entrinnt.

Vor dem Angriff wird noch eine Rede gehalten werden, die die Italiener täuscht. Die alte Mauer der Zivilisation (Rom) wird von Kanonen durchbrochen, und nur wenige Menschen werden dem Gemetzel entgehen.

III-52

Regen haben lang der Campagne Hügel,
Und die Pouille große Trockenheit,
Hahn sieht Adler, schlecht bestellt der Flügel,
Durch den Leu dem Untergang geweiht.

In Campanien wird ein langer Krieg wüten und in Pullien herrscht große Not. Der Prinz des Hauses Orléans muß zusehen, wie das Reich sich verzweifelt wehrt (machtlos mit den Flügeln schlägt). Die Diktatur will es vernichten.

VIII-72

In Perusias Feld o ungeheuer
Niederlage, Kampf bei Ravenna ist,
Die Heiligen prüft, zur Festes Feier,
Siegers Pferd des Besiegten Hafer frißt.

Bei Perugia wird eine ungeheure Niederlage stattfinden, – und bei Ravenna wütet der Krieg. Die schwere Prüfung der Gläubigen wird während eines Festes beginnen, wenn das Pferd des Siegers den Hafer des Pferdes des Besiegten fressen wird.

II-24

Hunger wird das Wild durch Ströme jagen,
Heere stehn bei Ister in dem Land,
In den Eisenturm der Groß getragen,
Wenn Brudersohn den Rhein bewacht.

Hungrige Tiere werden die Flüsse durchschwimmen. Der größte Teil der Streitkräfte wird sich an der Donau (Hister) konzentrieren. Wenn der Vetter den Rhein überwachen wird, wird der große Mann eingesperrt.

IV-68

Im Jahre nah der Venus Untergang,
Beide Großen Afrikas und Asiens; vom Rhein,
Ister angekommen, wie sie melden,
Malt, Ligurisch Küste jammern, schrein.

In dem Jahr, in dem man den Betrug beinahe überwunden hat, wird man sehen, was die Russen und Araber tun werden. Rhein und Donau werden beschuldigt, Schuld an dem Elend und Unglück Maltas und Liguriens zu sein.

V-29

Hin bleibt Freiheit, alles bald zu Sklaven
Gemacht der große, schwarze, böse hat:
Wenn gebaut wieder für den Hafen,
Ister nimmt Venedigs Republik, die Stadt.

Ein stolzer, böser Diktator wird kommen. Wenn die Ausrüstung für eine Flotte fertig ist, wird die Republik Venedig von der Donau her erobert.

VIII-70

Schamlos wird betreten der Infame
Ein Tyrann Mesopotamien,
Freunde all der ehbrechrischen Dame,
Schwarz das Land, entsetzlich anzusehen.

Er wird schamlos und infam einbrechen, und Kleinasien (Tal des Tigris und des Euphrat: Irak) tyrannisieren. Er wird alle Freunde der fremden Macht in sein Lager ziehen, und die Erde mit Feuer überziehen.

IV-90

Mauern brechen zwischen beiden Heeren,
Mailand und Tessin erzittern sehr:
Hunger, Durst und Schrecken sie verzehren,
Nicht ein einzig Bröcklein gibt es mehr.

Beide Armeen werden die Grenzen nicht mehr halten können. In diesem Augenblick wird die Erde in Mailand und im Tessin erbeben: Hunger, Durst und Hoffnungslosigkeit werden ihren Einwohnern nichts mehr zum Leben lassen.

V-43

Der Gesalbten Sturz wird nahe sein,
Provence, Napel, Sicil, Seez und Ponz,
In Germanien, in Cöln, am Rhein,
Tod gemartert alle von Magonz.

Die Verfolgung der Gläubigen wird nicht mehr verhindert werden können. In der Provence und in ganz Italien, von Seez bis Sizilien, sogar auf den Inseln von Ponza, in Deutschland, am Rhein und in Köln, werden sie von jenen aus Sachsen zu Tode gemartert werden.

VI-33

Vorm blutdürstgen Alus kann zu Meer,
Seine letzte Mannschaft nicht gedeihen;
Zwischen zwei Flüssen schreckt ihn das Heer,
Schwarz läßt der Zornige bereuen.

Vom blutrünstigen Saul (Alus = Anagramm) wird die letzte Armee am Meer in die Enge getrieben. Italien muß zwei Heere über sich ergehen lassen, aber der Diktator wird büßen müssen.

VIII-13

Kreuzbruder, Ehrgeiz in dem Sinne,
Läßt Bellerophon durch Proetus sterben.
Frau hat tausendjährig Trank
genommen, worauf beide sterben.

Der Bruder am Kreuz schickt, vom Ehrgeiz getrieben, seinen Genossen, um seinen Gastgeber umzubringen. – Nachdem die Republik den tödlichen Trank des tausendjährigen capetingischen Geschlechts getrunken hat, werden beide sterben. (Bellerophon: Griechischer Held, der, nachdem er seinen Bruder versehentlich bei der Jagd umgebracht hatte, zu Proetus' Schwiegervater Iobates flüchtete.)

VIII-47

Trasimen wird von Verschwornen zeugen,
Welche in Perus besiegt liegen.
Ein Tyrann wird den Weisen spielen,
Tedesk er tötet, sein Stern sich beugen.

Am Trasymenischen See werden Spuren von den Verschwörer zeugen, die bei Perugia besiegt werden. Ein Tyrann gibt sich den Anschein als sei er weise, und tötet den Deutschen.

II-16

Napel, Palerm, Sicil, Syracusa
Neu Tyrannen, Himmelsfeur und Blitz:
London schlachtet Brüssel, Gent und Susa,
Hekatomben, des Triumphes Sitz.

Ganz Süditalien wird von neuen Tyrannen beherrscht werden. Blitz und Feuer werden am Himmel erscheinen: die englischen Streitkräfte in Belgien und Norditalien werden in einem Massengrab enden. Die Sieger feiern ihren Sieg.

33. Niederlage der Engländer – Auffindung des Grabes des Hl. Petrus – Die Rolle Deutschlands und Ungarns

VI-99

Den gelehrten Feind Verwirrung schlägt,
Hauptmacht krank, durch Kriegslist übermannt,
Pyrenän ihm, Poenus widerlegt,
Alte Ding entdeckt an Flusses Rand.

Der Feind wird verwirrt, weil er im besiegten Italien die Pest gesät hat. Spanier und Araber werden sich gegen ihn wenden, wenn man in der Nähe des Tibers das Grab des hl. Petrus entdecken wird. (Poenus: Karthager.)

VI-77

Trügerisch ist des Betrognen Sieg,
Zwei Partein, Rückkehr der Germanen,
Führer und Sohn erwürgt im Zelte liegt,
In Romanien Flor Imol besiegt.

Der Feind wird sich durch die Entwicklung betrogen fühlen. Zwei Armeen werden gegeneinander kämpfen, dann kehren die Deutschen zurück. Der Führer Italiens wird gemeinsam mit seinem Sohn im Palast getötet. Die aus Florenz und Imola werden in die Provinz von Rom verjagt werden.

IX-90

Ein Feldhauptmann von Großgermanien,
Aus Sicherheitsgründen sich begeben,
Zum Köng der Könige, Hülf von Pannonien,
Sein Kommen wird groß Blutbad geben.

Mit der Hilfe Ungarns wird ein hoher Militär aus Großdeutschland sich unter dem Vorwand der Sicherheit zum

Sitz der Regierung der Regierungen begeben. Seine Rückkehr ruft ein großes Blutbad hervor.

VI-16

Was geraubt wird von dem jungen Milven,
Von Normann von France und Picardie,
Die Geschwärzten aus des Schwarzwalds Gauen,
Herberg, Feuer in der Lombardie.

Das Land wird von dem jungen Ehrgeizigen geraubt (von der französischen Linie der Normandie und Picardie). Die Schwarzen aus dem Schwarzwald werden in der Lombardei ein Feuer entzünden.

34. Genf als internationaler Tagungsort – Die Friedenstaube

Genf und die Ufer des Genfer Sees werden weiterhin im Mittelpunkt der internationalen Konferenzen stehen. Sie werden von den Folgen des Konfliktes nicht völlig verschont bleiben, aber Nostradamus stigmatisiert die Intrigen, die hier in Gang gesetzt werden:

I-47

Lemans predigt Ärgernis der Welt,
Von den Tagen auf Wochen reduziert,
Monde, Jahre, ganz dann eingestellt,
Rat ihr hohles Gesetz dann annulliert.

Die Vorhaltungen von den Ufern des Genfer Sees werden in der ganzen Welt Ärgernis hervorrufen. Monate und Jahre hindurch werden die Tage besprochen, dann wird alles zusammenbrechen. Die Räte werden die überflüssigen Gesetze abschaffen.

VII-14

Falsch wird verlegen Topographie,
Aus der Erde gräbt er alte Krüge,
Viele Sect, schafft Heilgenphilosophie,
Stürzen weiße, Schwarze und Antiken.

Man wird zu Unrecht die natürlichen Grenzen vernachlässigen, und den heiligen Charakter der Dinge entweihen. Es wird vor Parteien wimmeln und eine Philosophie, die die der Könige, Diktatoren und Alten stürzt, wird entstehen.

I-100

In Toskana wird man einen grauen
Vogel und in Dole lange Zeit
Mit dem grünen Zweig im Schnabel schauen;
Groß ist, stirbt bald, aus ist's mit dem Streit.

Am Himmel zwischen Dôle und der Toskana wird lange ein grauer Vogel zu sehen sein, der den Olivenzweig des Friedens im Schnabel trägt. Aber kaum ist er groß, wird er sterben und der Krieg wird zu Ende sein.

V-85

Schwaben und die Nachbarländer werden
Um Gewölkes willen leiden Pein,
Land und Meer voll Schnacken und Heupferden,
Lemans Fehler abgefressen sein.

Die Süddeutschen und ihre Nachbarn werden streiten, Helikopter (Schnacken) und Flugzeuge (Heuschrecken) suchen Land und Meer heim. Jetzt treten die Fehler Genfs offen zutage.

III-12

Eb, Po schwellen, Tajo, Timbr und Rome,
Der Lemanner, Aretiner* See,
Und die beiden Hauptstädte der Garonne
Haft, Tod, Ersoffen mehr als je.

Der Zorn wird an den Ufern des Ebron und des Po, des Tajo, des Tibers und in Rom regieren. Der Genfer See und jemand, der ruchlos wie Aretino sein wird, sind Schuld daran, daß in Toulouse und Bordeaux Gefangene, Tote und Ertrunkene sein werden.

* Pietro Aretino: 1492 in Arezzo geboren, kritischer Dichter

VI-81

Tränen, Klaggeschrei, Geheul, Entsetzen,
Herz unmenschlich, König grausam erstarrt,
Leman, d'Inseln, Genua ganz offenbar,
Blut des Hungers, keinem wird erspart.

Es wird Tränen, Klagegeschrei, Entsetzen und Geheul geben, – doch die Regierung wird hartherzig und grausam sein – vor allem in Genf, England und Genua. Durch die Hungersnöte wird viel Blut fließen, keiner bleibt davon verschont.

VIII-6

Helle sieht man in Lyon vom Blitz,
Schnell den Brand gelöscht, wenn Malt genommen,
Sardon wandelt trügerisch zum Moritz
Genf und London an Hahn Verrat gesponnen.

Nach der Eroberung von Malta wird die Diktatur plötzlich ersticken. Der Zynismus wird seine Enttäuschung bis zu den Mauren tragen, Genf und London verraten den Prinzen von Orléans. (Sardon: ein sardinisches Kraut, von dem es hieß, es führe zu konvulsiven Lachkrämpfen. Moritz: im Original Mauris, dat. plur. von Maurus = Maure.)

35. Sieben Herrscher aus dem Osten kämpfen gegen Europa und werden vernichtet

Im selben Augenblick, in dem sie glauben werden, sie könnten den Frieden diktieren, werden die sieben östlichen Herrscher erkennen, daß ihr Sieg zusammenbricht:

III-3

Mars, Merkus und Silber stehn im Bunde,
Gegen Mittag alles Erdreich dürr,
Erdbeben in Asiens Hintergrunde,
Ephesus, Corinth bestürzt und wirr.

IV-50

Libra wird Hesperien herrschen sehen,
Vom Himmel und von Erden Monarchie,
Asiens Macht wird nimmer untergehen,
Halten sieben nicht die Hierarchie.

Die Gerechtigkeit wird den Westen (Hesperiden = Abendland) regieren lassen, und die Monarchie wird wieder ihre Macht erhalten. Aber die Kräfte Asiens werden nicht besiegt, bevor nicht sieben Herrscher hierarchisch gemeinsam regieren. (Siehe Apok. “Das Tier mit den sieben Köpfen und zehn Hörnern”. Erst sieben Herrscher, dann sieben Herrscher und zehn Staaten.)

IX-86

Von dem Flecken Lareine gerade nach Chartres
Ziehn sie, haltend bei der Antonienbrücken,
Sieben für den Frieden schlau wie Marder
Ins verschlossene Paris sie rücken.

IV-66

Unterer Maske sieben geschorenen Köpfen,
Spähen wilde Buben hieh und da,
Gift ist aus den Brunnen nun zu schöpfen,
Menschenfresser in Genua.

Unter der Maske der sieben Despoten werden Abenteurer Platz finden und ihre Propaganda verbreiten. Die natürlichen Quellen der Wahrheit werden vergiftet, und an den Schaltstellen der Macht werden in Genua grausame Bestien sitzen. (Anthony: kleine Ortschaft an der Bièvre).

VI-82

In der offenen, wilden Öde irrt
Papstes Neffe, mit der schweren Keulen,
Dort von sieben erschlagen wird,
Die nach ihrer Tat zum Cyphe eilen.

Durch die Wüste wird der falsche Nachfolger des Papstes irren. Er stand mit den sieben im Bund (Kyphos: Arche, Kirche). Die capetingische Keule wird ihn erschlagen und die Arche besetzen.

V-67

Fürst Perusias Tunica nur wagen
Ohne im Dunkeln nackt zu zagen,
Aristokratisch werden sieben nun gefangen,
Sohn und Vater hinterrücks erschlagen.

Wenn der Papst (der Perusische Herrscher) außer seinem Gewand nichts Gutes mehr besitzen wird, werden die sieben durch den capetingischen Papst eingenommen.

III-39

Sieben gegen drei sich nun verbinden,
Nach den Apenninen steht ihr Hang,
Durch Ligurias Feigheit aber finden
Und durch Sturm sie schnell den Untergang.

Die sieben werden sich gegen drei verbünden, um Italien einzunehmen. Doch der Sturm und ihre dumme Gier (Liguria) werden ihren Untergang besiegeln.

VII-18

Frieden die Belagerten erbettelt,
Sieben Tage drauf Ausfall, zrückgetrieben,
Feuer, Blutbad, an das Beil mit sieben,
Dam gefangen, die es angezettelt.

Die Angegriffenen werden sich bemühen, den Frieden zu retten. Aber sieben Tage später wird ihr Ausfallsversuch blutig zurückgeschlagen, die sieben werden dafür hingerichtet werden. – Die Republik, die die Fahne des Friedens gehißt hatte, wird gefangen.

IV-81

Schleunigst baut aus Booten man die Brücken,
Blésique großer Fürst die Truppen führt,
Durch die tiefe Schlucht unweit Brüssel,
Hinüberrücken, sieben abgeschnitten, umschnürt.

Für die Armee des großen Prinzen von Blois (Blésique) wird aus Booten eine Brücke geschlagen werden, um sie zu überführen. Die Feinde werden unweit von Brüssel geschlagen. – Die Armee wird ihren Marsch fortsetzen und die sieben im Kampf aufreiben.

X-44

Wider die Seinen ist zur Zeit ein König
Aus Bloye unterjocht, Ligurien
Memmel, Cordua, Dalmatien,
Der sieben Schatten beugt sich nun dem König.

Wenn ein Gouvernement gegen die eigenen Interessen handelt, wird es von dem König unterjocht werden. Die Norditaliener werden mit Memmel, Cordoba und den Dalmatern kämpfen. Und die von den sieben noch übriggeblieben sind, werden nun den König hofieren. (Bloye: Königl. Schloß des Grafen von Chartres, später – ab 1931 – des Herzogs von Orléans.)

VII-26

Sieben Fahrzeug von Galern umfangen,
Es entbrennet eine blutige Schlacht,
Häuptling von Madrid neu Kraft empfangen,
Zwei entwischt und fünf zu Fall gebracht.

Zwischen den Flotten und den Booten der sieben wird ein blutiger Kampf ausbrechen. Der Herrscher Madrids wird plötzlich seine alte Stärke wiederfinden. Zwei werden entkommen, aber fünf werden ausgeliefert sein. (Apok.: "Es werden sieben Könige sein, von denen fünf fallen werden.")

36. Ein Komet und Meteoriten künden großes Unheil an – Flucht des Papstes

Die Strafe wird im Zeichen eines außergewöhnlichen Kometen stehen. Ein unvermuteter Meteoritenregen auf bestimmte Armeen wird das Ende des Krieges herbeiführen und als eine schicksalhafte Intervention erscheinen. Vergessen wir nicht, daß auch in der Bibel der Herr Josua zur Hilfe kam, indem er einen Steinhagel vom Himmel auf die Amoriter niederprasseln ließ.

Wenn der geschweifte Stern auftauchen wird, "werden die Drei Großen Herrscher Feinde geworden sein" und der Papst "wird das Land wechseln".

II-43

Während der behaarte Stern noch weilet,
Dauert der drei großen Fürsten Strauß;
Himmel straft, Frieden Land erbebet,
Po und Tiber schwillt, wirft Schlangen aus.

Wenn der geschweifte (chevelu: behaart, geschweift) Stern am Himmel steht, werden die Drei Großen Herrscher miteinander verfeindet sein. Sie werden vom Himmel bestraft. Beim Friedensschluß wird die Erde erbeben, Po und Tiber in Aufruhr sein; Satan wird sich an ihren Ufern niederlassen.

VI-6

Erscheint das Haargestirn im Septentrion
Nah dem Krebse gegen Mitternacht,
Suse, Sien, Boece, Eretrion,
Stirbt von Rom der Große, verschwunden die Nacht.

Der geschweifte Stern wird im Norden (Septentrion) kurz vor der Hungersnot (Krebs) erscheinen. Suse und Siena werden von sich reden machen. Es wird ein großer Philosoph (mit Boece und Menedeme vergleichbar) kommen und ein Großer Roms wird in der Nacht sterben, in der der Stern verschwindet. (Septentrion: Die sieben Sterne des Kleinen Bären. Suse: Italienische Stadt am Schnittpunkt der Straßen vom Geneverberg und vom Cenis-Berg. Boece: 470 in Rom geborener Philosoph. Minister des Gotenkönigs Theoderik, der vergeblich versuchte, sein Reich mit dem Westgotischen zu verbinden. Eretria: Griech. Stadt, Heimat des Philosophen Menedemos. Er starb vor Schmerz, als er sein Land unter der Herrschaft Antigones und Demetrius Poliocretes sah.)

II-41

Sieben Tag der große Stern wird schimmern,
Im Gewölk eine Doppelsonne blitzt,
In der Nacht der große Hund wird wimmern,
Wenn der Papst verändert seinen Sitz.

Der große Stern wird sieben Tage leuchten, es wird aussehen als stünden zwei Sonnen am Himmel. Der große Hund wird jede Nacht heulen, wenn der Papst den Vatikan verlassen wird.

II-15

Der Monarch erschlagen kurz vorher,
Dioskurn im Schiffe, Haargestirn:
Staatsschatz ist erschöpft durch Land und Meer,
Pis im Bann und Ast, Ferrar, Turin.

Kurz nach dem Mord des einzigen Herschers wird es gleichzeitig zwei Päpste geben. Der Komet ist zu sehen. Der Staatsschatz wird durch Land und Meer geleert sein, und Italien zum verbotenen Land werden.

IX-44

Wandert, wandert, alle Genfer Bürger,
Gold Saturn verwandeln wird in Eisen,
Gegner Raypoz ihrer aller Würger,
Zeichen am Himmel werdens vorher weisen.

Flieht, Bürger von Genf, euer Goldenes Zeitalter wird sich in ein Zeitalter des Eisens verwandeln. Die Habgier (Raypoz) wird sie alle morden, aber vorher wird das Ereignis von den Sternen angekündigt werden.

II-62

Malus wird bald sterben dann, darauf
Wüten unter Mensch und Vieh der Tod,
Rasch hat Eil, Erpressung Rachenot,
Hunger und Durst, weil der Comet im Lauf.

Der Böse wird bald sterben. Unter Menschen und Vieh wird ein tödliches Unheil wüten. Plötzlich wird man die Rache des Himmels erkennen; – überall werden Hunger und Durst regieren, wenn der Komet seinen Lauf beginnt.

II-70

Himmels Pfeil wird seine Beut erreichen,
Sprechend tot, Blut wird durch Henker fließen,
Stein am Baum, das stolze Volk wird weichen,
Und ein menschlich Ungeheur wird büßen.

Das Schwert der Vorsehung wird die Welt erreichen. Viele werden plötzlich sterben. Vor dem (Winkel-)Stein des Kreuzes (Baum des Kreuzes) wird die stolze Nation sich ergeben. Die Menschen werden nun ungeheure Buße tun.

II-18

Neue Regenstürme stürmisch wälzen,
Zwei Armeen im Nu in Not,
Steine, Himmel, Feur im Meer, Felsen,
Stürzen sieben Land und Wasser in den Tod.

Ein plötzlicher schrecklicher "Regen" wird zwei Armeen in Schwierigkeiten stürzen. Die vom Himmel fallenden Steine und Felsbrocken, deren Feuer im Wasser zischt, bringen den Land- und Wasserstreitkräften der Sieben den Tod.

II-47

Gift entfernt den großen Feind, den alten,
Herrscher durch Unendlich unterjocht;
Steine regnen aus des Fließes Falten,
Auf Vertrag im Tod umsonst gepocht.

Der große alte Feind wird durch Gift sterben, die ehemaligen Herrscher werden durch den Himmel unterworfen. In den Falten des Kometenschweifes sind Steine verborgen, die niederregnen werden. Vergeblich wird darauf gepocht, daß die Umstände tödlich sind.

II-91

Sonnenaufgang großes Feuer am Himmel,
Lärm und Röte gegen Aquilon,
Rings umher Geschrei wie Kampfgetümmel,
Feuer, Hunger, Schwert ihres Todes wacht.

Am Morgen wird man ein großes Feuer sehen, das von Blitz und Donner aus nördlicher Richtung begleitet wird. – Im Umkreis wird man die Schreie der Sterbenden hören. Waffen, Hunger und Feuer werden die Überlebenden vernichten.

II-76

In Burgund wird durch den Blitz man sehen,
Was dem Geist allein nicht möglich ist,
Am gelähmten heilgen Rate sehen
Dann die Feinde, was gewesen ist.

Der Blitz über Burgund wird eine Weissagung sein, die den Feinden deutlich machen wird, wie sehr ihre (falsche) Heilige Versammlung gelähmt ist.

II-56

Was dem Tod durch Pest und Schwert entgangen,
Wird vom Blitz erschlagen, aus Brunnen Tod.
Abt stirbt, wenn er sieht untergehn,
Die vom Schiffbruch nach der Klippe langend.

Die einen werden durch Pest und Krieg getötet, wenn der Heilige Petrus aus dem Brunnen des Glaubens exhumiert wird, die anderen aus den Höhen des Himmels erschlagen. Ein Abt wird sterben, wenn er sieht, wie die Ertrinkenden sich an den Klippen festhalten.

I-26

Großer Blitz trifft wie zur Tagesstunde,
Von Postular Boten so vorausgesagt;
Vorbote sagt, es soll zu nächtger Stunde;
Kampf Reims, London, Etrurien pestgeplagt.

Der große (Kriegs-)Blitz wird wie mitten am Tag einschlagen, sein Unglück wird von dem Träger der Ausrottungsblitze (Postularia fulmina) vorhergesagt worden sein. Er wird in einer Nachtstunde niedergehen, wenn der Kampf in Reims und London toben und Etrurien ein Pestherd sein wird.

VIII-2

Condom seh und Auch ich um Mirande
Von des Himmels Feuer rings umhellt,
Sol und Mars beim Löwen*, dann Marmande,
Blitz und Hagel, Maur in die Garonne fällt.

* Die im Krieg mit der Diktatur verbündete Monarchie

I-46

Dicht bei Aux, von Lector und Mirande
In drei Nächten Feuer vom Himmel fällt;
Etwas seltsames geschieht im Lande,
Bald darauf erbebt die Erdenwelt.

VII-12

Der große Jünger ein Ende dem Kriege macht,
Gegen zwei Verbündet er vertreibt,
Cahors, Moissac aus des Kerkers Nacht,
Lectoure weigert, Agen wird zerstört.

Der große Letztgeborene wird den Krieg gegen seine zwei Verbündeten beenden, die er verjagen wird. In Cahors und Moissac werden einige den Kerkern entkommen. Lectoure wird widerstehen können, Agen aber wird dem Erdboden gleichgemacht.

V-83

Die ein Reich zu stürzen unternommen,
Das ungleich auf Unbesiegbarkeit sich stützt,
Werden aus List, drei Nächt zu strafen kommen,
Wenn der Größte bei Tisch die Bibel liest.

Die aber versucht haben, ein unbesiegbares Königreich zu stürzen, werden wegen ihrer List leiden müssen. Drei Nächte werden sie dafür bestrafen, wenn der Größte bei Tisch die Bibel lesen wird.

37. Große Erdbeben und Feuer um den Genfer See und das Mittelmeer – Erdbeben in Deutschland und in Österreich

Unglaubliche Erdstöße werden zu den Verheerungen des Krieges noch beitragen – besonders an den Ufern des Genfer Sees und entlang der unterirdischen geologischen Bruchlinie des Mittelmeeres, die in unmittelbarer Nähe der italienischen Vulkane liegt, von den Alpen bis Sizilien reicht und dabei über die Eruptionsfelsen des Cap d'Antibes führt. Diese unerwarteten Katastrophen werden Armeen und deren Material vernichten. Sie werden die "Neue Stadt" einkreisen, die Roms Feinde gegen die Grundsätze der Kirche errichten werden wollen.

VIII-10

Großer Gestank wird kommen aus Lausannen,
Von der Tat, den Ursprung weiß man nicht,
Die vom Ausland müssen all von dannen,
Feuer am Himmel, fremdes Volk vernichtet.

I-87

Feuer Ennosigus wird aus der Erden Mitte treten,
Zittert Neustadt und Umgebung bang,
Krieg von zwei gewaltigen Felsen lang,
Arethus ob neuem Strom erröten.

Das zentrale Feuer und Beben wird rund um die Neue Stadt auftreten. Zwei große Blöcke werden lange Zeit Krieg führen, dann wird ein neuer Blutstrom die östliche Seite Siziliens rot färben. (Arethus: Quelle bei Syrakus.)

X-49

Bei der Neustadt in der Erde Garten,
In der Berge Hohlweg sie erwarten,
Wird ergriffen in die Wann versenken,
Und mit giftigem Schwefelwasser tränken.

Genf (der Garten der Erde nahe der Neuen Stadt), das nahe bei einem Hohlweg liegt, wird mit Wasser getränkt, das von Schwefel vergiftet ist.

IX-92

Rücken will der König in die Neue Stadt
Will vertreiben draus des Feindes Gewalten,
Gefangen frei falsch Red und Tat,
König wird draußen und fern vom Feind sich halten.

Der Herrscher will in die Neue Stadt eindringen. Aber dort wird gerade der Kampf gegen die Feinde toben. Man wird zwar gefangen sein, aber behaupten, frei zu sein. Der König bleibt draußen, weit von seinen Feinden entfernt.

IX-61

Plündrungen auf dem Seegstad,
In Cit Nuova von dort weggefangen,
Viel von Malth ob Messiner Tat
Eingesperrt und von schlechtem Krieg empfangen.

Die Plünderungen an den Küsten des Mittelmeeres werden in der Neuen Stadt ausgeheckt und vorbereitet. Einige aus Malta werden wegen Messinas Tat bedrängt werden und in einen unglückseligen Krieg getrieben.

VI-97

Fünfundvierzig Grad wird Himmel glühen,
Feuer nah der großen Neuen Stadt,
Groß im Augenblick die Flamme sprühen,
Von Normannen man die Probe hat.

Der Himmel am fünfundvierzigsten Breitengrad wird brennen. Das Feuer wird sich der Neuen Stadt nähern und die große Flamme wird in einem Augenblick alles explodieren lassen, gerade als man die Männer aus dem Norden prüfen will.

„Wir haben die Wahl zwischen dem Atomtod und dem kosmischen Tod:

Das schreckliche Erdbeben, das weite Landstriche zwischen Tibet, Burma und China verwüstet hat, ist angeblich nur ein Vorspiel für weitere Erdbeben und wir werden eine nahezu ununterbrochene Folge von Erdstößen miterleben. Die Atomforscher haben ausgerechnet, daß die dabei frei werdende Energie etwa der Explosion von 1 100 000 Atombomben mit jeweils 20 000 Tonnen Dynamit Schlagkraft oder 1100 Wasserstoffbomben entspricht.

Wenn man der Forschungsanstalt von Pasadena (Kalifornien) glaubt, so ist die Welt also noch einmal knapp davongekommen. Dörfer des Assam sind vollständig verschwunden, und neue Flüsse graben sich nun ihr Bett zwischen Bergen, die höher wurden.

Die Schlußfolgerungen der Wissenschaft sind leider pessimistisch. Während in den letzten zweihundert Jahren etwa 10 Millionen Menschen bei Erdbeben ums Leben kamen, ist heute anzunehmen, daß diese zyklisch gesteuerten Ereignisse sich nunmehr immer zahlreicher einstellen werden.“

Artikel aus: Le Rouge et le Noir

I-82

Wenn die hölzernen Gebäude zittern
Von Austerien wird mit Rubrica bedeckt
Wirft den großen Rat hinaus, beklommen,
Alles, Wien und Österreich erzitter.

Wenn Deutschland (hölzerne Gebäude) unter den großen Erdstößen erbebt, wird blutige Erde (Rubrica) die Armee des Südens bedecken. Die große Versammlung wird hinausgeworfen. Die Erde wird in Wien und in ganz Österreich beben.

II-52

Mehrere Nächte wird die Erde beben,
Frühling zweier Schritte Frucht erleben;
Auf zwei Meeren Ephesus, Corinth;
Krieg sich durch zwei edle Helden entspinnt.

III-83

Erde am zwanzig Taurus [10. Mai] stark erschüttert,
Groß und voll Theater es zerstört,
Luft, Himmel Erde unklar, verdüstert,
Ungläubig bitt daß Gott ihn hört!

Am zehnten Mai wird die Erde so stark beben, daß ein Theater (Stadion) zerstört wird. Luft, Himmel und Erde werden sich so verdüstern und verschleiern, daß selbst der Ungläubige Gott um Hilfe bitten wird.

X-67

Erderschütterung, Monat Mai, Saturn,
Steinbock, Jupiter, Mercur im Stier,
Venus, Krebs auch, Nonen März ein Sturm,
Hagelsteine größer als Eier schier.

VI-88

Ein groß Reich wird sich vereinsamt sehen,
Dann Versammlungen am Ebrostrand,
Hilfe kommt von Pyrenäen,
Wenn im Mai erzittern wird das Land.

Ein großes Reich wird isoliert. Die Armeen werden sich am Ebro versammeln. Der Navarra (von den Pyrenäen) wird zu Hilfe kommen, wenn im Mai die Erde beben wird.

II-86

Schiffbruch einer Flotte in Adrias Meer,
Zu töten die an der Luft, wird Erde erschüttert,
Mit des Halbmondes Macht Ägypten zittert,
Unterwerfung sei des Herolds Begehr.

Zum Schiffbruch einer Flotte nahe der Adria wird die Erde beben, um auch jene zu töten, die in die Luft gegangen sind. Ägypten wird beben, noch verstärkt durch die Macht der Mohammedaner. Der Ausrufer wird sich ergeben müssen.

38. Paris und Genf werden zerstört

Im dritten Sechszeiler sieht Nostradamus Paris im Feuer der "fliegenden Kriegsmaschinen", während sein politisches System dahindämmert. Er bemerkt noch, daß die Hauptstadt schon vorher während fünf Kriegsjahren (1940–45) dieses Schicksal erlebte:

S-3

Rings von der Belagerung eingeschlossen,
Durch tausend Kanonen in den Grund geschossen,
Unterwühlt die Stadt fünf Jahre hält;
Wenn sie endlich alles überstanden,
Und der Feind genommen sie zur Handen,
Rückt noch das Wasser gegen sie zu Feld.

Die Stadt wird durch Belagerung eingeschlossen und durch tausend Kanonen in Grund und Boden geschossen.

Zunächst wird sie fünf Jahre Widerstand leisten können, es scheint, als habe sie alles überstanden. Doch dann wird sie ihren Feinden in die Hände fallen. Die Revolution folgt im Verlauf des Krieges.

VI-92

Wunderschön der Prinz ist, reizend,
Auf den Führer Anschlag, zweiter ist verraten,
Stadt mit Schwert verheert, Pulverfax verglühend,
König Haß wird durch das Blutbad auf sich laden.

Der Prinz wird sehr schön sein. Gegen den Führer (die Regierung) wird eine Verschwörung stattfinden, das zweite Regime wird gestürzt. Paris erlebt ein Massaker und wird durch fliegende Glutstücke (Fax) verbrannt werden. Das Blutbad wird den Haß des Volkes auf den König lenken.

V-8

Im Feuer gelassen, Tod verborgen,
In den grauenvollen Grabeshallen,
Flotte nachts an die Luft gebracht, in Staub zerfallen,
Stadt im Feuer, freundlich Feindes Blick.

Man wird die Stadt dem Feuer überlassen. Grauenvoll wird die Menge der Opfer sein. Während der Nacht wird die Flotte Feuer in Pulverform in die Luft werfen: Paris wird vom Feind in Brand gesteckt werden.

VI-34

Fliegende Feuer der Maschinen,
Die Belagerten gegen den Führer stehen,
Es erheben im Innern sich Aufrührer,
Die die Armen in Verzweiflung setzen.

Wenn die Raketen (fliegende Maschinen) das Feuer bringen, werden sich die Pariser gegen ihr Oberhaupt auflehnen. Der Aufstand gegen die, die den Herrscher absetzen wollten, wird so groß sein, daß sie die Niederlage zur Verzweiflung bringen wird.

II-77

Pfeile, Feuer, Poix, zurück mit Brande,
Mitternachts Geschrei mit Geheul vermischt,
Eingeblieben in durchstoßnen Wände,
Unter der Erden durch den Gang entwischt.

Der Feind wird mit Fluggeschoßen, Feuer und Gas angreifen, – durch Brände auch zurückgestoßen. Gegen Mitternacht wird man Schreien und Heulen von den Menschen hören, die innerhalb der schwachen Wehrmauern geblieben sind, und die nun durch unterirdische Gänge entfliehen. (Poix: ein alter Name für Bitumen. Man nannte die Kohle festen und das Rohöl flüssigen Bitumen. Bekanntlich beschäftigt sich dieselbe Industrie mit der chemischen Herstellung von Farbstoffen – Anilin etwa – und mit der Erzeugung von Sprengstoffen und Kriegsgasen.)

I-41

Nachts belagerte Stadt durch Überfall genommen,
Wenige entrinnen, Kampf am Strand,
Frau gefallen ob Söhne Wiederkommen,
Gift und Brief verborgen im Gewand.

Paris wird belagert und über Nacht angegriffen werden. Nur wenige Bewohner können sich retten. Die Schlacht wird am Meeresufer weitergeführt werden. Die Republik stürzt in dem Moment, in dem ihre Kinder aus dem Krieg zurückkommen. Die Verschwörer werden sie vergiftet haben.

V-30

Große Stadt von Truppen rings umschlossen,
Liegen werden sie in Stadt und Land,
Rom zuerst, Paris befallen beschlossen,
Große Plünderung am Meere dann.

Derselbe Herrscher, der sich auf Rom gestürzt hatte, wird nun Paris angreifen. Auf dem Meer gibt es große Plünderungen.

VI-96

Große Stadt Soldaten preisgegeben,
Nie noch war der Todessturm so nah;
Welch furchtbare Sterblichkeit ist nah!
Nimmer wird Beleidigung vergeben.

IV-8

Schnell mit Sturm die große Stadt genommen,
Überrumpelt Wachen in der Nacht,
Trotz des Schutzes, Quentin, ist gekommen,
Tore gestürmt, die Wachen niedergemacht.

Durch einen plötzlichen Überfall wird Paris in der Nacht überrascht. Die Schutzwälle werden nicht halten. Trotz der Wächter und Späher in der Gegend von St. Quentin, werden die Wachen getötet und die Tore alle offen stehen.

III-84

Völlig wird die Hauptstadt umgewendet,
Haus und Kirch und Jungfrau wird geschändet,
Schwert, Feuer, Kugel, Pest rafft alles hin.

VI-43

Unbewohnt bleibts lang an den Gestaden,
Wo die Seine und die Marne strömt,
Überfallen von der Themse Scharen,
Garde, die sie schlagen wähnt.

Die Stadt zwischen Seine und Marne wird lange Zeit unbewohnt bleiben. Sie wird von den Heeren der Themse überfallen worden sein.

II-35

Nachts wird Feuer an zwei Gebäude kommen,
Mehrere werden drin verbrannt, erstickt;
An zwei Flüsse wird allein es kommen:
Ach wie trüb Sol, Steinbock, Widder blickt!

Zwei Städte (Paris und Genf) werden über Nacht in Brand gesteckt, viele Menschen werden dort verbrennen und ersticken. Es geschieht zwischen Seine und Rhône. Die capetingische Monarchie wird den Geist des Aufruhrs und der Zerstörung vernichten.

I-55

Wo das Klima gegen Babylon liegt
Wird ein schrecklich großes Blutbad sein,
Land und Meer und Himmel selbst abscheulich,
Secten, Pest, Verwirrung, Hunger, Pein.

Während der Zeit des Kampfes gegen den Marxismus wird das Blutvergießen besonders groß sein. Erde, Heer und Lüfte werden abscheulich sein, durch Sekten, Hungersnöte, Verwirrung, Pest und Pein.

IV-52

Mann und Weib sich auf den Mauern regen,
Feindeshauptmann sinnt auf Übergab,
Den Gensdarmes ist sehr Wind entgegen,
Kalk und Staub und Asche treibt sie ab.

Im besetzten Paris werden Frauen und Männer auf die Festungsmauern stürmen, und die Feinde wollen schon aufgeben. Die öffentlichene Meinung wird sich gegen die Kriegshetzer richten, die mit Kalk, Staub und Asche vertrieben werden.

Für Frankreich wird der Zeitpunkt der Invasion von der Schweiz her der kritischste Moment sein. Aber die Nation wird wie durch ein Wunder gerettet werden. Ein Prinz wird kommen, um den Mut seiner Söhne wieder zu erwecken. Wie zur Zeit der Johanna von Orléans wird es scheinen, als kämpfe Gott auf seiner Seite. In Savoyen, dem Jura und Poitiers werden die Entscheidungsschlachten stattfinden.

II-82

Durch Hunger Beute Wolf gefangen hält,
Den Angreifer erdrückt in Not Gewicht,
Vor dem Großen der jung Geborene steht,
Im Gedränge entkommt der Große nicht.

Frankreich macht den angreifenden Feind durch Hunger zum Gefangenen. In äußerster Not wird der Angreifer zurückgedrängt: ein Junger von (königlicher) Geburt wird sich vor den Großen stürzen, der aus der Klemme nicht entkommen wird.

39. Krieg zwischen Deutschland und Frankreich – Der Friede von Ulm

XII-69

Eiovas naht, es macht sich fort See Leman,
Schwere Rüstungen, Rückkehr, Verwirrung,
Neffen fern des Feuers Groß Supelman,
Ihr Gefolge alles flieht . . .

Savoyen naht, Genf flieht: Große Vorbereitungen werden dort stattfinden, die sich aber durch die Verwirrung, die sie anrichten, gegen ihre eigenen Urheber wenden. Sie werden vor dem Feuer auf dem Genfer See fliehen. (Eiovas: Anagramm für Savoie, Savoyen. Supelman: Anagramm für Sup Leman. Sup = auf.)

III-38

Gallisch Volk und fremde Nation
Übern Bergen erschlagen und gefangen,
Dem entgegen nah der Ernte schon
Von den Großen gemeinsam zurückgegangen.

In einem Monat nahe der Erntezeit wird Deutschland durch Frankreich seine Truppen in den Bergen und in Gefangenschaft verlieren: Deutschlands Armeeoberhäupter werden gemeinsam zurückgestoßen.

IX-68

Vom Berg Aymar ist die Edle im Schatten,
Das Übel kommt vereint von Saone und Rhone,
Luciens Tag im Holz versteckt Soldaten,
Nie noch war ein solcher Schreckensthron.

Der Edelmut des Berges Aryam wird getrübt, das Unglück wird am Zusammenfluß von Saône und Rhône beginnen. Die Soldaten des Machthabers, der den schrecklichsten

Thron aller Zeiten errichtete, werden sich am 13. Dezember im Wald verstecken. (Aymar: Anagramm von Aryam, Iran, der etymologisch Aryana heißt: der Wohnort der Arier.)

II-50

Wenn in Henngau, Brüssel, Gent sie sehen,
Daß vom Feind belagert Langres ist,
Wird im Rücken blutiger Krieg entstehen,
Schlimmer als Feind die alte Plage ist.

Die Pest wird mehr Menschen töten als der Feind!

VII-4

Langres Führer eingeschlossen in Dole,
Von Autun begleitet und von Lyon,
Genf und Augsburg bunden Mirandole,
Ziehn über die Berge gegen Ancon.

Mit dem General von Langres, der in Dolen angegriffen und von den Armeen von Autun und Lyon unterstützt wird, werden in Genf und Augsburg die aus Mirandole gefaßt werden, während sie versuchen über die Berge gen Italien vorzudringen.

V-12

An den Leman wird durch fremde Maid,
Die die Stadt verraten will, geführt,
Vor ihrem Tod bis Augsburg Flucht der Leut,
Die vom Rhein aus überfallen es wollten.

Ein fremdes Mädchen, das versuchen wird, die Stadt zu verraten, wird die Armee bis zum Genfer See führen.

VIII-34

Nach dem Sieg des Leuen über Leuen,
Hekatomb auf Juras Fuß sie leiden,
Siebtesmillion der Niederlag in Brodes
Leu in Ulm ein Mausol Grab und Tod.

Nach dem Sieg einer Diktatur über die andere, werden die Armeen im Jura-Gebirge zerschlagen. Unter den Besiegten in Savoyen wird es eine siebentel Million sein. Die Diktatur wird in Ulm das Grabmal ihres eigenen Todes sehen, das Abkommen, das den Krieg beenden sollte.

II-83

Großer Leu, den blühend Händel mindert,
Alles eilt zum früheren Verfall,
Der Soldaten Beut und ausgeplündert,
Jura, Schwaben siegreich überall.

Durch den Sturz der großen Diktatur sind ihre Verbündeten wieder ruiniert. Das Land wird im Jura und in Schwaben siegreich sein.

IV-9

Der Feldhauptmann wird in dem Gedränge
Durch einen Pfeil verwundet im Schenkelbein,
Genf in Tränen sehr und in der Enge,
Losanne, Schweiz wird sein Verräter sein.

Während der verletzte oberste Feldherr in der Klemme sitzt, wird das unglückliche Genf von Lausanne und der Schweiz aus eingenommen werden.

X-37

Groß Versammlung am Borgeter See,
Sie vereinigen sich bei Montmeillan
Denker mit mutigen Entwürfen gehen,
Chambry, Moirans Kampf, Saint Julian.

Am Bourget-See kommt es zu einer großen Truppenkonzentration. Bei Montmellian (Südfrankreich) wird man sich zusammenziehen. Die Anführer fassen einen gewagten Plan, der Kampf wird in Chambery, der Maurienne und in St.-Julien stattfinden.

V-68

Aus der Donau trinkt und aus dem Rhein
Groß Kamel, und es bereuts mit Nichten,
Bang der Rhône wirds, mehr der Loire sein
Bei den Alpen wird ihn der Hahn vernichten.

Das große Kamel wird in der Donau und im Rhein trinken, aber es wird nicht heimkehren. – Im Gegenteil: es wird den Krieg an die Rhône und noch schlimmer an die Loire tragen. Aber bei den Alpen (im Jura) wird der Prinz von Orléans seine Truppen vernichten.

V-17

König Nacht verbringt an der Androne
Der von Cypern, auf der Lauer liegt:
Weh dem König, Flucht hinauf die Rhone,
Die Verschworenen geben ihm den Tod.

Wenn der Herrscher in der Nacht an einer Schlucht vorbeizieht, wird der Fürst von Zypern auf der Lauer liegen. – Nach dem Sturz der Regierung wird die feindliche Armee die Rhône hinauf fliehen. – In diesem Augenblick werden ihn die Verschwörer töten.

XI-97

Über Villfranche, Mascon ist bedroht,
Im Gehölz Soldaten sind versteckt.
Ändert Zeit zuerst dem König droht,
Von Chalons und Moulins sie all zerpeckt.

Über Villefranche-sur-Rhône wird Mâcon bedroht, in den Wäldern verstecken sich Soldaten. Sofort nach dem Umsturz der Regierung werden alle Feinde durch die Armeen von Châlons und Moulin vollständig zerstört.

IX-76

Schwarzer Rapax nach Blut dürstet
Aus dem Elendsbett des unmenschlich Neron,
Zwischen zwei Fluß linke Hand der Soldaten,
Ist getötet durch Jungen der sich aufrichtet.

Der habsüchtige und blutdürstige Diktator – der Revolution entstiegen – wird geschlagen. Zwischen zwei Flüssen (Saône und Rhône) im linken Flügel seiner Armee, besiegt ihn ein junger Mann.

Andere Kämpfe werden im Tal der Loire stattfinden, das von den Feinden eingenommen werden wird. Sie werden schließlich bei Poitiers vernichtend geschlagen und in den Jura zurückgedrängt:

IX- 70

In den Fackeln stecken Wehr und Eisen
In Lyon am Sakramententage,
Die von Vienne werden all erschlagen,
Mascon lügt nicht, in Latiner Kreisen.

Die Waffen werden unter den Leuchtkörpern am Tage des Schwures (Sakramentum) in Lyon verborgen sein. Die Soldaten, die bis nach Vienne gekommen sind, werden alle in Frankreich (Latiner) erschlagen werden. Mâcon wird es nicht ableugnen.

XII-24

Eine Hauptverstärkung von Guienne,
In der Näh von Poitiers halten läßt;
Lyon fällt durch Mont Luel und Vienne,
Dem Mechanikstand alles abgepreßt.

Lyon wird nach den Schlachten von Mont-Luel und Vienne eingenommen werden; ihre Truppen werden durch mechanische Waffen (Kanonen, Panzer, Maschinengewehre usw . . .) zerstört.

VIII-52

König von Blois herrscht in Avignon,
Längs dem Indre von Ambois kommt die Saat,
Kampf in Poitiers, heilig Flügel brechen,
Vor den Boni.

Der König von Blois wird in Avignon regieren; von Amboise aus (wo Heinrich von Guise ermordet wurde), wird er die Saat dem Indre entlang streuen. Im Kampf von Poitiers wird er die Flügel des Heiligen Römischen Reiches Deutscher Nation in Augsburg (nahe bei Böhmen = Boni) brechen. Darauf folgt der Wunsch des Propheten angesichts der Zerstörungen, die ihn diese Vision vorhersehen läßt:

VIII-6[b]

Was für Wünsch haben fremde Fürsten satt!
Hüte dich, daß nicht in dein Land dringe,
Furchtbare Gefahren haben statt,
Vielerorts und selbst in Vienne die Dinge.

V-18

Im Duell verliert der Arme das Leben,
Blutbad, Siegerin Triumphe hält,
Alt Gesetz, ein Frank Edikt gegeben,
Mauer und Fürst am siebten Tage fällt.

Im Duell wird der Arme getötet. Sein Besieger wird auf dem Blutbad seiner Feinde seinen Triumph aufbauen; er wird die alten Gesetze wieder herstellen und eine neue französische Verfassung erlassen. Die Stadt und ihr Oberhaupt werden am siebenten Tag fallen.

40. Ein großer Herrscher bringt Frieden

Eine Reihe von Vierzeilern beschreibt die Begleitumstände des Kommens des Großen Königs und die Hauptmerkmale seiner Regierungszeit:

II-45

Himmel weint, daß Androgyn erschaffen,
Blutvergießen dieser Himmel sät,
Tod kommt spät das Volk sich aufzuraffen,
Die ersehnte Hülf kommt früh und spät.

Der Himmel beweint die männliche Erbfolge (Androgyn; die capetingische Rasse beruht auf dem Salischen Gesetz) in Frankreich und ihr vergossenes Blut. Das große Volk kann sich jedoch erneuern. – Die Hilfe des Königs wird spät kommen, aber dennoch rechtzeitig.

III-94

Wie fünfhundert Jahr wird man nicht fragen
Nach der Rechnung; Er der seiner Zeit
Zierde war, läßt es dann auf einmal tagen,
Alles wird beglückt sein und erfreut.

Wie fünfhundert Jahre (früher), wird niemand an seine Königsmacht glauben. Plötzlich wird er jedoch weithin leuchten (über das Jahrhundert, in dem er leben wird) – und seine Untertanen werden sehr zufrieden sein.

"Von 1422 bis 1429 irrte der Erbe der Krone verbannt, besitzlos und von einer kleinen Gruppe von Getreuen anerkannt, in den Teilen seines Reiches umher, die von den Engländern nicht besetzt waren. Diese schwache Königsmacht ist ziemlich nominell. Karl VII. kann nicht einmal eine Handvoll Soldaten auf die Beine stellen. Er ist nur ein Prätendent. Seine Rechte sind umstritten, und sogar seine Geburt ist es." (J. Bainville, Geschichte Frankreichs).

III-100

Der Letzte den der Gallier achtet,
Wird im Kampfe seinen Feind besiegen,
Wie er Stärke und Boden sich betrachtet,
Wird der Todespfeil ins Herz ihm fliegen.

Der letzte König, den die Gallier anerkennen, wird den Mann besiegen, der sein Feind war. Wenn seine Kraft und sein Mut anerkannt werden, wird der Mann des Hasses mit einem Schlag sterben.

Nostradamus bezeichnet die Diktatur mit dem Symbol des Löwen. Das Fabeltier, das den Namen "Griffon" (Greif) trug, war halb Löwe, halb Adler. Aus den nun folgenden Strophen muß geschlossen werden, daß der König, dessen Wort vom ganzen alten europäischen Kontinent respektiert wird, von den Flügeln der Diktatur getragen wird:

X-86

Wie ein Greif wird kommen Europas König,
Adlers Flügel dann begleiten ihn,
Rot und Weiß führt er mit sich nicht wenig,
Gegen Babels König wollen sie ziehen.

Der König ganz Europas wird, von den Flügeln der Diktatur getragen, gleichzeitig mit den Russen kommen. Er wird ein Heer von Roten und Weißen anführen, mit denen er gegen das moderne Babylon zieht.

S-29

Rüsten mag der Greif, um sich zu wehren,
Mag gewaltig seine Streitmacht mehren,
Mit Erfolg dem Feind zu widerstehn;
Sonsten kommt der Elephant* mit Macht
Plötzlich über ihn sechshundertacht,
Und das Meer wird ganz in Flammen stehn.

VI-35

Weißen Wollenschein** um Riom hat,
Widder, Stier, Krebs, Löwe, Jungfrau, Mars,
Jupiter, Sol brennt Feld und Wald und Stadt,
Bloys verborgene Siegesbrief in Wachs.

In der Nachbarschaft von Riom wird es bis zur Monarchie in den Monaten März, April, Mai, Juni, Juli und August nicht mehr lange dauern. Wenn die Macht im Krieg steht, wird die Monarchie das Land in Brand stecken, der König von Blois wird die Doktrin zeigen, die er versteckt gehalten hat.

X-80

Groß im Reich des Großen Reich regierend
Läßt die ehrnen Toren Waffen führend
Öffnen König und Herzog im Verein,
Port zerstört, Schiff am Quell, Himmel rein.

Im Reich der großen Königsherrschaft (die Kirche), – wird er mit Hilfe von Waffen die Bronzetore (des Vatikans) öffnen lassen. Er wird die königliche Macht und die Diktatorenmacht verbinden. Der Hafen von Marseille wird zerstört. Das Boot des Hl. Petrus wird wieder zu seinem Hafen zurückkehren (nach Rom).

* Elephant, das Symbol Afrikas.
** Die weiße Fahne.

VIII-53

In Bolon er seine Schuld will waschen,
In der Sonne Tempel kann er's nicht;
Sein erhabener Flug wird überraschen,
Seinesgleichen im Heiligenreich noch nicht.

In Bologna wird er sich von seinen Fehlern reinwaschen wollen, kann es aber nicht in der Kirche des Capetingers (Tempel). Er wird solche Höhen erreichen, wie noch niemand vor ihm auf dem Thron.

VII-23

Zwungen wird das Scepter nehmen,
Von den Vorgängern ihm auferlegt,
Nachher wird den Ring man bös verstehen,
Wenn man den Palast in Asche legt.

Das königliche Zepter wird er nehmen müssen, dazu haben sich schon seine Vorgänger verpflichtet. Über den Ring (den wiedergefundenen königlichen Ring) wird man klagen, wenn die Revolution ausbrechen wird.

VI-37

Werk das alte wird vollendet werden,
Trümmer auf große Übel fallen vom Dach,
Unschuld wird des Mordes beschuldigt werden,
Fliehen der Schuldige in Nebels Nacht.

Das Werk, das die alte französische Monarchie begonnen hat, wird vollendet werden. Eine Handlung wird als Mord betrachtet werden, der Verantwortliche wird sich verstekken und untertauchen müssen.

VI-24

Mars und Scepter werden sich versöhnen,
Unterm Krebs der wilde Kriegsgott würgt,
Bald drauf wird man neuen König krönen,
Der den Frieden auf lange Zeit verbürgt.

Die Gewalt der Waffen und das Zepter werden sich in einer Zeit der Not und eines schrecklichen Krieges vereinen. Kurz darauf wird der neue König gekrönt werden, der für lange Zeit den Frieden erhalten wird.

VI-3

Celtschen Strom die Neugeborne fühlen
Wird und große Reichsuneinigkeit;
Nach der Kron der junge Prinz wird zielen,
Sie erlangen durch die Geistlichkeit.

Der keltische Strom (die Seine) wird von der neugeborenen Regierung auf die Probe gestellt. Sie wird wegen der Macht aufgespalten werden. Der junge Prinz zeigt über die Kirche (durch die evangelische Doktrin der Nächstenliebe) Zepter und Krone als Zeichen der Versöhnung.

V-53

Sols Gesetz, das Venus wird verneinen,
Beugen sich prophetisch Geiste voll;
Keiner wird kämpfen von den beiden,
Das Gesetz Messias hängt an Sol.

Das königliche Gesetz wird das Chaos beseitigen und den Geist der Wahrsagung bestätigen. Keine der beiden kriegsführenden Parteien kann die andere nun bekämpfen. Durch die Monarchie wird wieder das Gesetz des Messias (die christliche Barmherzigkeit) eingesetzt.

V-52

König wird, der tut das Gegenteil,
Die Verbannten zu dem Thron geeilt;
Schwimmt in Blut die Kaste Hypolit
Lange unter solcher Fahne blüht.

Es wird einen König geben, der das Gegenteil dessen tun wird, was es früher gab. Die Verbannten werden wieder an die Macht kommen, wenn die Mitglieder der Kaste, die vom Gebet (Hypolit) gesegnet ist, im Blut schwimmen wird.

V-41

Mocht in Schatten und Nacht er auch entspringen,
Wird er, unumschränkt an Macht und Güt,
Aus der alten Urn sein Blut verjüngen,
Daß der ehern Zeit die goldn erblüht.

IV-11

Der sich mit der großen Kapp wird decken,
Wird zu einem raschen Schritt verführt:
Zwölf Rote mit Blut das Tafeltuch beflecken,
Blut mit Mord und Mord mit Blut sich sühnt.

Der große Capetinger wird das Ende der Ereignisse verfrüht herbeiführen. Die zwölf Roten werden den Besitz angreifen. Die Menschen werden nur aus Mordlust töten.

IV-10

Fälschlich angeklagt hierbei wird führen,
Junger Fürst im Lager Aufregung:
Der Roten Herr fürs Heil nun unt'
Sceptr befriedt, Skropheln dann curiren.

Die ungerechten Vorwürfe gegen den jungen Prinzen werden das Land in Aufruhr und Streit versetzen. Wenn der rote Anführer für das Heil des Vaterlandes getötet wurde legt der König den Streit bei und heilt die Skrofeln.

P-110, May

Dem schwachen Volk durch Reden und durch Streit,
Und durch Frauen und Verstorbene großer Krieg,
Großer stirbt, Skrophelfeier weit,
Größere Damen aus dem Land vertrieb.

Man wird die königliche Krönung feiern . . . Die Monarchien werden nicht mehr vertrieben werden.

III-91

Plötzlich wird der Baum der abgestorben,
Lange wieder grünen über Nacht;
König krank, der Prinz den Fuß verdorben,
Furcht des Feindes Segel blähen macht.

Die Krone und die Regierung werden krank sein, und ihr Herr in seinen Handlungen eingeschränkt. Von seinen Feinden gefürchtet, wird er über die Meere kommen.

III-14

Zweig der tapferen Persönlichkeit
Frankreich niedrigst durch unselgen Vater,
Ehren, Schätz, im hohen Alter Leid,
Weil geglaubt an siegreich Menschen Rat er.

Dank dem mutigen Nachkommen des capetingischen Zweiges wird Frankreich, das seit dem unseligen Vater (Ludwig XVI.) sehr tief gesunken ist, in seinen letzten Tagen die Ehre und den Wohlstand wiederfinden.

I-48

Nach zwanzig Jahren des Mondes Regierung
Herrscht ein Andrer siebentausend Jahr,
Wenn die Sonne abgibt die Führung,
Macht sich meine Prophezeiung wahr.

Nach dreihundertachtzig Jahren wird sich seine neue Monarchie bis zum Jahre siebentausend halten. Wenn die Sonne die Welt nicht mehr beleuchten wird, werden sich meine Prophezeiungen bald erfüllen.

41. Der neue große Papst

Hier nun auf der anderen Seite die allgemeinen Ansichten über das Pontifikat des großen Papstes:

V-75

Hoch im Guten steigt er, rechter Hand
Wird er sitzen auf dem Quadergrunde:
Gegen Süden, hält er linker Hand
Krummstab mit geschlossenem Munde.

Seine Tugenden werden sehr groß sein. Er wird auf dem eckigen Stein (der evangelischen Doktrin) sitzen, der im Süden stehen wird. Mit der linken Hand wird er seinen Stab halten und sein fest geschlossener Mund zeigt, daß er sich an sein gegebenes Wort halten wird.

V-77

Alle Kirchenwürden wird verwandeln
Man in Flammen Dial quirinal:
Und in Martial quirinal verwandeln,
Frankreichs König macht ihn zum Vulcanal.

Die gesamte kirchliche Hierarchie wird, zum Ausdruck der römischen (quirinal) Macht werden. Sie wird (von der Seele Roms getragen) einen französischen König bekämpfen.

V-79

Senkt die Fahnen feierlich zu Füßen,
Hebt den Niedern, läßt Rebellen büßen,
Keinen Nebenbuhler auf Erden mehr.

Die Reiche werden sich unterwerfen, wenn der große Gesetzesgeber kommen wird. Die sich unterwerfen, werden erhoben, die Rebellen werden unterworfen.

Die folgenden Vierzeiler zeigen nicht nur den französischen Ursprung des Großen Papstes, sondern auch seine Verwandtschaft mit dem großen Capetingerkönig, über Ludwig XVII., der einer seiner Vorfahren sein wird:

V-50

Sind der Lilie Brüder reif geworden,
Nimmt der Eine groß Romanien,
Berge beben, offen Latiums Pforten,
Christlich Pax rücket gegen Armenien.

Im Jahr, in dem die Nachkommen des französischen königlichen Blutes das Alter der Reife erreichen, wird einer von ihnen den Sitz der römischen Staaten einnehmen.

Die Alpen werden erbeben, ein Durchgang nach Italien wird eröffnet, und der christliche Friede wird die Macht Kleinasiens besiegen.

S-15

Neu erwähltes Haupt der neuen Barken,
Wird die Fackel, welche dieser Marken
Leuchte bildet, lange strahlen sehn,
Und sein Nam und Wappen in diesen Stunden
Der Bourbonen großem Haus verbunden
Wird in Ost und West in Ehren stehen.

Der neue Papst wird lange die helle Flamme der französischen Monarchie leuchten sehen. In dieser Zeit wird sich das Wappen der französischen Monarchie mit dem König der Bourbonen vereinen und auf der ganzen Welt in Ehren gehalten werden.

V-49

Keinen Spanier, sondern Franken,
Wird man wählen für das schwankend Boot:
Das Vertrauen wird an den Feind sich ranken,
Dessen Lande Seuch, Verderben droht.

Nicht jemand aus Spanien, sondern aus Frankreich, wird für die bedrohte Kirche gewählt werden, wenn man dem Feind das Vertrauen schenken wird, dessen Land von einer schweren Seuche heimgesucht sein wird.

V-3

Der Thronfolger im Duxthume wird gehen
Weit hinaus noch übers tusksche Meer,
Gallischer Stamm wird in Florenz bestehen,
Nautischer Frosch in seinen Kreis gehört.

Der Nachfolger der italienischen Diktatur (Dux) wird seine Macht weit über das Toskanische Meer ausdehnen. Der französische (capetinigische) Stamm wird Florenz besetzen – und England in den Schoß der Kirche zurückführen. (Er wird das anglikanische Schisma beilegen.)

V-39

Aus der Lilie echtem Zweig entsprossen,
Eingesetzt als Erb Etruriens,
Wird sein Blut, hohem Altertum entflossen,
Blühen noch im Wappen von Florenz.

Aus dem echten Zweig der Lilie geboren (aus dem direkten, oder ältesten Zweig), wird er als Erbe Roms eingesetzt werden. Dort wird er auch wohnen. Sein berühmtes Blut wird noch das Wappen der Stadt Florenz zieren. (Die rote Lilie ist Teil des Wappens von Florenz.)

VI-12

Truppen stellen, sie zu Reich zu führen,
Königsblut am Vatikane hält,
Flandern, England, Spanien mit Aspir,
Frankenland gegen Italien ins Feld.

Der König wird seine Truppen versammeln, um Kaiser zu werden. Sein Blut wird mit dem des Vatikans verwandt sein. Die Belgier, die Engländer, die Spanier mit Aspire, und Frankreich wird gegen Italien ins Feld ziehen.

VI-7

Norweg, Dacien, das britsche Land,
Leiden durch den Bund der Brüder plagen;
Römer Häuptling gallischem Blut entstammt,
Und die Truppen im Wald geschlagen.

Norwegen, Jugoslawien und die britische Insel, werden von den alliierten Anführern besiegt. Es wird sich herrausstellen, daß der römische Papst französisches Blut in sich trägt. Die Invasion wird in den russischen Wald zurückgedrängt werden.

I-25

Verloren, gefunden, lang vermißt,der Hirt
Sieht sich Ehre fast wie Gott gespendet,
Lun, wenn ihr groß Seculum vollendet,
Er beschimpft von anderen Seiten wird.

Der lange verloren geglaubte Hirte wird wiedergefunden, und beinahe wie ein Halbgott geehrt. Aber bevor die Republik ihre lange Irrfahrt beendet, wird er von anderen mißachtet und beschimpft.

X-42

Menschlich Reich Angelisch Welt entsprossen,
Frieden wahrt in sich und Einigkeit,
Krieg in seine Feste eingeschlossen,
Und der Frieden herrschet lange Zeit.

Um die Menschen zu regieren, wird der angelische Pastor sich den Frieden und die Einheit zum Ziel machen. Der Kriegsgeist wird in seiner Festung eingeschlossen, er wird ihnen einen langen Frieden bescheren (Pastor Angelicus, aus der Prophezeiung des Malachias).

42. Die Entdeckung des Grabes des Hl. Petrus leitet einen neuen Krieg ein

Gleichzeitig mit der Entdeckung des Grabes des Hl. Petrus unter der vatikanischen Basilika, an der "Beichtebrunnen" genannten Stelle, werden wichtige Ereignisse stattfinden: zum Beispiel in Frankreich die berühmte "Verschwörung". Sie wird durch die Entdeckung der sterblichen Überreste eines römischen Triumvirs angekündigt werden, der im heidnischen Friedhof unter der Konstantinsbasilika begraben ist:

V-7

Nach verborgnem Schatz sie graben, und kommen
Aufs Triumvirn modernde Gebein;
Die Umstehenden fühlen sich beklommen,
Auszuweiden Blei und Marmorstein.

Im Laufe der Suche nach einem verborgenen Schatz wird man auf die Gebeine des Triumvirs stoßen. Die Schatzgräber werden nicht mehr aufhören, zwischen den Marmorblöcken und dem Blei der Särge und Sarkophage zu graben. (Es gab in Rom zwei Triumvirate: Pompejus, Cäsar und Crassus, dann Antonius, Octavian und Lepidus.)

VI-50

In dem Brunnen findet man die Gebeine,
Blutschande hat die Stiefmutter begangen:
Veränderte Lage, man wird gierig sein,
Nun auch Waffen, nicht nur Mars verlangen.

Im Brunnen der Beichte wird man die Gebeine des heiligen Petrus finden. Die schlechte Mutter geht ein naturwidriges Bündnis ein. In dieser veränderten Lage wird man über die Religionen des Heiligen streiten und zu den Waffen greifen.

VIII-56

Das Land vom schwachen Trupp besetzt wird sein,
Die von oben werden furchtbar schrein;
Im großen Herd vom Eck Aufruhr gestift,
Nah beim Hirsch entdecken Schrift.

Die kleine Liga wird sich des Landes bemächtigen. Die Regierungschefs werden sich entsetzlich aufregen. Aus ihrem Versteck sät die kleine Liga in der großen Herde die Revolution, wenn in der Nähe des Hirschen Inschriften entdeckt werden.

VIII-66

Trifft geschrieben man D.M.*, wird man
Alte Grabstatt mit einer Lamp' entdecken,
Gesetz, König, Prinz erprobt und Ulpian**,
Flagg' Königin und Dux verschwinden unter der Decken.

Wenn man die Inschrift D.M. gefunden haben wird, und das antike Grab mit der Lampe, werden das Gesetz, die Regierung und der römische Prinz (der von einem Waisen abstammt) auf die Probe gestellt. Die Fahnen der Republik und der Diktatur werden verschwinden.

* Diis Manibus, häufige Inschrift an heidnischen Gräbern der Katakomben. Die frühen Christen löschten sie aus, jedoch nicht an den Grabstätten ihrer großen Heiligen, aus Angst, sie zu schänden.

** Domitius Ulpius Trajanus: zog auf Kosten des römischen Staates Waisenkinder zu Offizieren und Beamten heran; diese Mündel wurden Ulpiane genannt.

VI-15

Unter dem Grabe wird den Fürst man finden,
Der den Preis hat über Nüremberg,
Spaniens Königs Macht im Steinbock schwinden,
Ihn verrät der neue Wittenberg.

Unter dem Grabstein wird man den großen Fürsten (der Apostel) finden, der Nürnberg besiegen wird. Die spanische Regierung wird, durch die Zerstörung der Kriege geschwächt, vom neuen Luther verraten.

IX-84

Gestürzter König schließt Hekatombe ab,
wenn sein Ursprung ist enthüllt,
Strom wühlt auf das Blei- und Marmorgrab
Großen Römers vom Medusenschild.

Wenn die Regierung gestürzt wird, hat die Hekatombe ein Ende. Alle werden sich darauf stürzen, Sarg und Grabstein zu finden, wenn der Ursprung des großen römischen Papstes entdeckt wird, dessen Devise die Versteinerung war. (Medusa: In der griechischen Mythologie verwandelte die Medusa jene, die sie betrachteten, in Stein. Siehe auch die Worte Christi: "Tu es Petrus et super hanc Petram aedificabo Ecclesiam meam".)

VI-66

Wenn den Grund zur neuen Sekt sie graben,
Findet vom Großen Römer man Gebeine,
Grab bedeckt mir Marmor wird erscheinen,
Grund erhebt April, die Schlecht' begraben.

Zur Zeit der Gründung der neuen Liga wird man die Gebeine des großen Papstes entdecken. Sein Grab und sein Grabstein (Grabinschrift) werden zutage gebracht. Im April wird die Erde beben, die Bösen werden begraben.

III-65

Wann des Großen Römers Grab man trifft,
Wird man Tags darauf den Papst erwählen:
Beim Senat wird's ihm an Freunden fehlen,
Sein Blut im heilgen Kelch gefangen ist.

Wenn man das Grab des großen Papstes entdeckt haben wird, wird am nächsten Tag ein neuer Papst gewählt. Er wird im Senat keine breite Unterstützung mehr finden, sein Blut wird im heiligen Kelch gefangen bleiben.

IX-32

Säule von feinem Porphyr tief gefunden,
Capitolsche Schriften unterm Schaft,
Römers Stärke zeigt Knochen und das Haar gewunden,
Flott' in Mithylenens Hafen Ruh sich schafft.

Eine polierte Porphyrsäule wird gefunden. Unter dem Grabstein wird sich die Consularische Inschrift befinden, die Knochen und das krause Haar des Römischen Petrus werden von seiner Kraft zeugen, wenn eine Flotte in Mithylene vor Anker gehen wird. (Capitolinischer Marmor wurden die Marmortafeln genannt, die im 15. Jh. im alten Forum entdeckt wurden, und die die guten und bösen Tage trugen, die Namen der Konsuln und Sieger. Mit ihrer Hilfe konnte die Chronologie der römischen Geschichte verifiziert werden.)

43. Flucht und Tod des Papstes – Kirchenspaltung – Angriff der Albaner

Im Verlauf des Krieges, der über Italien hereinbrechen wird, muß der Papst aus dem zerstörten Vatikan fliehen. Seine Abwesenheit wird gegen ihn ausgespielt und einer ehrgeizigen Persönlichkeit wird es gelingen, in Rom den Heiligen Stuhl einzunehmen:

IX-99

Nordwind wird den Stuhl zum Flüchten bringen,
Asche, Kalk und Staub von Mauern regnen;
Regenwetter stellt nun Fallen ihm und Schlingen,
Letzte Hilf an frankisch Grenz begegnen.

Die Stärke der nördlichen Armeen wird den Papst zur Flucht zwingen. Er wird die Mauern in Asche, Kalk und Staub zerfallen lassen. Doch der Regen, der nun kommt, wird für sie eine gefährliche Falle sein. Die letzte Hilfe kommt von der französischen Grenze.

V-15

Papst zur See gefangen, der Kirche Hüter,
Nach Fall des Großen, Klein verfemt:
Weil zweiter fern, geschmälert seine Güter,
Und sein Lieblingssohn durch Mord entseelt.

Im Laufe seiner Flucht über das Meer wird der Papst gefangengenommen, nach dem Sturz des Großen (des Papstes) werden die Kleinen (die Priester) verfolgt. Der Papst wird gegen den Neugewählten durch seine Abwesenheit viel an Glaubwürdigkeit verlieren. Aber sein illegitimer Sohn, der gegen ihn Vorteile genießt, wird tödlich getroffen werden.

V-56

Wenn der hochbetagte Papst entseelt,
Römer wird von mittlerm Alter gewählt,
Wird gebrechlich für den Stuhl genannt,
Führt er Schweres durch und hält lang Stand.

Nach dem Tode des sehr alten Papstes wird ein Römer mittleren Alters gewählt werden. Man wird ihn beschuldigen, dem Heiligen Stuhl zu schaden. Doch er wird lange leben und seine schweren Aufgaben erfüllen.

V-46

Zank durch rote Hüt und neue Schismen.
Nachdem den Sabiner man gewählt.
Gegen ihn gewaltige Sophismen,
Die Albaner wider Rom ins Feld.

Aus Fehlern der Kardinäle werden Zwistigkeiten und Schismen entstehen, wenn man den Sabiner gewählt hat. Gegen ihn werden große Sophismen ausgesprochen. Rom wird von den Albanern verwüstet.

VIII-94

Vor dem See, wo größter Wert versenkt,
Nach sieben Mond die Stadt ist ausgerenkt,
Spanier von Albanern werden geschlagen,
Weil zum Kampf die Zeit versäumt sie haben.

Vor dem (Genfer) See, wo das Wertvollste untergegangen sein wird, wird die Stadt nach sieben Monaten völlig in Schutt und Asche liegen. Die Spanier werden von den Albanern angegriffen, da sie den Augenblick hinausgezögert haben, in den Kampf einzutreten.

P-54-September

Ohne Harnisch die kahlen Massen,
Sie sich drum nicht weniger hassen,
Vater Liber Albans Ungewitter,
Sekt gefressen bis in Knochen Splitter.

Die Anhänger der Regierung ohne Krone werden ihrer Mittel beraubt werden . . . der "Vater Freiheit" wird von Albaniens Ungewitter überrascht.

VI-22

In des großen himmlischen Tempels Marken,
Fällt im Frieden Londons Neff' durch Mord,
Schismen stören dann die Ruh der Barken,
Und Freiheit ruft man allerort'.

Im Lande, wo sich die große Kirche des Himmels befindet, wird die junge englische Regierung durch den geschlossenen Frieden gestürzt. Petris Boot wird schismatisch werden, in dem Augenblick, in dem überall der Ruf nach Freiheit laut wird.

VIII–93

Sieben Mond die Prälatur gibt her,
Große Spaltungen, wenn er geschieden;
Sieben Mond ein andrer Prätor, Frieden,
Eintracht stellt er bei Venedig her.

Sieben Monate wird er die Stellung des Prälaten halten können, sein Tod wird ein großes Schisma hervorrufen. Ein anderer wird die zivile Macht (die oberste Gerichtsbarkeit) sieben Monate lang in seinen Händen halten. Dann werden bei Venedig wieder Friede und Eintracht herrschen.

IV-40

Die Belagerten mit Eisen geschlagen,
Während der Beste in Grund geschossen wird,
Die Verräter lebend all begraben,
Als schweres Amt für einen Seelenhirt.

VIII-4

In Monaco wird der Hahn empfangen,
Kardinal aus Frankreich kommt heran,
Römer durch Legate hintergangen.
Schwach der Adler wird und stark der Hahn.

Der Prinz von Orléans wird in Monaco einziehen, und es wird sich herausstellen, daß der Kardinal ein Franzose ist. Der Papst wird von der Legation hintergangen, das Reich bricht zusammen, während der Prinz von Orléans immer stärker wird.

VIII-68

Alter Kardinal, dich Täuschung trifft,
Von dem Jungen, außer Amt du wehrlos wirst,
Um Arles doppelt Ungeheuer erscheint,
Verwest, Prinz und Gegner in Balsam scheint.

Der alte Kardinal wird durch den Jungen verraten werden. Er wird seines Amtes entkleidet, wenn in Arles ein doppeltes Ungeheuer erscheint. Er wird verwesen, aber der Prinz, sein Gegner, wird einbalsamiert werden.

Die falsche Botschaft von der Wahl geht wie ein Lauffeuer durch die von Aufständen zerrissene Stadt. Die Kapelle wird in Blut getränkt sein, während die Macht an einen anderen abgegeben wird.

X-12

Gewählt zum Papste, dem Gewählten Hohn,
Plötzlich aufgeregt, rasch und erschrocken,
Weil zu gut der Sanfte Tod zum Lohn,
Geführt sei in der Sterbenacht von Angst und Schrecken.

Der neue Papst wird vom (echten) Gewählten verhöhnt werden. Plötzlich wird ihn eine ungeheuere Angst erfassen. Durch die Güte des anderen wird er sterben müssen – mögen Angst und Schrecken ihn in seiner Sterbenacht begleiten.

VI-93

Von Gier betrogen ehrgeizig auf Prälat,
Tut nichts, was für gut gehalten,
Seinen Boten und ihm Entdeckung naht,
Da alle sehn, wer's Holz möcht spalten.

Der aus Ehrgeiz die Stellung des Prälaten erobern will, wird nichts tun, um das Vertrauen in ihn aufzubauen. Seine Anhänger und er werden sicher bald an den Pranger kommen, denn ihre Absichten werden allzu offensichtlich sein.

VIII–20

Falsch Gerücht von Wahl läuft schnelle
Durch die Stadt, der Aufruhr hallt,
Stimmen gehört, Blut fließt in der Kapelle
Aufgegeben an andern des Reichs Gewalt.

Die Festungen der Angegriffenen werden beschossen, die Verräter gefoltert; zu jener Zeit wird die Geistlichkeit mit den schwersten je dagewesenen Problemen konfrontiert (kapelle: Vatikan) werden.

44. Der große König aus dem Hause Lothringen ist ein Verwandter des großen Papstes

Der große König wird aus einem jüngeren Zweig der Familie des großen Papstes hervorgehen:

V-74

Ein Vetternherz vom Blut der Trojer,
Das zu großer Macht gelangt, zerstreut,
Fremd arabisch Volk und hilft zu hoher
Macht der Kirch, zur alten Herrlichkeit.

Aus capetingischem Blut wird jener geboren, der so mächtig werden wird, daß er das fremde Volk der Araber zerstreut. Er gibt der Kirche ihre Vorrangstellung zurück.

II-87

Nachher kommt aus weiter Fern herüber,
Ein germanischer Fürst, sein Thron aus Gold;
Von Knechtschaft voll, die Flut verheerend rollt,
Die Dame Magd, ihre Zeit vorüber.

Dann wird aus einem fernen Lande ein Fürst auf seinem goldenen Thron kommen. Durch ihre Sklaverei und die Revolution, die im vollen Gange ist, wird die Republik ihre Macht verlieren, ihre Zeit ist abgelaufen.

X-87

Einen Hafen wird bei Nizza anlaufen
Großer König als Tod da wütet,
Bei Antibes Jugend vor aller Augen,
Seine Schiff Piraten ganz verwüstet.

Der große König wird bei Nizza einen Hafen anlaufen (Monaco) in einer Zeit, in der alles nur Tod und Verderben zeigt. Bei Antibes wird er das Meer von allen Piraten befreien.

VI-83

Dem sie so viel Ehr und Lieb erweisen,
Wenn er belgisch Gallien betritt,
Der wird nachher sich sehr roh erweisen,
Feindlich er der Blum entgegentritt.

Aber der so im französischen Belgien geehrt und geliebt werden wird, geht bald streng gegen die rote Blume vor.

X-50

Der von Maas und Luxemburg
Saturn, drei Urn wird entkleiden.
Berg, Tal, Stadt und Burg,
Lothring Sintflut, Urn verleidet.

Der von der Maas und aus Luxemburg kommt, wird die Epoche und drei Republiken entkleiden. Das ganze Land wird sich auf den Lothringer stürzen, der durch die große Wahl (Urne) betrogen worden war.

Das Schloß Agimont, Besitz der Familie Orléans, befindet sich an der Maas, nahe der französischen Grenze Luxemburgs. Es liegt ebenfalls unter dem 50. Breitengrad.

VII-24

Der Begrabene wird auferstehen,
Ketten den Gewaltigen vom Pont;
Mit Barbeneiern* Groß von Lothringen,
Wird vergiftet vom Marquis du Pont.

Der heilige Petrus wird aus seinem Grabe auferstehen und die Macht des Schwarzen Meeres in Ketten legen lassen, das von den Erben der Guise vergiftet sein wird. Der große Prinz von Lothringen wird bis zu den Grenzen von Pont Euxin regieren.

VIII-60

Erster in Gallien, erster in römischen Marken,
Zu Meer und Land die Angeln und Paris,
Wundertaten geschehen durch ihre Starken,
Zerstört, Ungeheur stürzt NORLARIS.

Der Erste Frankreichs und der Erste Italiens: während auf See und auf dem Land die Engländer und Paris zerstört werden, bringt der Nachkomme der Lothringer das Ungeheuer zur Strecke. NORLARIS: Anagramm von LORRAIN = Lothringer.

* Das Herzogtum Bar oder Barrois gehörte den Herzögen von Guise und Lothringen.

X-18

Lothringens Geschlecht weicht dem Vendosme
Hoher nieder, Niedrer in die Höhen,
Der Sohn Hamons wird gewählt in Rom,
Die zwei Großen sich gestürzet sehen.

Der große Prinz von Lothringen wird den Prinzen von Vendôme wieder auf seinen Platz (den Sitz von Rom) setzen. Alles, was bis dahin verpönt war, wird zu Ehren kommen, alles was ehrbar war, wird verpönt, wenn der Sohn Amons (der Araber) in Rom gewählt wird. Dann werden zwei große Mächte gestürzt.

VIII-3

Vigilanne und Resviers in der Feste,
Sitz am Stuhle Nancys jüngrer Sohn:
In Turin Brandschatzer sind die ersten,
Im Duell geschlagen Lyon.

In den Schlössern Avignien und Rivesser wird der junge Nachfahre des jüngeren Zweiges der Lothringer regieren. In Turin sind die Brandstifter die ersten, wenn die Diktatur (Lyon = Lion, Löwe) in ihrem Duell unterlegen sein wird.

IX-18

Dauphins Lilie trägt er nach Nancy,
Des Reichs Kurfürst bis in Flanderns Schoß,
Neues versperrt durch groß Montmorency,
Befreit die Ort' mit traurig Los.

Er wird die Lilie des Dauphins in das Herzogtum Lothringen tragen. Bis nach Flandern wird er Kurfürst sein. Der große militärische Führer seines Hauses wird seine neue Aufgabe sehr vorsichtig angehen und die bis dahin in Not und Armut lebenden Orte befreien.

VII-9

Nach der Dame, deren Gebieter fern,
Trägt der falsche König sein Begehrn,
Scheinversprechen, unglückselige enden,
In des großen Barrois-Fürsten Händen.

Während der militärische Anführer der Republik abwesend ist, wird sie der falsche König begehren. Sein unglückseliges Scheinversprechen wird durch die Kraft des großen Prinzen vom Geschlecht der Barrois aufgedeckt werden.

V-98

Unter achtundvierzig Breitegraden,
Gegen Krebses Ende solche Hitz,
Fisch in Meer, Fluß, See tun braten,
Bearn, Bigorre trifft des Himmels Blitz.

Unter dem 48. Breitengrad (nördlich der Loire) wird es, wenn die ärgste Not vorbei ist, eine große Zerstörung durch den Krieg geben. Die Kirche wird von den Fluten des Meeres überschwemmt, die Rhône und der Genfer See werden vom Feuer heimgesucht, und auch der Himmel über dem Béarn und der Bigorre wird von Rauch verdunkelt.

VIII-45

Das Bein verbunden, stark die Hand,
Tragen wird der Nachgeborne Calais* lang,
Tod verschoben auf Verrates Wort,
Ostern trifft den Tempel schon der Mord.

Mit starker Hand und gestrecktem Bein wird er den jungen Guise weit tragen. Der Tod des Verrats wird erst spät kommen. Zu Ostern wird die Kirche bluten.

VII-28

Der groß Dux Alba zieht in Krieg,
Sein Väter Linie nicht zum Sieg,
Vom großen Guise wird er besiegt,
Gefangen, singen wird man können ein Lied.

Der große (rote) Diktator Roms wird in den Krieg ziehen, und die Linie seiner Vorgänger nicht weiter verfolgen. Der große Prinz von Guise wird kommen und ihn durch Waffen besiegen. Er wird auf eine Art und Weise in Gefangenschaft geraten, an die man sich noch lange erinnern wird.

* François de Guise nahm Calais 1558 den Engländern wieder ab.

VII-10

Großer Fürst von Le Mans Grenzen her,
Tapfres Haupt des Heeres wird durchziehen,
Gallier und Normann zu Land und Meer,
Über Cabrer Barcelona geleert wird sein.

Der große Fürst von Blois wird ein großer, erfolgreicher Feldherr sein. Auf See und auf dem Lande begleiten ihn die Männer des Hahnes (der König) und des Prinzen der Normandie (der Papst). Barcelona wird über die Straße der Insel Cabrera geplündert werden.

VIII-61

Nie Licht des Tages wird beleuchten,
Kommt zum Zepter und zur Krone,
Solang nicht alle Lande leuchten,
Hahn nicht gibt Kraft aus Waffe und Tag.

Er wird nicht auf den Thron kommen, bevor das ganze Land Sicherheit aus dem Vorteil des Hahns hat.

VIII-5

Tempel erscheint erleuchtet und geschmückt,
Born, Breteuil zündet Lampe und Kerze an;
Für Lucerna der Canton verrückt,
Sieht im Sarge man den großen Hahn.

Die Kirche wird dank der heiligen Fackel (Lucerna) der Normandie leuchten und in ihrem ganzen Schmuck erscheinen. Für diese Fackel wird das ganze Land am Ende der Herrschaft des großen Hahnes umgedreht worden sein.

VI-70

Groß CHIREN wird Gebieter sein der Welt,
Immer mehr wird man ihn lieben und scheuen,
Steigen wird sein Ruhm zum Himmelszelt,
Sieger bloß wird noch sein Name sein.

Der große HENRIC (Heinrich der Zweite) wird der Herr der Welt sein; man wird ihn gleichermaßen lieben und fürchten, aber er wird sich mit dem Titel Sieger begnügen.

II-88

Wüst im Land vollendet ihren Lauf,
Fünfter Mann und Siebter dann wird sein,
Fremder Mars, ums Drittel übers Haupt,
Lutez von Aix nicht Hilfe drauf.

Nachdem die große Verwüstung ihr Werk vollendet haben wird, kommt jener, der fünfte (mit Vornamen Heinrich, gekrönt), und der siebte seines Familiennamens. Aix wird Paris nicht vor dem ihm dreimal überlegenen fremden Kriegsherrn schützen.

X-45

Die Linie Navarras unbegründet,
Macht des Sprößlings Leben illegitim,
Cambrai unsicher Zeugnis angekündet,
Orléans König mündig ist und legitim.

Die Pseudo-Nachfolgeschaft des Königtums Navarra wird sich als falsch erweisen, sein Leben an der Macht wird als illegitim angesehen. Damit wird die Hoffnung (die Nachfolge Ludwigs XIV.) unsicher. Ein König derer von Orléans wird dafür sorgen, daß der Thron wieder von einem legitimen Nachfolger bestiegen wird.

45. Der künftige König Heinrich der Zweite

Der große Heinrich wird ein so mächtiger und so unbesiegbarer König sein, daß der einzige Name, der seiner würdig wäre, Herkules ist, der stärkste Mann der Erde.

IV-23

Die Kriegsmannschaft auf der Meeresflotten,
Kalk und Schwefel und Pech wird sie verzehren,
Sichere Feste wird lang des Feindes spotten,
Selin Port Herkules Feuer zerstören.

Die Armee, die mit der Flotte kommt, wird die Große mit Kalk, Schwefel (Bestandteil des Schießpulvers) und Pech verbrennen. Ihre Stellung wird lange Zeit Ruhe haben. Das

Feuer des Herkules verbrennt den Hafen mit der Sichel (Konstantinopel).

IX-33

Herkul Romas König und Dänemarks,
Von dreien Galliens Gujon* benannt,
Erbeben Italien und die Löwin Marks,
Als der erst Monarch der Welt bekannt.

Herkules, der König Roms und Dänemarks sein wird, wird von drei Personen der französische Herr der Verkehrswege genannt. Er wird Italien und die Adria unterwerfen, und als der erste König der Welt gelten. (der heilige Marcus: Schutzpatron Venedigs.)

X-79

Alle alten Wege wird man zieren,
Nach Memphis durch neue Tore gehn,
Herkules groß Merkur und Lilien führen,
Land und Meer vor ihm erzittern sehn.

Die alten Straßen werden verschönt, man wird Memphis (Ägypten) durch neue Tore betreten. Das große Wort des Herkules wird Land und Meer erzittern lassen.

IX-93

Weit entfernt die Feinde von dem Fort,
Die Bastei herangeführt auf Wägen,
Auf den Mauern von Bourges begonnen wurd',
Herkul wird Haemathion erlegen.

Die Feinde der Macht werden weit zerstreut. Die Verteidigung des Landes wird mit motorisierten Truppenwagen geführt. Sie werden bei Bourges beginnen, wenn Herkules den Makedonier schlagen wird.

P-38-April

Ehr Victor Imperator an den König,
Glauben verfälscht, königlich Tat bekannt;
Haemathions Blut, besiegt der König,
Das ehrgeizig Volk Demütigen Tränen bracht.

* Guionage: altfrz. Abgabe für die Sicherheit der Straßen.

Der König wird mit den Namen Sieger und Kaiser bedacht werden. Der Glaube wird verfälscht, und die Taten des Königs werden bekannt. Durch den Tod des Makedoniers wird der König das ehrgeizige Volk, das den Demütigen die Tränen gebracht hat, besiegen können.

X-27

Carle Fünft und ein großer Herkules,
Tempel öffnen kriegerischer Hand,
Ein Colonne stützt, zurück Julius Ascan*,
Spanien, Schlüssel, Aar nie sich noch so bös.

Carlos V. und ein großer Herkules werden die Kirche in Italien mit Waffengewalt öffnen, wenn der capetingische König Frankreichs den Westen stützt und die Erben des Romulus vor den Muselmanen zurückgewichen sein werden. Spanien, der Papst und das Reich (der Sichel) werden einen bis dahin nie dagewesenen Kampf austragen.

46. Die Araber greifen Europa an

In diesem Kampf der christlichen oder westlichen Kultur gegen die Barbaren des Orients wird der große König nur vom neuen König Spaniens, Carlos V., unterstützt werden.

V-87

Jahr, wo nicht mehr Saturn in Knechtschaft ist,
Frankisch Land mit Fluten übergossen,
Gattin aus Trojanerblut entsprossen,
Und nur mehr umringt von Spanien ist.

In dem Jahr, in dem die Epoche die Freiheit wiederfindet, wird Frankreich eine Revolution erleben. Es wird sich mit capetingischem königlichen Blut verbünden und nur von den Spaniern unterstützt werden.

* Ascanius Julius, Sohn des Aeneas. Nach dem Krieg von Troja wurde er mit seinem Vater nach Italien gebracht, wo er Alba Lunga gründete.

V-23

Beide halten sich vergnügt umschlungen,
Wenn der größte Teil mit Mars im Bund,
Afrikas Groß dann von Schreck durchdrungen,
Duumvirat von Flotten gesunken in Grund.

Die beiden Anführer werden über ihr Bündnis froh sein, wenn die meisten Völker sich im Krieg befinden. Das muselmanische Volk wird tief erschrecken, denn die beiden Männer werden von der Flotte besiegt werden.

IV-5

Einer Kreuzfried unter Erfüllung von dem Worte
Gottes, Spanien, Gallien vereint,
Schwere Not ist nahe, großes Morden.
Keiner so viel Mut, daß er nicht weint.

Ein Monarch wird den christlichen Frieden wiederbringen, das heilige Wort der Bibel sich erfüllen. Spanien und Frankreich werden verbündet sein, in der großen Not und in mörderischen Gefechten, in denen selbst die Mutigsten weinen.

47. Die französische Hauptstadt wird nach Avignon verlegt

In der Gegend von Avignon, die ohnehin schon auf eine illustre Vergangenheit zurückblicken kann und über imposante Reste der alten römischen Zivilisation verfügt, werden der große Papst und der große König sich gemeinsam bemühen, der westlichen Zivilisation ihre vollkommene und letzte Blüte zu ermöglichen.

III-49

Gallisch Reich, groß Wechsel wird dir nahen,
Seltsamer Ort Regierungssitz dir sein,
Neu Gesetz und Recht wirst du erfahren,
Rouen und Chartres Gutes machen aus Pein.

Das Königreich Frankreich wird sich sehr verändern! Die Hauptstadt wird verlegt, neue Gesetze und Bräuche werden regieren. Der Prinz der Normandie, der Papst und der Prinz von Chartres, der König, werden aus dem Unglück Gutes machen.

I-32

Bald wird man das große Reich verlegen,
Und der Ort, den man dazu erkor,
Klein in einer kleinen Mark gelegen,
Inmitten schwingt Zepter sich empor.

Die große Regierung wird bald in einen kleinen Ort in einer kleinen, unwichtigen Provinz verlegt werden.

V-76

In freiem Land* sein Flagg wird ziehen,
Weil er an Städten kein Gefallen,
Aix, Carpentras, Insel Volces, Berg Cavaillon,
Er verändert, verwischet Spuren.

An einem freien Ort wird er sein Banner aufziehen und es ablehnen, sich in großen Städten niederzulassen. Aix, Carpentras, Avignon und Cavaillon wird er so verändern, daß man sie nur schwer wiedererkennen wird. (Volces: Volk der Region Gard in Südfrankreich.)

IV-86

Eint Saturn im Wasser sich der Sonnen,
König stark und mächtig gekrönt in Reims,
In Aix empfangen, nach Eroberungen
Sein träger Geist nicht will noch Eins.

Im Jahr, in dem sich die Epoche unter dem Zeichen der monarchistischen Revolution befindet, – wird der mächtige König in Reims gekrönt und in Aix empfangen. Danach wird er sich aus Trägheit neue Eroberungen versagen.

* Siehe Brief an Heinrich II.: für die freie Stadt . . . an einem anderen Ende Mesopotamiens. Bis 1791 gehörte Avignon dem Heiligen Stuhl, und es wurde erst 1797 endgültig an Frankreich angegliedert.

X-93

Die Bark der Neuheit wird sich erweitern,
Dorthin das Reich verlegt und in die Näh,
Beaucaire, Arles die Feinde werden halten,
Man zwei Porphyrsäulen findet in der Näh.

Die erneuerte Kirche wird ihre Ausbreitung über die Welt fortsetzen. Beaucaire und Arles werden ihre Feinde in der Nähe der Stelle versammeln, an der man zwei Porphyrsäulen des Grabes des heiligen Petrus finden wird.

IV-97

Jahr, wo Merkur, Mars, Venus retrograde,
Großen Herrschers Linie nicht verrät,
Von Lusitans Volk erwählt bei Graulade,
Fried und Reich ins hohe Alter behält.

Im Jahr, in dem die Lüge, der Krieg und der Verrat zurückgehen werden, wird der große Monarch in der Nähe von Laguarde vom portugiesischen Volk gewählt werden und lange friedlich in seinem Reich regieren.

V-66

Nicht weit von des Aquäduktes Trümmern,
Wo der Vesta Huldgung man gezollt,
Sol und Luna glänzend Metalle schimmern,
Trajans ewig Lampe aus Gold.

Unter den römischen Tempeln in der Nähe des Pont du Gard bei Nîmes wird man Gold und Silber finden: die brennende Goldfackel des Trajan.

II-96

Wird am Himmel brennend Fackel Röte,
Man an Rhônes Quell und Mündung sehn,
Hunger, Schwert, die Hilfe kommt zu späte,
Perser über Mazedonien gehn.

Am Himmel wird man eine brennende Fackel zwischen Quelle und Mündung der Rhône sehen. Die Hilfe gegen Hunger und Totschlag wird sehr spät kommen, erst wenn die Perser wieder den Balkan besetzen werden.

V-71

Durch Wut eines der zum Wasser gehn,
Und die Wut entflammt im ganzen Heer,
Beladen mit Adel in siebzehn Sprossen*,
Der Bot zur Rhôn kommt spät daher.

Die Wut des Mannes, der zur Revolution neigt, – wird die gesamte Armee aufstacheln. – Der Bote Gottes wird (angesichts der Umstände) spät an die Rhône kommen.

II-97

Laß dir raten, Papst, die Stadt zu fliehn,
Die am Busen zweier Ströme ruht,
Unweit ihrer, wenn die Rosen blühen,
Strömet dein und deiner Treuen Blut.**

III-46

An dem Himmel (Plancus Stadt***) wir lesen,
In der Sterne wunderbarer Schrift,
Daß auf einmal Zeit doch nicht ob bösen,
Noch ob guten Taten Ändrung trifft.

Am Himmel der Stadt Lyon werden wir ablesen können, an den wunderbaren Zeichen der Sterne, daß die Zeit einer Veränderung entgegengeht, die weder vorteilhaft noch nachteilig sein wird.

III-93

Weil sie alles in Paris zerstören,
Der Regierung Sitz in Avignon,
Hannibalscher Groll Tricast wird nähren,
Schlechter Trost im Wechsel für Lyon.

Da Paris in Trümmern liegen wird, wird sich die Regierung der König-Kaiser in Avignon niederlassen. Der Groll der

* Seit Robert v. Frankreich, Graf von Clermont, dem sechsten Sohn des heiligen Ludwigs, aus dem der ganze Zweig der Bourbonen und der Orléans hervorgegangen ist, gibt es bis Ludwig XVII. 17 Generationen.

** In neuen französischen Interpretationen wird die Rose als Bild für die "Vereinigte linke Regierung" Mitterrands interpretiert und mit dem Tod eines Papstes in Verbindung gebracht.

*** Muniatus Plancus: Redner und römischer General, Gründer von Lugdunum (Lyon).

Feinde Roms wird auf den Tricastin niedergehen, die Stadt Lyon wird über diesen Wechsel schwer hinwegkommen. (Hannibal: karthagischer Feldherr, 247 v. Chr. geboren, Sohn des Hamilkar, der ihn seit seiner Kindheit den Haß gegen Rom geloben ließ.)

VIII-38

König von Blois herrscht in Avignon,
Das Volk wieder fest in seiner Hand,
Läßt herkömmlich baden in der Rhône,
Bis auf fünf, der letzte unweit Nolen.

Der König wird in Avignon wie der alleinige Herrscher über das Volk regieren. Am Ufer der Rhône wird er fünf (Anführer) besiegen, den letzten in der Nähe von Nola.

Der Name Provence stammt vom lateinischen "Provincia" (aus der Zeit, als sie römische Kolonie war). Deshalb führt Nostradamus seinen Gedanken weiter und schreibt:

S-4

Einem O, einer Lil, entsprießt ein großer Prinz,
Früh und spät gekommen seiner Provinz:
Der Saturn im Höhepunkt in der Waagen:
Venus Haus fängt abzunehmen an,
Dame, nachher unterer Rinde Mann,
Stützend der Bourbonen glücklich Blut zu tragen.

Aus einem O (Anfangsbuchstabe des Namens Orléans) und aus einer Lilie wird ein großer Prinz hervorgehen, der spät (in seiner Zeit und nach seinen Vorfahren) und früh (früh genug, um sein Volk zu retten) in die Provence kommen wird. Die Zeit geht wieder der Gerechtigkeit zu, das Haus der Lüge verliert dann an Macht. Er wird das glückliche Blut der Bourbonen erhalten.

S-40

Was der Vater nicht mehr sah im Leben,
Krieg wird oder Feuer ihm übergeben
Den Blutegel, der voll Ingrimm ist,
Seines Vaterguts wird er sich freuen,

Gott wird seine Lieblinge verleihen
Seine Erbprovinz in kurzer Frist.

Was sein Vater zu seinen Lebzeiten nicht mehr realisieren konnte, wird er mit Krieg und Feuer erreichen. Er wird den grimmigen Blutegel bekämpfen und die Güter seiner Vorfahren genießen. Als Liebling des Ewigen Gottes wird er bald die Provence erben. (Vor seiner Thronbesteigung trug Ludwig XVIII. den Titel "Graf der Provence". Der jüngere Zweig der Bourbonen wird die Provence vom älteren Zweig erben.)

S-43

Ostprovinzen sieht durch Burgen entrechtet
Sich ein kleiner Winkel und geknechtet,
Wieder überflutet drauf von Meereswogen,
Hart belagert dann nur kurze Zeit,
Doch von einem Mächtigen befreit,
Welcher erst in Beaucaire eingezogen.

In die Provence bricht die Revolution ein, wieder geht die Macht der Waffen auf sie nieder. Plötzlich wird sie angegriffen, aber sie wird von einem großen Prinzen befreit, der in Beaucaire eingezogen sein wird.

VIII-99

Durch die Macht drei weltlicher Gewalten
Anderwärts der heilge Stuhl verpflanzt,
Wo des Geistes leibliche Substanz*
Für den wahren Stuhl die Leute halten.

48. Blutige Revolution in Italien

Die Invasion Italiens wird zum Sturz des Heiligen Stuhles und seines politischen Regimes führen, während es gleichzeitig zu einem Erdbeben kommt:

* Die eucharistische Verwandlung, die bei der Heiligen Messe gefeiert wird.

III-11

Waffenlärm am Himmel Jahreszeiten Tage,
Mitten in der Stadt der Baum geknickt,
Schwert, Beben, Blut und Ungezieferplage,
Der Monarch von Adria erliegt.

Der Luftkrieg wird eine ganze Jahreszeit hindurch anhalten, – wenn das Kreuz (der Baum) in Rom umstürzen wird. Jetzt kommen Tollwut, Massaker und Naturkatastrophen. Die Regierung von Italien wird stürzen.

VI-68

In der Wut die Meuterer Nachts zücken,
Schwert auf ihren Feldhauptmann blutdürstend,
Feind von Alba wutentbrannt wird rücken,
Gegen Rom und schleppen weg die Fürsten.

Wenn die Soldaten mit revolutionärer Wut in der Nacht das Schwert gegen ihren Anführer erheben, wird der Feind Roms (Alba: Wiege Roms) gegen die Stadt rücken und ihre Führer verschleppen.

VI-36

Schlacht zu Lande weder gut noch faul
Kommt es nah bei Perusias Grenz',
Pisa aufgestanden, trüb Florenz,
König zu Tode verwundet mit Schwarzhemd Maul.

Nicht im Kampf, der in der Nähe Perusias geführt wird, wird sich Glück oder Unglück entscheiden. Die Entscheidung kommt durch die Revolution, die dann in Pisa und Florenz ausbrechen wird, wenn die Regierung in ihrer sturen Haltung (Maul = Mulet = Maultier) mit dem Schwarzhemd tödlich verwundet ist.

V-22

Ehe zu Rom der Große stirbt, wird Schrecken
Durch das fremde Heer sich gießen aus;
Escadrone viel bei Parma in Verstecken,
Dann die beiden Roten einen Schmaus.

Bevor zu Rom ein Großer sterben wird, wird die Invasion einer fremden Armee großen Schrecken verbreiten. Mit motorisierten Einheiten wird sie bis Parma vordringen – die beiden roten Heerführer werden triumphieren.

VI-100

Tochter Aures* Hort des Unsinnes,
Wo bis zum Himmel ragt das Amphitheater,
Wunder da, dein Unglück ist nicht fern,
Wirst gefangen und zwei mal mehr als viers.**

Rom, Heimstätte des Unsinns, noch steht das Theater der hochmütigen Opferungen. Wenn man ein wunderbares Ereignis sehen wird, wird dein Unglück nicht mehr weit sein: du wirst gefangengenommen werden; zweimal mehr als die drei vorhergehenden Male.

VI-76

Alte Stadt Antenorea wird zur Schmieden,
Unerträglich ist ihr der Tyrann;
Heuchel Hand im Tempel Kehl abschnitten,
Seine Treuen vom Volk erschlagen dann.

Wenn die antike Stadt (Rom), die dem Vulkan (der Vesta) geweiht ist, ihren Tyrannen nicht mehr erträgt, werden die Menschen der Kirche massakriert, und das Volk wird ihre Anhänger ermorden.

VII-8

Flora flieh vor Roma's nahem Sohne,
Eine Schlacht geschieht am Fäsulan,
Blut verspritzt, die Größten müssen dran,
Nicht Geschlecht, nicht Tempel wird man schonen.

Lilie (Bourbone), flieh den Herrscher Roms, der dir am nächsten ist! Auf dem Apennin nahe Fesule (nördlich von

* Aures: Aurel, Marc Aurel: Man wirft ihm vor, die Christen verfolgt zu haben und das Chaos der Kaiserin Faustine geduldet zu haben. Er symbolisierte die Philosophie auf dem Thron und hat das Wort Platons bestätigt, daß die Völker erst glücklich sein würden, wenn sie von Philosophen regiert würden.

** Viers: zum vierten Male. Rom wurde drei Mal eingenommen: von den Galliern unter Brennus, den Karthagern unter Hannibal und den Franzosen unter Napoleon I.

Florenz) wird eine große Schlacht stattfinden. Sie wird mit einem Massaker enden, in dem die Höchsten des Landes ergriffen werden. Weder die Kirchenleute noch irgendein Geschlecht werden verschont bleiben.

I-53

Dann wird großes Volk man quälen sehen,
Das Gesetz zerstört; die ganze Christenheit
Durch die Neuerungen untergehen,
Wenn man Gold und Silber neu erbeut.

Ein großes Volk wird verstört sein, das Heilige Gesetz verfallen; das Christentum wird durch fremde Gesetze untergraben, und es wird einen neuen Gold- und Silberkult geben.

X-78

Schnelle Freud in schneller Traurigkeit,
Wenn in Rom Verführung wird empfangen;
Tränen, Jammer, edles Blut erquillt,
Die dagegen Banden sind gefangen.

Die plötzliche Freude verwandelt sich ebenso rasch in Traurigkeit. Trauer, Jammer, edles Blut wird vergossen; und alle, die versuchen, etwas dagegen zu tun, werden verhaftet.

X-65

Großes Rom, nahe dein Sturz wird drohen,
Deine Mauern nicht, dein Fleisch und Blut,
Geist der Grausamkeit in Briefen lohen,
Allen tief das Schwert im Busen ruht.

Der Untergang Roms ist nahe: nicht die Mauern, aber die Menschen werden vernichtet. Die Grausamkeit wird großen Schaden anrichten, alle deine Bewohner werden im Massaker umkommen.

X-20

Alle Freunde, die Bund geschlossen haben,
Bös zu loben tot und Brief vernichtet,
Groß Dekret zu nichts die Haben,
Schwerer unterdrückt zuvor die Römer nicht.

Alle jene, die eine Freundschaft geschlossen haben, um das Böse zu preisen und zu loben, werden umgebracht und ihre Werke zerstört werden. Ihr Hab und Gut wird durch eine Kundgebung für nichtig erklärt. Das römische Volk wird wie nie zuvor unterdrückt.

VIII-98

Blut der Geistlichkeit verspritzt wie Wasser,
Zeiten für sie schrecklicher denn je,
Lang, ach lang verfolgen sie die Hasser,
Weh, der Kirche Dienern Jammer und Weh.

IV-18

Die in Himmels Dingen sind gelehrt,
Von unaufgeklärter Fürsten Macht,
Schwer verfolgt, Verbrechern gleich, entehrt,
Wo man trifft, verjagt, zum Tod gebracht.

Die Geistlichen werden von den Herrschern verfolgt. Sie werden wie Verbrecher gejagt und entehrt, und wenn man sie aufgreift an Ort und Stelle getötet.

VII-30

Plünderung naht, Feuer, Blutvergießen Groß,
Po, groß Fluß schwillt, Stierer groß
Von Nizza, Genua, nach langer Zeit,
Fossan und Turin, Savillen Beut.

Inmitten des Feuers wird es zur Plünderung kommen, das Blut der Mächtigen wird vergossen. Am Po und anderen großen Flüssen (Tiber) kommen die Ochsentreiber an die Macht. Die langerwarteten Franzosen, die aus Nizza über Genua kommen werden, – werden Fossano, Turin und Savillano einnehmen.

VII-32

Kinder von Mesopotamienland,
Geht entgegen Tarracona Freund,
Spiele, Lachen, Völlern, alles schläft,
Vikar am Rosne, Stadt genommen durch Ausand.

Die Kinder der Republik Kleinasiens werden ihren Freunden aus Spanien entgegengehen. In den Orgien werden alle schläfrig. Der Papst findet Zuflucht in Avignon (an der Rhône), nachdem ihm die (Vatikan-) Stadt genommen wird. (Ausand: Italien)

VI-98

Schrecklich End der Volsker bringt zum Beben,
Ihre Hauptstadt nehmen Pest und Tod,
Sol wird Luna rauben, Kirchen schänden,
Beide Flüsse sind vom Blute rot.

Die Vernichtung der Römer (Volsker) wird sie vor Furcht zittern lassen. Ihre Hauptstadt wird eingenommen und ein Opfer der Pest werden. Eine Republik wird ihre Monarchie aufheben und ihre Kirchen schänden. Der Po und der Tiber werden vom vergossenen Blut rot gefärbt sein.

VI-69

Ohne lang zu zaudern Mitleid groß,
Nehmen müssen, die da Geber waren;
Blöße, Hunger, Frost und Durst ihr Los,
Lärmend über Berge ziehn die Scharen.

Bald werden die Reichen (die einst den Armen gegeben haben) selbst arm. Nackt, hungrig, von Kälte und Durst geplagt, werden sie auswandern.

VI-67

Fürs große Reich bald Andrer kommen wird
Auf den Thron, Güt weit, entfernt vom Glück,
Nicht weit her ist, der regieren wird;
Reiche stürzen ein, großes Mißgeschick.

An die Spitze des Reiches wird bald ein Anderer treten: böse, ohne Güte. Es wird kein Glück mehr geben. Seine Herkunft wird ärmlich sein. Die Reiche stürzen inmitten großen Elends ein.

VI-48

Täuschend Heiligkeit verführend,
Unterstützt durch rednerisch Talent;
Die alte Stadt und Parma allzu eilend,
Wird verwüsten Siena und Florent.

Die heuchlerische und verführerische Heiligkeit wird durch besonderes Redetalent unterstützt. Rom und Parma werden sie sehr schnell akzeptieren, und an der Entvölkerung von Florenz und Siena mitschuldig sein.

VI-38

Den Geschlagnen, Friedens Feind',
Erst Italien haben genommen,
Schwarz, blutdürstig Rotem in die Hände
Feuer, Blutbad, Blut der Flut vereint.

Nachdem sie Italien eingenommen haben, werden die Feinde des Friedens den Unterlegenen einen düsteren und blutrünstigen Herrscher aufzwingen, der alles in Blut und Feuer tränken wird.

III-63

Sehr tief sinken wird die Römermacht,
Nachahmer des großen Nachbarn ist,
Nährt der Bürger blinden Haß und Zwist,
Halten zurück den Wahn, der lacht.

Die Macht in Rom wird völlig umgestürzt: die neuen Machthaber werden ihren großen Machthaber (das Terrorregime von 1793) nachahmen. Der blinde Haß der Bevölkerung und ihre Diskussionen werden den Wahn derer stützen, die sie getäuscht haben.

49. Italien wird kommunistisch

VI-20

Nicht gar lang wird Scheinbund währen,
Mehrzahl nun verändert ist der Einen,
In der Flotte die Leute wie versteinert,
Neuer Leopard in Rom erscheint.

Der Bund wird nicht lange halten, viele werden ersetzt. In der Flotte werden alle ihre Versuche wie gelähmt sein. Dann wird eine neue Art von Diktator in Rom regieren.

VII-32

Geborn in einer Hütte auf Prinzenbergen*,
Der durch hohle Sprüch wird zum Tyrannen,
Truppen wird er in Mailands Marken werben,
Flor, Favenz erschöpfen an Gold und Mannen.

Vom Regierungspalast aus wird der Mann, der in einer Hütte geboren wird, durch leere Versprechungen tyrannisieren. Er wird in Mailand eine Truppe aufstellen und dadurch Faenza und Florenz finanziell und an Männern ausbeuten.

Die "apostatische Verführung", von der in dem Brief an Heinrich den Zweiten die Rede ist, wird in Form einer falschen Religion auftreten, die kurzfristig in Rom die Stelle der Kirche einnehmen wird.

Wie der Name, den Nostradamus ihr gibt, andeutet, wird sie sogar die Kirche ersetzen und vorgeben, allein die Wahrheit Christi zu verkörpern. Das ist der religiöse Charakter des Erd- und Meerestieres, die in der Bezeichnung "Land- und Seefisch" gemeint ist:

I-29

Wenn der Land- und Seefisch wälzt gewaltig
Auf den Sand der Meeresflut herein,
Überzeugend, schrecklich, sonderbargestaltig,
Wird der Feind bald an den Mauern sein.

Wenn die falsche Kirche der Erde und des Meeres sich durch eine gewaltige Umwälzung neu geformt haben wird, – die ebenso überzeugend wie erschreckend ist, – werden die Feinde schon bald an den Grenzen stehen.

III-21

In Crustamerium an Adrias Meers,
Schwimmt ein fürchterlicher Fisch daher,
Fisch an Leib, mit menschlichem Gesicht,
Zieht er an der Angel sich ans Licht.

* Der Palatin (Berg), von dem das Wort Palast abgeleitet ist, war in Rom der Sitz der Regierung. Hier in Gegensatz zu Hütte gebraucht.

In die italienische Landschaft nahe Rom wird über das Meer eine schreckliche Kirche (Fisch) kommen. Sie gleicht einer Nixe und wird sich in der eigenen Falle verfangen.

II-5

Schwert verbrieft im Fisch enthalten ist,
Und heraustritt größter Kriegeslist,
Eine Flotte hat er wohlbemannt
Und erscheint vor dem Latiner Land.

Wenn die Kirche in ihrer Lehre dem Schwert huldigen wird, wird sich daraus der ärgste aller Kriege ergeben. Ihre Flotte wird mächtig sein. Sie taucht in der Nähe des lateinischen Landes auf.

V-21

Latinums Monarch vom Tod ereilt,
Für die eignen Günstlinge bewirkt
Feuer angezündet, Raub geteilt,
Die Verwegnen öffentlich gerichtet.

Der Sturz der italienischen Regierung wird für ihre Verbündeten Krieg und Teilung bringen. – Die verwegensten Anhänger werden öffentlich vernichtet.

X-64

Weine Mailand, Lucc, Florentina, weine,
Daß dein Herzog auf den Wagen steigt,
Stuhlwechsel, Venedig wird erscheinen,
Weil in Rom Colonna alles verändert.

Weint Mailand, Lucca und Florenz, denn euer großer General wird den Triumph seines Gegners erleiden müssen. Der Heilige Stuhl wird durch die Menschen aus Venedig verändert, wenn die Säule aus Porphyr am Grab des heiligen Petrus in Rom alles in neuem Licht erscheinen lassen wird.

X-30

Neff und Blut des Heiligen unverzagt,
Durch falschen Namen schon der Burgen Wehr,
Fortgejagt, erwürgt, nackt fortgejagt,
Und in Rot und Schwarz ihr Grün verkehrt.

Die Nachkommen vom selben Blut des Papstes werden in ihrem Triumph durch einen fremden Namen unterstützt. Aber sie werden verjagt, getötet und ausgeraubt werden, und das Grün der italienischen Fahne wird durch Rot und Schwarz ersetzt.

50. Die Araber greifen Italien an

Die italienische Revolution wird mit den gegen die alte Zivilisation ankämpfenden Mohammedanern paktieren, die seit dem 12. Jahrhundert von dieser Zivilisation vertrieben und in Unterdrückung gehalten worden waren:

VI-42

Reich dem großen Selin übergeben
Wird Ogmion, der noch mehr erfüllt,
Durch Italien seine Fahnen wehen,
Es regiert der Klugheit Ebenbild.

Das Reich des Halbmondes wird sich über die Redegewandtheit aufdrängen und seine Fahnen über ganz Italien ausbreiten. Es wird in den Händen eines Mannes sein, der den Weisen nachahmen wird.

VI-78

Großen Selins Halbmond Siegesgeschrei,
Adler von den Römern angerufen,
Ticcin, Mailand, Genua nicht dabei,
Groß Basil danach die selben rufen.

Die Römer werden über den Sieg des Halbmond-Reiches jubeln. Die Tessiner, Mailänder und Genueser leisten Widerstand. Dann werden die Römer den großen König (Basileos) anrufen.

V-73

Wider Gottes Kirch wird streiten,
Tempel werden konfisziert, und
Das Kind wird die Mutter bis aufs Hemd entkleiden;
Araber mit Polen einen Bund.

Die Kirche Gottes wird verfolgt, die religiösen Bauten konfisziert, sie wird von ihren eigenen Kindern völlig ausgenommen werden. Die Araber werden mit den Polen einverstanden sein.

II-54

Durch ein fremdes Volk aus fernem Land,
Nach dem Wasser Roma schwer getroffen;
Volk von ganz woanders, Mädchen ohne Hand,
Fürst gefangen, kein Beschlag gefeilt.

Durch eine den Römern sehr fremde und aus einem sehr fernen Land stammende Rasse wird die Stadt nach der Revolution schwer getroffen. Die kraftlose Republik wird durch Menschen eines sehr fremden Landes ihren Anführer verlieren. Er wird nicht fähig gewesen sein, seine Armee in gutem Zustand zu erhalten.

II-30

Höllengötter Hannibals wird wecken
Einer, daß er alle Welt erschreckt;
Nimmer sah man einen solchen Schrecken,
Als nun Babel über Rom sich streckt.

Einer wird die Höllengeister Karthagos (Moloch) wieder auferwecken – zum großen Schrecken der Menschheit. Nie zuvor wird man solches Grauen erlebt haben wie bei dieser Verwirrung der Römer.

X-33

Blutpartei der langen Rob auf Mord,
Spitze Dolche ihr im Busen verstecken,
Herzog faßt Florenz und diphtong Ort,
Seinen Sieg mit Mord und Träumerrecken.

Die mohammedanische Sekte der Araber wird unter ihrem langen Gewand den spitzen Dolch verstecken. Ihr Anführer wird Florenz und Rom einnehmen und seinen Sieg mit denen, die töten und träumen, erringen.

IV-58

Sonnenglut heiß im Schlunde brennen,
Tusker Land mit Menschenblut benetzt,
Herr Sella Wasser Sohn wird spinnen,
Frau gefangen in Türkei versetzt.

Eine brennende Sonne wird den Abgrund wärmen. Die römische Erde wird mit Blut benetzt. Der Herrscher des revolutionären Thrones (Sella) wird seine eingesetzte Regierung zum Massaker drängen, während die Republik als Gefangene ins türkische Gebiet verschleppt wird.

Aber die Kräfte der anti-abendländischen Revolution werden nicht Herr der Lage bleiben:

III-47

Von dem Thron gestoßner Alten,
Hilf wird im Orient erstehn,
Furcht vorm Kreuze seine Fahnen falten,
Zu Land und Meer nach Mitylene* gehn.

Der alte, aus seinem Reich vertriebene Herrscher wird im Orient Hilfe suchen. Aus Angst vor Kreuzzügen wird er seine Fahne aber wieder aufgeben. Seiner Vernichtung geht er in jedem Fall entgegen.

X-90

Hundertmal wird sterben der Tyrann,
Sanfter Weiser tritt an seine Stelle,
Der Senat ganz unter seiner Hand,
Ihn erzürnt ein boshafter Geselle.

* Mitylene: Hauptstadt der Insel Lesbos. Sie wurde von Cleon im Auftrag Athens zerstört, gegen das sie sich im peloponnesischen Krieg aufgelehnt hatte.

Hundertmal wird der Tyrann sterben, ein weiser und sanftmütiger Mann wird an seine Stelle treten. Der ganze Senat, der zuvor von einem bösen Menschen getäuscht worden ist, wird ihm gehorchen.

VIII-62

Plündern sieht den heilgen Tempel man,
Größten an der Rhône und Kirchen sie entweihen,
Große Pestilenz dorten alsdann,
König wird es frevelhaft verzeihen.

Wenn der Vatikan geplündert wird, wird der Papst an der Rhône beschimpft und werden die Kirchen entweiht. Unter ihnen wird eine weitverbreitete Korruption entstehen, die der neue König nicht verdammt.

III-68

Volk ohn Führer von Spanien und Italien,
In dem Chersones Erschlagen ohne Schonen;
Herzog ist getäuscht durch Wahnes Sinn,
Überall schwimmt Blut auf allen Wegen hin.

Wenn Spanien und Italien keine Führer haben werden, wird auf der Halbinsel (Chersones) ein Massaker stattfinden. Ihr Anführer wird in einem Augenblick des Wahnsinns getäuscht – überall wird Blut fließen.

51. Die große Invasion Frankreichs durch die Heere des Islam

Während Europa und vor allem Frankreich seit Karl dem Großen von jeglichem Angriff der arabischen Welt verschont geblieben ist, werden diese Kräfte sich im großen Krieg auch gegen Europa wenden. Nun kommt, was Nostradamus in seinem Brief an Heinrich den Zweiten ankündigt: "Die erste mohammedanische Rückkehr".

III-4

Wenn die Defecte der Lunaren,
Nicht mehr fern von andrem ist;
Kälte, Dürre, an der Grenz Gefahren,
Selbst wo das Orakel sich entspinnt.

Wenn wir nahe an der Revolte (Defectus) der Mohammedaner (Lunaren) sind, werden auch Tod, Hunger und Gefahren an den Grenzen – sogar bei St. Rémy-de-Provence – sein.

I-37

Kurz bevor die Sonne gehet schlafen,
Volk im Zweifel, großes Morden,
Den Verfolgten keine Antwort Meereshafen,
Brück und Grab an zwei entfernten Orten.

Kurz bevor die Sonne untergeht, wird ein Kampf stattfinden. Das große Volk der Franzosen wird an seinem Schicksal zweifeln. Den Verfolgten wird Marseille nicht antworten. Auf dem Meer und in zwei fernen Ländern wütet der Tod.

IX-75

Aus Ambracien erscheint und Thrake
Volk zu Meer, die Gallier Hilf der Plage,
Ewig bleiben in der Provence Fluren
Ihrer Sitten und Gebräuche Spuren.

Von Epirus (Ambracia) und Thrakien werden die Völker über das Meer kommen. Die Franzosen werden ihnen gegen ihre Plagen helfen, aber ihre Spuren wird die Provence ebenso ewig behalten wie die Sitten und Gebräuche dieser Völker.

II-4

Von Monaco bis Siziliens Gauen
Bleibt der Strand auf ewig wie entlaubt,
Weder Stadt, noch Dorf ist mehr zu schauen,
Welches der Barbar nicht ausgeraubt.

X-60

Nizz, Monec, Pis, Genua zu beklagen
Savon, Siena, Capua, Modna, Malt,
Jammer und Elend haben sie zu tragen
Feuer, Erdbeben, Flut und Schwerts Gewalt.

Ihr hauptsächliches Schicksal werden Massaker, Brände, Krieg, Revolution sein.

IV-48

Die fruchtbar ausonsche Ebne bringt
So viel Schnacken und Heuschrecken hervor,
Daß die Sonne sie umziehn mit Flor,
Alles ordnen, denn die Pest entspringt.

Eine fruchtbare italienische Ebene wird so viele fliegende Maschinen hervorbringen, daß sie die Sonne verdecken. Sie bringen eine große Pest (den bakteriologischen Krieg).

III-82

Frejus, Antibor, Nizzas Nachbarorte
Arg verwüstet von Meer und Land, Heuschrecken
Günstiger Wind zu Land und Meer, gemordet,
Gefangen, geraubt, kein Kriegsgesetz zu entdecken.

Fréjus, Antibes und die Nachbarorte von Nizza werden durch eine zu Wasser (Mittelmeer) und Land (Alpen) kommende Macht verwüstet werden. Flugmaschinen – die vom Wind der Revolte getragen werden – bringen Tod, Gefangenschaft und Plünderung ohne Kriegsrecht.

III-99

Auf Alleins und Varneigues Blumenwiesen,
Wo der Lebron aus der Durance trinkt,
Beider Lager großes Blutvergießen,
Mesopotamien in Frankreich sinkt.

Auf den Wiesen Alleins und Vernègues, auf dem Luberon-Gebirge am Ufer der Durance, wird der Kampf blutig geführt – aber Kleinasien wird von Frankreich geschlagen werden.

V-62

Blut wird auf den Felsen man sehn regnen,
Sol im Orient, Saturn Occident,
Krieg bei Orgon, Rom groß Weh begegnen,
Schiff versenkt, der Dreizackfürst gefangen.

Vom Himmel wird es Blut auf die Felsen regnen. – Die Monarchie wird gegen den Orient das Zeitalter des Abendlandes begründen. – Bei Orgon wird es einen Krieg geben; in Rom werden große Plagen ausbrechen; England wird eingenommen und seine Schiffe versenkt.

Die fatale ständige Wiederholung der Geschichte führt zur Invasion von Marseille:

III-79

Das Verhängnis wird in seiner Kette
Einen schweren Ratschluß fügen ein,
Es zerschlägt des Phoker Hafens Kette
Und ein zahllos Heer die Stadt nimmt ein.

VIII-17

Plötzlich weggenommen den Wohlgemuten,
Eine Welt erschüttert durch drei Brüder
Seestadt nehmen Feinde, Bürger bluten,
Hunger, Feuer, Pest mäht alles nieder.

Wenn die Reichen enteignet sein werden, wird die Welt durch drei Herrscher in Chaos gebracht. Die Feinde nehmen Marseille ein, Hunger, Brände, Korruption werden alles vernichten.

VIII-46

Stirbt die Polis drei Meilen vom Rhône
Flieht die Schluchten zwei nahe Tarasc,
Mars dort baut den schrecklich Throne,
Hahns und Adlers Frankreich Brüder drei.

Die Stadt, die drei Meilen von der Rhône entfernt liegt (St. Rémy), wird zerstört werden. In den beiden nächstgelegenen Schluchten von Tarascon wird der Gott des Krieges schrecklich im Kampf zwischen dem französischen Hahn und dem Adler der drei Herrscher wüten.

IX-28

Massiliolscher Port, symacisch* Segel
In Venedig Marsch der Pannonen,
Fort aus illyrisch Golfe sie segeln,
Wüstung in Sicil, Ligur Kanonen.

Die Segel der Ungläubigen werden im Hafen Marseilles wehen, wenn Venedig von Österreich aus eingenommen wird. – Sie werden vom Meer aus der Richtung des Illyrischen Golfes kommen. – Sizilien wird verwüstet und in Italien grollen die Kanonen.

X-88

Fußvolk zieht und Roß vom Meer mit
Brenn und Sengen
Um die zweite Wach der Nacht herein,
In den Hafen von Marseille sie dringen,
Nie so bittre Zeit voll Blut und Schrein.

Männer zu Fuß und zu Pferd werden in der ersten Hälfte der Nacht vom Meer her in Marseille eindringen und alles vernichten. Nie zuvor gab es mehr Blutvergießen und Verzweiflung.

XII-59

Bund und Pax sind allerorts gebrochen,
Vergiftet die Freunde durch hehren Zwist,
Haß erweckt, jeder Glaub bestochen
Hoffnung auch, Marseille ohne Einigkeit ist.

Bündnisse und Frieden werden von allen Seiten gebrochen, die Freundschaften durch Streit vergiftet. Mit dem wiedererweckten Haß wird jeder Glaube, jede Hoffnung korrumpiert, Marseille wird vielen Kämpfen ausgeliefert sein.

* Symachus: Aurelius Symachus, römischer Redner und Staatsmann, Präfekt im Jahre 384. Als hingebungsvoller Heide forderte er von Gartianus und dann von Valentinian II. die Aufrechterhaltung des Heidentums.

Das Mittelmeer und die im Süden Frankreichs liegenden Inseln werden Schauplatz der schrecklichsten Kämpfe sein. Spanien zieht mit gegen die Eindringlinge.

III-88

Eine Flott von Barcelon wird kommen,
Daß erschrickt das ganz Marseiller Land,
Abgesperrt die Inseln, schnell genommen,
Dein Verräter schwimmen wird zu Land.

Von Barcelona wird eine so starke Armee über das Meer kommen, daß ganz Marseille vor Furcht zittert. Die Inseln werden abgesperrt (kein Nachschub mehr möglich) und eingenommen werden. Der Verräter von Marseille wird sterben.

III-87

Gallsche Flotte, nah Corsinien nicht,
Noch Sardinien, du wirst Reu erwerben,
Grunzens Hilfe trügt und alle sterben,
Blut Gefangner schwimmst und glaubst mir nicht.

Französische Flotte nähere dich Korsika nicht, und noch weniger Sardinien, du würdest es bereuen! Aber ihr, die ihr wie Schweine grunzt, werdet ohne Hilfe sterben, und du, Sklave des Blutes, in welchem du schwimmst, wirst mir nicht glauben.

IV-35

Feuer erlöscht die Jungfrauen verraten
Die neue Bande, größter Teil legt Wert,
Blitz zu Schwert, einzig König wehrt
Kors Etrusk des Nachts wie die Kehl gebraten.

Die Töchter der Vesta werden unter der überwältigenden Macht der Neuankömmlinge das heilige Feuer erlöschen lassen. Der Blitz wird zum Schwert sich fügen, nur die Könige bewachen die Flagge, – Etrurien und Korsika werden nicht mehr in der Nacht sein als der Schlund des Ofens.

III-96

Fürst Fossans wird sich im Blute wälzen,
Spürhunds Führer wird der Mörder sein,
Es geht aus von dem tarpeischen Felsen,
Dreizehnt Februar Saturn im Leun.

Der Herrscher von Marseille (Phokäer) wird durch den Anführer der Sturmtruppen ermordet werden. Das wird von den Rächern des Hochverrats (denen vom tarpeischen Felsen) organisiert. Die Stunde wird an diesem 13. Februar unter dem Zeichen der Diktatur stehen.

52. Frankreich besetzt Italien

Unter der Führung des großen Königs werden die Franzosen die Alpen seit 1796 zum dritten Mal überqueren, diesmal mit dem entgegengesetzten Ziel, also nicht um den Sieg der Republik zu sichern. Sie wollen die Regierung Roms stürzen und den nach Avignon geflohenen Papst wieder auf den Stuhl Petri setzen:

III-33

In die Stadt, in die der Wolf wird gehen,
In der nächsten Nähe kommt der Feind,
Land wird Schmutz der fremden Truppen sehen,
Durch die Berg und Alpen tritt der Freund.

In der Stadt (Rom), in die der Deutsche treten wird, dringt bald der (mohammedanische) Feind ein. Eine fremde Invasion wird Italien verderben, aber von den Alpen werden die Franzosen zu Hilfe kommen.

IV-37

Gallier mit Sprung durch Berge dringen,
Und besetzen Insubres Hauptort,
Tief ins Land hinein ihr Heer sie bringen,
Genua, Monec schickt rote Flotte fort.

Mit großen Sprüngen werden die Franzosen die Berge durchqueren, Mailand einnehmen und tief ins Innere des Landes vordringen; Genua und Monaco vertreiben die rote Flotte.

V-20

Großes Heer wird über die Alpen gehen,
Räuberisch Ungeheur geboren vorher;
Wunderbar und plötzlich wird sich drehen
Der Toskaner seinem Orte näher.

Jenseits der Alpen wird die große Armee vorbeiziehen, als plötzlich ein korruptes Monster entsteht. – Aber der große italienische Herrscher wird sich auf einmal wieder seinem nächsten Ort (dem, von welchem er gekommen ist) zuwenden.

VII-20

Von Toscana gehen über die Alpen
Und das Meer Gesandt April und Mai,
Der vom Kalb wird in der Rede halten,
Gallisch Leben keine Not dabei.

Die Gesandten aus Italien werden im April und Mai die Alpen und das Meer überqueren. Der Herrscher, der unter der Macht des Goldenen Kalbes steht, wird seine Rede unterbrechen, weil man ihn nicht das Leben Frankreichs besudeln lassen wird.

Mailand wird Schauplatz zahlreicher Kämpfe und einer aufsehenerregenden Schlacht sein, in der die Feinde der abendländischen Kultur vernichtet werden:

VIII-7

Mailand und Vercell bringt Einverständnis,
In Ticin geschlagen wird die Wunden;
Seine Wasser, Blut und Feuer in Florenz ist,
Einzger Sohn fällt bei einem Bau herunter.

Was in Vercelli und Mailand geschehen wird, bringt Verständnis für die Dinge. Große Plagen werden das Tessin befallen und über die Seine bis Toulon wirken, Massaker und Brand werden Florenz zerstören. Der Diktator wird beim Bau (also mitten in der Arbeit) stürzen.

IV-34

Weggeführt aus fernem Land der große,
Gold gebunden, König Chiren verspricht,
Dann in Mailand, in Ausoniens Schoße
Feuer und Schwert sein ganzes Land vernichtet.

Der Herrscher des fremden Landes wird gefangengenommen, in Gold gebunden und dem König Heinrich ausgeliefert. Er wird in Mailand den italienischen Krieg verlieren, und Feuer und Schwert werden auch sein ganzes Land verwüsten.

III-10

Blutbad, Hunger wird noch stärker kommen,
Siebenmal die Küste wird verwehrt,
Durch den Hunger wird Monac genommen,
Großer in den Eisenturm gesperrt.

Blutbad und Hunger werden noch schlimmer werden. Siebenmal werden am Meeresrand die Vorbereitungen getroffen werden: Monaco wird mit Hilfe der dort herrschenden Hungersnot eingenommen, sein Herrscher wird gefangengenommen und ins Gefängnis eingesperrt.

IX-95

Neuer Fact führt Übungstruppen
Nah apame bei der Meeresküste,
Dort zu Hilf von Milans Truppen
in Milan der Groß in Eisengrüste.

Die neue Lage wird die Armee bis in das Land führen, in dem das Eigentum abgeschafft (apame) worden ist. Dort kommen sie den mailändischen Truppen zur Hilfe, während der General in Mailand entmachtet und in Eisen gelegt wird.

VI-31

König findt was er so lang gewünscht,
Wenn Prälat dem Trubel fern:
Antwort des Herzogs unerwünscht,
Der in Milan viel läßt tot erklären.

Der König wird finden, was er so lange gewünscht hat, wenn der Papst in tiefer Ruhe ist. Die Entscheidung des Generals wird ihn stören, der General wird Morde in Mailand begehen.

V-99

Milan, Ferrar, Turin und Aquilee,
Capu, Brindis von Kelt beleidigt,
Durch Phalanx von fremdem Lee,
Wenn Rom den alt Britannier vereidigt.

Mailand, Ferrara, Turin und Aquileja, Capua und Brindisi werden durch den französischen Diktator eingenommen, wenn Rom einen alten Britannier zum Herrscher haben wird.

53. Die Araber werden in einer Seeschlacht auf dem Mittelmeer besiegt

Der französische Sieg in Italien wird das mohammedanische Recht vertreiben und den Beginn des Niederganges des Halbmondreiches setzen:

IV-1

Übrig nicht vergossnes Blut wird geben
Die gefordert Hilfe der Lagunenstadt,
Wenn sie lange Zeit gewartet hat,
Auf den ersten Hornstoß übergeben.

Der König wird Venedig zu Hilfe kommen, nach scheinbar sehr langem Warten. Die Stadt wird sich beim ersten Hornstoß ergeben.

VII-7

Große Chevaux legers zum Aufgebot
In den Kampf, Geschrei verwirrt des Halbmonds Horden,
Nachts auf Bergen in Hirtenkleid ermorden,
Schluchten und Abgründe vom Blute Rot.

Im Kampf der königlichen Garde (Chevaux legers), – wird man zur Verwirrung der Truppen des Halbmondes schreien. Nachts werden sie auf den Bergen (Alpen) in ihren (falschen) Hirtenkleidern ermordet. Die Roten werden Schluchten und Abgründe mit ihrem Blut füllen.

IX-42

Barcelon, Venedig, Genua gegen Pest
Von Sicil gen Monaco verbunden
Gegen die Barbarenflotte fest,
Jagen die Berber bis Tunis hinunter.

Die aus Barcelona, Genua und Venedig werden sich gegen die aus Sicilien über Monaco kommende Pest verbünden, gegen die barbarische Flotte die Initiative ergreifen und die Berber bis Tunis in die Flucht schlagen.

VII-6

Napel, Sicilien und Palermo,
Von Barbarenstamm entvölkert nun,
Sardeninsel, Korsika, Salerno
Hunger, Pest und Krieg ein Ende tun.

Neapel, Palermo und Sizilien werden von Barbaren völlig befreit. In Sardinien, Korsika und in Salerno werden Hunger, Pest und Krieg ein Ende nehmen.

II-94

Grand und Po den Galliern großes Wehe,
Des Seelöwen Schrecken leer und blind;
Endlos Volk ist auf der Meereshöhe,
Seine Viertelsmillion entrinnt.

Der Gran und der Po werden für die Franzosen leiden, aber der Terror des Diktators der Meere wird zwecklos sein. Das unsterbliche Volk (die Franzosen) wird das Meer überqueren, – mit 250.000 Mann und ohne Verluste.

V-44

Roter gefangen zu Meer mit den Piraten,
Weil der Friede wurde durch ihn gestört,
Zorn und Habgier lenkt die heiligen Taten,
Doppelwertig für den Papst das Heer.

Auf dem Meer wird der Rote mit seinen Piraten gefangen genommen, weil er den Frieden gestört hat. Zorn und Trotz werden in einer heiligen Tat eins sein. Die Armee, die den Papst verteidigen wird, wächst aufs Doppelte an.

VII-3

Nach Frankreichs Sieg am Meere,
Barcinons, Salier und Phokäer,
Goldner Efeu, Amboß eingepackt ins Leere,
Die Ptoloner Großem einig sehr.

Nach dem französischem Sieg zur See werden die Bewohner von Barcelona, von Salins im Jura und von Marseille ihren Triumph (Goldener Efeu) feiern. Die Waffen werden verpönt sein und die Kriegslustigen ihren Fehler einsehen.

54. Der große König Heinrich stellt die alte Ordnung wieder her – Wiedereinsetzung des Papstes

Dem Italienfeldzug wird der Krieg in der Provence folgen. Er wird vom französischen König angeführt, der all jene nach Rom zurückführen wird, die von der Revolution vertrieben worden waren. Er wird bald den Namen Kaiser verdient haben, so weit reicht seine Macht über verschiedene Länder:

IX-41

Der gewaltige Chiren nimmt Avignon,
Briefe Rom voll Honig und Wermut sendet,
Brief, Gesandtschaft gehet aus Chavignon,
Herzog schwarzrot Feder nimmt Carpent.

Der große Henric wird Avignon einnehmen, wenn Rom Briefe voll Reue empfängt. Eine Botschaft wird von Cannino gesendet. Carpentras wird von dem schwarzen General mit der roten Feder eingenommen.

X-23

Neues zeigt dem undankbaren Volke,
Dann rückt die Armee in Antibes ein,
In Monec Reed' beweinen sie die Folge,
Und in Fréjus dringt ein oder andrer ein.

Die Armee wird Antibes einnehmen, in Monacos Reede hört man Klagen, auch Fréjus ist nicht sicher.

VI-71

Nah Ticcin der Loir Bewohner,
Garonne, Saône, Seine, Tain, Gyronde,
Übern Berg sie dringen sie daher,
Kampf geführt, Pau, Grancy flutend Onde.

In der Nähe des Tessin werden Soldaten quer durch Frankreich ziehen und ihren Vorsprung auf den Bergen ausbauen. Eine Schlacht wird stattfinden, nachdem Grancey und Pau von einer revolutionären Welle überschwemmt worden sind.

II-26

Weil die Stadt begünstiget den Großen,
Welcher bald verlieren wird die Schlacht,
Wird der Pau im Tessin Blut vergießen,
Feuer und Wasser stürzt in Todesnacht.

Der große Herrscher, den die Stadt begünstigt hatte, wird bald vom Schlachtfeld verschwinden. Der König von Navarra führt im Tessin die ersten Schläge und tötet seine Feinde.

VIII-9

Während Hahn und Adler in Savona,
Ungarn, die Levante und die See, vereint,
das Heer in Napel, Palerm, Mark Ancona,
Rom, Venedig ob schrecklichem Barte weint.

Während das Reich und der Prinz von Orléans in Savona vereint sein werden, sind das Meer, die Levante und Ungarn unruhig. Die Armee wird Neapel, Palermo und die Region Ancona besetzen, weil Rom und Venedig unter einer schrecklichen Republik stöhnen.

VI-28

In der Roma rückt der große Celte,
Mit ihm der Verbannten große Schar,
Jeden läßt es der Hirt mit Heil entgelten,
Der für den Hahn im Alpenbunde war.

Der große Franzose wird in Rom einmarschieren und alle Verbannten und Ausgewanderten mitbringen. Der große Papst wird alle segnen, die in den Alpen auf der Seite des Hahnes gekämpft haben werden. (Celte: Kelte. Die Kelten waren ein gallisches Volk – Celtus = Gallus –, deren Dialekt noch in einigen Teilen der Bretagne gesprochen wird.)

I-38

Sol und Adler schmücken nun den Sieger,
Dem Besiegten sagt leer Wort man zu;
Weder Horn noch Jammern nützt dem Krieger,
Friede schafft durch Morden schleunigst Ruh.

Die Königswürde und das Reich werden den Sieger schmükken; man wird dafür sorgen, daß die Antwort des Besiegten nichts bewirken kann; – was er auch versucht mit Geschrei und mit Gejammere, er kann den Friedensprozeß nicht aufhalten, er selbst stirbt auf der Stelle.

V-6

Augur legt dem König aufs Haupt die Hand,
Bittend für Italien ihn um Frieden,
Zepter tauscht er in die linke Hand,
König wird zum Kaiser dann mit Frieden.

Der Papst wird dem König die Hand auf den Kopf legen, und ihn bitten, den Frieden in Italien wiederherzustellen. Mit der Linken wird er das Zepter mit dem Reichsapfel wechseln, so wird aus dem König ein friedlicher Kaiser.

Im Brief an Heinrich den Zweiten heißt es bereits: "Das Triumvirat wird sich erneuern und (sich) . . . sieben Jahre ausdehnen." Zum Schluß wird es brechen. Rivalitäten werden alle Lügen und die Unehrlichkeit dieses Bündnisses zwischen den Herrschern des Nordens und denen des Orients (also den Russen und den Arabern) aufdecken.

Wir wissen außerdem, daß die Verfolgung der Kirchenangehörigen, die sich aus dem selben Bündnis entwickelt, "etwas weniger als elf Jahre" dauern wird. Danach werden die Herrscher der Russen geschlagen und vertrieben. Eine Verfolgung durch ihre südländischen Verbündeten aus dem Reich des Halbmondes setzt für weitere drei Jahre ein.

Stellen wir hier also einen sehr wichtigen Vierzeiler voran, der die Ziffern der Prophezeiung Daniels (siehe Brief an Heinrich den Zweiten) zum Thema der Verfolgung der Kirche durch "den König des Nordens und den König des Südens" wieder aufnimmt.

IV-95

Zwei Thronerben wird nicht lange währen,
Nach drei Jahren und sieben Monden Krieg,
Die zwei Vestalen nun die Waffen kehren,
In Armorica dem König Sieg.

Die an zwei Männer abgetretene Macht wird nicht lange halten: sie werden drei Jahre und sieben Monate lang Kriege führen. Die beiden Töchter (der Kirche; Frankreich und Spanien) werden wieder zum Angriff übergehen und der große Monarch in Kleinasien siegen.

55. Russen und Araber werden besiegt

Auf die Niederlage des russischen Reiches folgt die Niederlage des Halbmond-Reiches:

III-95

Das Gesetz der Mauren sieht man fallen,
Ein verführerisches noch zuvor,
Am Borysthenes fällt es vor allem,
Das mit Gabe und Sprache gehet vor.

Nach einem anderen, noch verführerischem, wird man das Gesetz der Mauren fallen sehen. Rußland wird zuerst stürzen – vor der, deren Qualität und Sprache viel anziehender ist.

IV-39

Rhodus fleht um Hilfe, weil verlassen
Es durch seiner Erben Saumseligkeit,
Das arabsche Reich will wieder fassen
Festen Fuß, Hesperien rettet aus dem Streit.

Die durch die Nachlässigkeit ihrer Erben verlassenen Bewohner von Rhodos werden um Hilfe rufen, denn das arabische Reich wird versuchen, hier wieder Fuß zu fassen. Das Abendland wird Rhodos helfen.

IX-30

Puolas* Hafen und St. Niklas Port**,
Normann droht im fanatschen Schlund Gefahren,
Byzanzens Straßen Hilf von Capet schreien dort,
Gad und Philippide Hilfeschaaren.

In Erzerum und Konstantinopel werden die Männer aus dem Norden fanatische Drohungen ausstoßen. Aus den Straßen von Konstantinopel dringen die Hilfeschreie an Capet. Sie bekommen Hilfe aus Cadiz (Gad) und vom großen Nachfahren des Philipp.

* Puola: Anagramm von Palou: Erzerum, türkische Stadt in Asien.
** St. Niklas: Bischof in Lycien im Jahre 342, Schutzheiliger Rußlands, der besonders in Konstantinopel und im ganzen Orient verehrt wird.

II-79

Schwarzen Krausbart mit Engin wird zähmen,
Vom wilden Volk und sich zu Füßen legen,
Der groß Chiren alle Gefangenen nehmen,
Des Selims Banner tat sie lähmen.

Durch seinen Geist (Engin = Ingenium) wird er sich die wilde und stolze Rasse (der Araber) mit den schwarzen Krausbärten unterwerfen. Der große Heinrich wird alle die befreien, die durch das Banner des Halbmondes zu Gefangenen gemacht worden waren.

III-61

Große Sekte und die Kreuzesbrüder
in Mesopotamien erstehn;
Leichte Truppe aus des Stromes Nähn,
Der das fremde Gesetz gar sehr zuwider.

Die große Armee und die Partei, die unter der Fahne des Kreuzes marschiert, werden in Kleinasien stehen. Eine leichte Truppe wird jedes fremde Gesetz für feindlich halten.

IX-43

Ismael lauert auf dem Kreuzesheere,
Wie es anzulanden im Begriffe,
Geschlagen allseits von dem Räuberschiffe,
Rasch angegriffen von zehn Kerngaleeren.

X-31

Heilgenreich wird kommen an Germanien,
Ismael trifft alle Orte offen,
Die Affen wollen nurmehr nach Carmanien,
Die sie unterstützen, sind von Erd getroffen.

Wenn das Heilige Deutsche Reich gegründet sein wird, werden die Araber ohne Schwierigkeiten wieder in Europa eindringen. Die Dummen wenden sich nach Carmanien (dem Land des Halbmondes neben Persien). Aber alle, die sie unterstützen, werden durch ein Erdbeben lebend begraben.

III-60

Von Proskript ganz Asien durchdrungen,
Die selbst Mys, Lys und Pamphilien naht,
Befreiung Blutvergießen durch jungen
Freigelassenen Schwarzen voll Verrat.

Quer durch ganz Asien wird die große Enteignungswelle (Proskript) stattfinden, selbst in den Ländern Kleinasiens (Mysien, Lysien und Pamphylien). Das Blut wird für die Befreiung vergossen durch einen jungen Tyrannen und Verräter.

I-94

In Port Selin der Tyrann getötet,
Doch die Freiheit wird es nicht erwecken,
Neu der Mars mit Blut der Rache rötet,
Dame setzt in Achtung sich durch Schrecken.

In Konstantinopel wird der Tyrann hingerichtet, – aber die Freiheit wird dadurch auch nicht wiederhergestellt werden können. Der nächste Krieg wird aus Rache stattfinden und die Monarchie sich durch Schrecken Achtung verschaffen.

VI-21

Wenn Volk vereint von arktschem Poles Schoße,
Schrecken groß und Angst des Morgenlands,
Neugewählter Tempel unterstützt der Große,
Barbarenblut nun Rhodus färbt, Byzanz.

Wenn die Völker des Nordens vereint sind, wird das Morgenland erschrecken und sie fürchten. Durch den neugewählten Papst wird die Kirche unterstützt. Rhodos und Konstantinopel werden im Barbarenblut schwimmen.

VI-85

Gallier das große Tars zerstören,
All gefangen nehmen mit dem Turban,
Portugal schickt Hilfe dann zu Meer,
Sommers Anfang an dem Tag St. Urban.

Die Hauptstadt von Thrace (Konstantinopel) wird von den Franzosen zerstört werden. Alle, die den Turban tragen, werden mit der Hilfe der portugiesischen Flotte unterworfen. Das geschieht zwischen dem Fest des heiligen Urban und dem ersten Sommertag (also zwischen 25. Mai und 21. Juni).

VIII-54

Unterer Mask von einem Ehvertrage
Fühlt groß Selin Chirens edle Tat.
Unterwegs genommen Quentin, Arras Bad,
Zweiter Fischmarkt wird in Spanien aufgeschlagen.

Durch einen Bündnisvertrag wird das Reich des Halbmondes die Größe des großen Henric zu spüren bekommen; St. Quentin und Arras werden eingenommen. Spanien wird der zweite Fischmarkt werden (das zweite evangelisierende christliche Land nach Frankreich).

III-27

Libyscher Fürst, gewaltig im Abendland,
Frankreich der Araber ganz entflammt;
Selbst gelehrt läßt die arabsche Sprache
Er in die französische übertragen.

Ein im Abendland einflußreicher, gelehrter libyscher Fürst wird sich so sehr für die Franzosen begeistern, daß er sich für die Transkription der arabischen Sprache in die französische einsetzen wird.

X-53

Die drei Nattern sich von fern bekriegen,
Wird die geschwächte Größte auf der Lauer liegen,
Ihr Patron groß Selin länger nicht,
Feuerpelta weißer Weg sie spricht.

Die drei Restarmeen (Nattern = Überreste) werden sich in der Ferne bekriegen. Die geschwächte Größte wird bloß auf der Lauer liegen, denn der große Halbmond wird sie nicht mehr beherrschen, – sie wird ihn Schild (Pelta) des Feuers vom königlichen Pfade nennen.

56. Der totale Sieg des Westens

X-95

Mächtger König wird in Spanien kommen,
Unters Joch den ganzen Süden zwängen,
Schlecht wird auch dem Halbmond das bekommen,
Und dem Freitagsvolk die Flügel hängen.

In Spanien wird ein sehr mächtiger König an die Macht kommen. Er wird die südlichen Länder alle unterwerfen, um den Halbmond zu demütigen, – und um die Flügel der dortigen Religion zu stutzen.

X-96

Glaube, dem die Meere Namen geben,
Schlägt die Sekte Adaluncatif Sohn,
Starrheit tiefbeklagt, die Sekt wird beben,
Spricht von Aleph, und Aleph auch Hohn.

Er wird gegen die Religion des Pont (Euxin) und die Kalifats-Sekte siegen. Diese Sekte wird ihre Starrheit bereuen und sich wegen der Niederlage in Aleppo fürchten. (Adaluncatif: Anagramm von An du Califat, Jahr des Kalifats.)

S-39

Der die Macht zu schrecklich Monster
Wird sich also wie die Sonne zeigen,
Steigend die Meridianlinie hinan,
Und den Elefanten und Wolf verfolgend
Schlag führte nie ein Kaiser einen solchen
Nichts Schlimmres diesem Fürsten nun kann nahn.

Gleichzeitig mit der Monarchie wird der auftauchen, der das unglaubliche Wunder verwirklichen wird. Er wird entlang des Meridians heraufkommen und die Deutschen und die Afrikaner vertreiben: – ein Schlag, wie ihn noch kein Kaiser vorher geführt hat.

S-56

Allseits wird der Elefant bald finden,
Wenn Ernährer sich mit Greif verbünden,
Sein Ruin nah; Mars, der immer grollt,
Große Taten dort beim heilgen Land,
Große Fahnen zu Land und Meer entrollt,
Während von zwei Brüdern das Schiff umspannt.

Der König wird als Diktator kommen. Bald werden die Afrikaner ihren nahen Ruin erkennen. Große Taten wird der Krieg im Heiligen Land tun, große Fahnen wehen auf dem Meer und auf dem Land, denn die Kirche wird von zwei Brüdern beschützt werden.

S-46

Alles der Ernährer bringt ums Haupt,
Blutegel und Wolf, mein Wort, nicht glaubt,
Wenn Mars in des Widders Zeichen steht,
Bunden mit Saturn, Saturn mit Luna,
Wird am meisten grollen euch Fortuna,
Sol ist auf den Höhepunkt dann erhöht.

Der Schöpfer (des großen Wunders) wird alles in die Flucht schlagen (kopflos machen), den Blutegel (die Revolution) und Deutschland. Hört auf niemanden, wenn der Krieg unter dem Zeichen der Vernichtung stehen wird, – das die republikanische Epoche kennzeichnet, denn die Monarchie wird triumphieren.

P-34

Angst Glas. Plünderung, Meer gequert, Glaube regiert.
Sekten, heiligen überm Meer mehr polis.
Pest, Sang, Feuer. Aquilons Königs Zeichen.
Trophee errichtet in Stadt Henripolis.

Es folgen Korruption und Krieg, der Herrscher Russlands setzt das Zeichen. Die Stadt Heinrichs wird ihre Trophäen errichten (Pau).

V-81

Königsvogel aus der Stadt der Sonnen,
Nächtlich Zeichen sieben Mond zuvor,
Östlich Mauer stürzt, den Geist erhellt das Donnern
Sieben Tag die Feinde vor dem Tor.

Der königliche Vogel (der Hahn) wird von der Hauptstadt der Monarchie aus nach sieben Monaten eine düstere Drohung ausstoßen: Die Wehrmauern des Orients stürzen ein, der Donner wird den Geist der Feinde erhellen, die ihre Ziele in sieben Tagen erreicht hatten.

IV-100

Himmels Feuer auf des Königs Gebäude,
Wenn der Mars sein Licht verdunkeln wird,
Sieben Monde Krieg und Tod vergiftete Leute,
Rouan, Evreux für König fallen nicht.

Wenn das Feuer des Himmels auf den Palast der Regierung stürzt, wird der Ruf des Kriegsführers vernichtet. Der große, sieben Monate dauernde Krieg wird die schlechten Menschen vernichten. Rouen und Evreux widerstehen für den König.

57. London wird zerstört – Die britische Monarchie vertrieben

Im Brief an Heinrich den Zweiten heißt es, daß der Krieg, der in Europa große Umwälzungen mit sich bringen wird, für die Britischen Inseln zu einer Niederlage und einer blutigen Revolution führt. Sie wird nicht weniger schlimm werden als in Italien.

Nostradamus hat die politischen, auch dynastischen Fehler gesehen, die am Beginn des Untergangs der großen Seemacht stehen: die Doktrinen, an die sich die alte englische Monarchie gewöhnt hat und die auf dem Kontinent eine lange Blütezeit gehabt haben, werden sich gegen ihre eigene Macht wenden.

Wenn England die Gefahr erfassen wird, ist es zu spät: "Die Inseln werden im Blute schwimmen . . .", sagt Nostradamus, weil die entsprechenden Entscheidungen zu spät getroffen wurden.

X-100

England wird die große Herrschaft führen,
Mehr denn drei Jahrhundert Allgewalt,
Meer und Land durch Heeresmacht regieren,
Was den Lusitaniern nicht gefallt.

England wird über dreihundert Jahre lang die Herrschaft der Weltmeere behalten. Seine Heere werden über Land und über See ihren Eroberungszug führen. Das gefällt den Portugiesen nicht (da sie ihres Reiches beraubt werden).

In der Tat, denn einerseits folgte James I. im Jahre 1603 Elisabeth I. (Tudor) nach; er begründete die Dynastie der Stuart und war der erste, der England, Schottland und Irland unter dem Namen Großbritannien unter einem Zepter zusammenfaßte. Die Bildung des Kolonialreiches der britischen Inseln und seine Herrschaft über die Weltmeere gehen auf diese Zeit zurück.

Andererseits: Ab 1415 dehnten die Portugiesen ihre Aktivitäten über die Meere aus. Nach der Eroberung Ceutas gab Prinz Heinrich der Seefahrer das Signal der Entdekkungen der Weltmeere, die Portugal den Weg nach Indien öffneten und ihm reiche Besitzungen in Afrika und vor allem in Asien einbrachten. In diese Zeit (1380–1580) fällt die portugiesische Blüte. Sie ist an den Eroberungen von Diaz, Vasco da Gama, Cabral und Albuquerque abzulesen. Portugal, Spaniens Rivale, floß vor Reichtümern über und wurde zu einer Seemacht erster Ordnung ... England konsolidierte seine Vormachtstellung in Portugal durch den berühmten Vertrag von Methuen (1703).

Bald hielten die Engländer alles in ihren Händen: Industrie, Landwirtschaft, Handel, Finanzen, Politik, und sie reduzierten die Portugiesen auf ein Dasein als Handlanger und Laufburschen.

III-57

Sieben Wechsel sehen wird das britische Volk,
Zweihundertneunzig Jahr in Blut es tränken,
Franken an Deutschland keinen Halt bedenken,
Macht dem Widder sein Bastarner Pol.

Siebenmal wechseln die Engländer das Lager im Laufe der Kriege, die zweihundertneunzig Jahre dauern werden. 1657 verhandelt Mazarin mit Cromwell und erzielt das Bündnis mit England gegen Spanien. Sieg der Dünen (6.000 Engländer befinden sich im Kampf). Pyrenäenfrieden.

1. 1667: Spanischer Krieg. Turenne besetzt Flandern. England bildet mit Schweden und Holland die dreifache Allianz gegen Frankreich. Friede von Aachen.

2. 1671: Holländischer Krieg. De Lionne gewährleistet das Bündnis Englands, Schwedens, der deutschen Prinzen. Turenne besetzt Holland, das die Zuidersee überschwemmen läßt.

3. 1688: Pfälzischer Krieg. Wilhelm von Oranien, König von England, versammelt in der Großen Allianz gegen Ludwig XIV.: Spanien, Schweden, Holland, Österreich, den Herzog von Savoyen. Siege von Fleurus, Steinkerque, Nerwinden; Niederlage zur See von Den Haag. Friede von Rijswijk.

4. Abt Dubois, Berater des Regenten Philipp von Orléans, unterzeichnet einen Bündnisvertrag mit England zur Einhaltung des Vertrags von Utrecht (1713).

5. Ludwig XV. erklärt England für die österreichische Nachfolge den Krieg und verbündet sich mit Friedrich II. von Preußen (1744).

6. Erster Weltkrieg 1914-1918. England schlägt sich auf der Seite Frankreichs.

Siebenmal, sagt Nostradamus. Einmal fehlt also noch. Doch der Krieg wird England kein Glück bringen. Es wird seine Flotte und sein Reich verlieren.

II-68

Groß wird man in Aquilon sich bemühen,
Nach dem Meer die Tore offenstehn,
Kleinst die Herrschaft auf der Insel wird erblühn,
London zitternd ohne Segel sehn.

Rußland wird große Anstrengungen unternehmen und die Tore, die England zum Meere hin schützten, durchbrechen. Das Reich wird nur noch auf die Insel reduziert sein, London wird von seinen Schiffen nicht mehr gedeckt und dem Krieg ausgeliefert sein.

VIII-37

Feste bei Themse wirds erdrücken,
Sie stürzt ein, König im Hemde dort,
Zeiget sich bei der Brücken,
Einer vor dem Tod, dann sitzet in dem Fort.

Der Tower wird fallen, und die Regierung wird darin eingeschlossen sein. Der König wird sich im Hemd an einer Brücke zeigen. – Eine (französiche) Regierung wird vor dem toten Gegner stehen und bald die Macht fest in der Hand halten.

III-1

Nach Seekrieg und Schlacht, die er hat schlagenlassen,
Wird Neptun auf seiner höchsten Wart erblickt,
Schrecken macht den roten Gegner erblassen,
Selbst der Große Ozean erschrickt.

Nach dem Seekrieg und der Schlacht wird England die Alarmglocke läuten, – der rote Gegner wird vor Angst blaß – sogar der Pazifik wird in Angst und Schrecken versetzt.

II-78

Groß Neptun aus Meeres tiefen Gründen,
Punisch Volk, vermischt mit gallisch Blut,
Bluten ob des Zauderers die Inseln,
Ihnen weh, als verheimlicht schlecht ihr Tun.

Die britischen Inseln werden bluten, da sie sich zu spät aus ihrer Tradition gelöst haben. Es wird sie teuer zu stehen kommen, daß sie ihre Methoden so schlecht verheimlicht haben.

III-32

Aquitaniens Völker werden finden,
Im Toskanerland ihr großes Grab,
Mars wird seine blutige Fackel zünden
Bei Germaniens Grenz und Mantua.

Das englische Volk wird sein großes Grab in der Nähe der Toscana (im Golf von Genua) finden, wenn der Krieg an der deutschen Grenze und in Mantua (Italien) wüten wird.

III-70

Großbritannien wird die Flut verheeren,
Wenn mit Engelland es neu vereint,
Krieg Ausoniens neuer Bund erklären,
So daß man sich gegen ihn vereint.

Großbritannien wird eine gewaltsame Revolution erleben. Die neue italienische Liga wird einen Krieg beginnen.

III-71

Die so lange nicht belagert gewesen,
Auf den Inseln halten kräftig aus,
Geschlagen von Hungernden, die draußen stehn,
Feiern Hunger und Tod den Leichenschmaus.

Die Einwohner der britischen Inseln, die lange nicht belagert worden waren, werden eine Zeitlang aushalten. Aber sie werden doch geschlagen. Sie werden selbst so hungern und leiden wie ihre Belagerer.

IV-15

Woher Mangel man kommen sieht und Hunger,
Daher kommt Sättigung statt Not,
Weil aufs Meer den Blick der gierige Hunger,
Nimmt ein, gibt dem andren Öl und Brot.

Hunger und Not wollte man bringen, aber es wird statt dessen die Sättigung kommen. Das habsüchtige England wird von einer Hand nehmen, um mit der anderen Öl und Brot zu geben.

Die englische Monarchie wird gestürzt werden und durch eine Republik ersetzt:

II-51

Gerechten Blut in London wird fehlen,
Sechs von dreiundzwanzig trifft der Blitz,
Und mit vielen von dem gleichen Glauben,
Stürzt die hehre Frau vom hohen Sitz.

Das königliche Blut (die Gerechtigkeit des Zepters) wird in London fehlen. Nach den sechs (Georgs) von dreiundzwanzig Königen wird es vom Krieg zerstört. Die Mitglieder ihrer Sekte (des schottischen Ritus) werden ermordet, und die alte Monarchie wird von ihrem hohen Thron herunterfallen.

VIII-76

Händler mehr als Köng in Engelland,
Raubt das Reich, an dunklem Ort geboren,
Feig ohne Glauben und Treu schröpft er das Land,
Bald ist er da, o weh uns Toren.

Ein Mann mit dunkler Herkunft wird die Macht in England an sich reißen. Er wird eher die Eigenschaften eines Händlers als die eines Mannes der Regierung haben; feige, ohne Glauben und ohne Treue, läßt er das Land ausbluten. Seine Zeit ist so nahe, daß mir angst und bange wird.

II-100

In den Inseln schrecklich Lärmen,
Außer Krieg ist nichts zu hören,
So groß der Dieb und Mörder Affront,
Daß man zur großen Liga kommt.

IX-49

Gent und Brüssel ziehen gegen Antwerpen,
Londons Rat dem König gibt den Tod,
Salz und Wein gereicht ihm zum Verderben,
Und versetzt das Reich in große Not.

Nach 23 protestantischen Herrschern kommt die Konversion des anglikanischen Schismas:

VIII-58

Brüders Reich verteilt, um das sie zanken,
Mit Britannien Namen rücken ins Feld,
Zu spät anglikanisch Recht nun schwanken,
Nachts gefaßt, vor gallisch Recht gestellt.

Wenn die Herrschaft unter den streitenden Brüdern aufgeteilt sein wird, werden die britische Armee und der britische Name hergegeben. Die anglikanische Religion gerät sehr spät ins Wanken. Sie wird durch den Einfluß Frankreichs gelenkt. Nostradamus betrachtet die Geschichte Edwards VIII. als Zeichen und als eine der Ursachen für den Sturz des britischen Reiches und seiner Monarchie:

X-22

Weil zur Ehescheidung das Ja versagt,
Die hernach als ungerecht erkannt wird,
König der Inseln mit Gewalt verjagt,
Der nicht Königliches hat, ernannt wird.

X-39

Witwe Erstgeborner, traurige Eh,
Ohne Kind, zwei Inseln zwiegespalten,
Vor den achtzehn Mond unmündig Alter
Richtig wirds beim Andern sich verhalten.

Der älteste Sohn der Witwe wird durch seine traurige Ehe, die kinderlos bleibt, die britischen Inseln in Zwietracht stürzen. Vor dem achtzehnten Monat wird er die Sache mit Hilfe des zweiten Bruders richtigstellen. Tatsächlich sind zwischen dem Tod Georgs V. am 20. Januar 1936 und dem Tag der Krönung Georgs VI. 16 Monate und 3 Tage vergangen.

X-40

Jüngerer Sohn Erbe für das britische Reich,
Dem der Vater sterbend noch empfohlen,
Wenn gestorben, Namen gibts für Lonolen,
Und begehrt von seinem Sohn wirds Reich.

Nach dem Tod des Vaters bekommt der junge Erbe der britischen Krone einen neuen Namen. Er liebt die Einsamkeit (Lonole = lonely = einsam) – deshalb wird er nicht mehr Wales, sondern Windsor heißen. Vom Sohn verlangt man die Rückgabe des Königreiches.

VIII-97

An Vars Grenz wirds der Allgewaltige ändern,
Am Gestad geboren drei schöne Kind,
Volks Thronbewerber nicht im Alter sind,
Durch Herrschaftswechsel keine neuen Länder.

England wird sich an den Grenzen des Var (Golf von Genua) ändern. Nahe dieser Küste entstehen drei junge und schöne Staaten. Das englische Volk leidet darunter, daß es keinen mündigen Thronfolger hat. Im Land wird ein neues Regime herrschen, und die Zeit der Eroberungen ist vorbei.

II-85

Der ergraute Vollbart kommt in Strenge
Vom Lyon unterm keltischen Adler,
Kleingroß treibt den Starrsinn zu weit in die Länge,
Schlacht am Himmel, rotes ligurisches Meer.

Das alte Volk der Demokratie wird durch die Diktatur (Lyon), die unter dem französischen Reich eingesetzt wird, in eine strenge, schwere Lage geraten. Der Prinz ist zu weit gegangen: es wird Krieg in der Luft und im Golf von Genua geben.

S-50

Etwas später gedrückt zu Boden,
England durch des Wolfes Gang zum Toten,
Übers Wasser sieht das Feuer siegen,
Das es neu nun mit einer Mass entzündet,
Menschenblut von Menschenhaut umrindet,
Ohne Brot nun wilder Tanz der Klingen.

Etwas später sieht England, am Untergang Deutschlands, daß der Krieg stärker ist als die Revolution. Doch es wird eine neue Revolution geben: aus Hunger wird man wieder zu den Schwertern greifen.

IX-31

Zu Mortara bei dem Erdebeben,
St. Georgs Kavallerie halb zerbrochen,
Dumpfer Frieden ruft den Krieg ins Leben,
Ostern untern Tempel eingebrochen.

Beinahe wird die Kavallerie des heiligen Georgs zerstört – da weckt das Erdbeben im Piemont (Mortara) den Krieg auf. In der Kirche werden sich zu Ostern Abgründe auftun.

58. Friede kündigt die Endzeit und das Kommen des Herrn an

Auf die vielen Kämpfe und Kriege wird eine Zeit des Friedens und des Glaubens folgen, die der große König und der große Papst erzwingen werden. Es wird einen außerordentlichen Waffenstillstand geben. In dieser Phase werden viele Worte der heiligen Schrift wahr. Die Endzeit beginnt.

I-63

Nach den Plagen werden die Welt mißhandeln,
Frieden wird zu Himmel, Land und Meer,
Lange Zeit den Erdenball durchwandeln,
Dann richt Mars aufs Neue wieder her.

Nach den Plagen wird überall Frieden herrschen – bis die Kriege doch wieder ausbrechen.

II-10

Alles wird in Kurzem sich entfalten,
Alte Jahrhunderte wir ruhig erwarten,
Stand von Mask und Mönch sich umgestalten,
Nur wenig bleiben wollen in ihrem Rang.

Bald wird alles wieder seine Ordnung haben. Das Jahrhundert, das wir erwarten, ist schon ziemlich fortgeschritten. Der Staat wird sich verändern.

II-12

Geschlossene Augen offen für Antiken,
Einsames Gewand zertreten am Platz,
Großmonarch wird ihren Wahnsinn zügeln,
Vorneweg rauben aus der Tempel Schatz.

Die Verschwörer, die ihre Augen vor den Realitäten verschließen und sich heimlich versammeln, werden ausgelöscht. Der große Monarch bestraft sie, weil sie nahmen, was der Kirche gehört.

IV-24

Eine Heilige seufzet unterm Boden,
Die für göttlich zeigt der Flamme Schein,
Bald bedeckt die Schwelle sich mit Toten,
Und durch Frevel stürzt der Tempel ein.

Aus der Erde wird man eine heilige Stimme hören: ihre Flamme zeigt den Glanz des himmlischen Lichts. Der Boden wird mit den Leichen der Frevler bedeckt, die sich heimlich versammeln, um die Kirchen zu stürmen.

VIII-95

Den Verführer in die Grube stürzen
Sie und schlagen ihn für kurz in Band,
Geistlichkeit den Krummstab an der Spitzen,
Sie beruhigt und lockt die mächtge Hand.

Satan wird einige Zeit in Ketten liegen. Währenddessen ist die Geistlichkeit eng mit dem Papst verbunden. Seine Persönlichkeit wird viele anziehen.

X-71

Erd und Luft gefrieren Gewässer, die nicht stehn,
Wenn man kommt, den Donnerstag zu ehren,
Der es ist, noch keiner war so schön,
Allher kommen sie, ihn zu verehren.

Erde und Himmel verwandeln die große Revolution in Eis, wenn man wieder beginnen wird, den Tag des Herrn zu ehren. Was dann zu sehen ist, wird schöner sein, als alles, was bisher zu sehen war. Aus der ganzen Welt wird man kommen, ihn zu verehren.

I-51

Aus aquatisch Dreifaltigkeit entsteht,
Der Jovis Dies macht zu seinem Feste,
Wachsen Ruhm, Lob, Reich und Macht,
Zu Land und Meer, Sturm auf Orient.

Aus den drei Delphinen seines Wappens wird der Mann entstehen, der das Fronleichnamsfest zu seinem Festtag macht. Sein Ruhm, sein Lob, sein Reich und seine Macht werden wachsen – auf dem Lande und zur See wird er den Orient stürmen.

III-2

Göttlich Wort Substanz wird geben,
Himmel, Erden, okkult Gold des mystisch Wort,
Seele und Geist über Fleisch sich heben,
Vor ihm knien, vorm seligen Hort.

Das göttliche Wort läßt die wahre Natur des Himmels, der Erde, der verborgenen Reichtümer und des mystischen Wortes Wirklichkeit werden. Die Seele und der Geist, die über das Fleisch erhaben sind, werden sich vor ihm und vor dem heiligen Stuhl verneigen.

I-97

Was die Flamme nicht vollbringt, das Eisen,
Sanftes Wort im Rat durch Frieden tut,
Frieden wird dem König weisen,
Kein Feind im Feuer, kein militärisch Blut.

Was Gewalt und Waffen nicht vollbrachten, wird mit sanften Worten und gutem Rat erreicht. Im Frieden wird der König Muße zum Nachdenken haben. Kein Feind wird mehr bekriegt und kein Soldatenblut mehr vergossen.

II-8

Römisch eingeweihte Tempel werfen
Ihre rohen Fundamente ab,
Kehren zurück zu menschlichen Gesetzen,
Brechen Bild vom Dienst der Heiligen ab.

Die Heilige Religion wird, – wie damals die ersten Christen – die rohen Doktrinen verwerfen und die alten Gesetze der Menschheit wieder aufnehmen. Der Kult der Heiligen wird von den heidnischen Bildern befreit.

II-13

Nicht mehr wird geopfert Leib ohne Seele,
Zum Geburtstag wird der Todestag,
Selig wird durch Gottes Geist die Seele,
Daß das ewge Wort sie schauen mag.

Die Trennung von Körper und Seele wird kein Opfer mehr sein, der Tag des Todes wird als Tag der Geburt zum Leben betrachtet. Der göttliche Geist läutert die Seele, daß sie das Wort in seiner Ewigkeit erkennt.

VII-17

Fürst, dem wenige an Milde gleich,
Nachdem Frieden er beschert dem Reich,
Verändern wird das Wissen von dem Tode,
Reich wird tragen Frücht in Ruhe.

Der Prinz wird ungewöhnliche Güte und Großzügigkeit haben. Er gibt seinem Volk den Frieden, verändert seine Kenntnis vom Tod. Das Reich wird die Früchte des Friedens in Ruhe tragen.

X-51

Die in Lothringens Niederungen wohnen,
Werden eins mit Süddeutschland sein,
Lüttich, Picardie, Normand, le Maine,
Und vereinen sich mit den Cantonen.

Niederlothringen vereint sich mit Süddeutschland und den Schweizer Kantonen. Die Zweige der Picardie, der Normandie und des Maine werden ihre Länder sammeln.

IV-20

Lang wird Frieden und Fülle loben Gott,
Lil verehrt im ganzen Reiche,
Aus dem Wasser an das Ufer Leichen,
Eitle Hoffnung auf Begräbnis dort.

Friede und Wohlstand werden lange Zeit herrschen. Das ganze Reich wird die Lilie verehren. Aus fernen Gegenden wird man die Toten in seinem Land bestatten wollen.

V-11

Meer versperrt von den Solaren,
Ganz Afrika besitzen Venus' Scharen,
Nicht mehr Saturn ihr Reich wird halten,
Und ihr Teil Asiens umgestalten.

Das Meer wird von den Soldaten der Monarchie gehalten. Der Halbmond (Venus Astarte = Mond) beherrscht ganz Afrika. Seine Macht wird die Epoche nicht mehr überschatten und der Teil Afrikas, der ihnen gehörte, wird sich verändern.

V-69

Seinem langen Schlafe wird entraffen
Sich der Große, die Unruhe ruhig sein,
Eine reichgeschmückte Phalanx schaffen,
Afrika jochen und nagen bis aufs Bein.

Frankreich wird aus seinem Schlaf erwachen. Die reichgeschmückte Phalanx wird die Religion Mohammeds bis auf den Knochen enthüllen.

IV-77

Selin Monarch und Italien Frieden,
Reiche eins durch christlich König,
Stirbt im Wunsch, in bloisschem Land zu liegen,
Wenn von Räubern er befreit die See.

Das Reich des Halbmondes und das friedliche Italien werden vom großen christlichen König vereint. Er möchte im Land von Blois begraben werden, wenn er die Räuber von der See vertrieben hat.

IX-66

Frieden, Einigung mit Änderung wieder,
Stände, Ämter, nieder hoch, hoch nieder,
Reiseentwurf, die erste Frucht ist sauer,
Krieg hört auf, Prozeß und Lauer.

Friede und Eintracht werden wieder geschaffen. Auch die Stände und Ämter verändern sich: was oben war, wird unten sein, und was unten war, wird oben sein. Das Land nimmt nach den Leiden seine Reise wieder auf. Der Krieg ist zu Ende, ebenso die Prozesse und Gefahren.

VI-90

Die Verhöhnung stinkend und abscheulich,
Nach geschehener Tat dem Glücke weicht,
Groß beschützt, daß nicht beteiligt,
Wenn Neptun zum Frieden nicht geneigt.

Nach dem abscheulichen Hohn kommt das Glück. Frankreich wird verschont, weil es den Hohn von sich gewiesen hat. Aber England wird keinen Frieden wollen.

S-49

Sol und Venus, Jupter und Merkur,
Mehren das Gebilde der Natur,
Frankreich eine große Allianz
Und des Mittags Egel; wenn dem Feuer
Durch dies letzte Mittel ist gesteuert,
Den Ölzweig auf festem Boden pflanzt.

Wegen der vorausgegangenen Lügen und Umwälzungen gedeiht die mächtige Monarchie auf allen Gebieten. In Frankreich wird sogar mit den Anhängern des Egels eine große Versöhnung stattfinden. Endlich kann der Olivenzweig auf festem Boden gepflanzt werden.

S-48

Von den Söhnen wird des alten Königs
Charon erster und letzter sein der Phönix,
Leuchten in Frankreich wird er, jedermanns
Liebling, herrschen lang mit allen Ehren
Seiner Vorfahrn, und wird noch verklären
Bei der Nachwelt seines Namens Glanz.

Das königliche Blut, das vermeintlich für immer in der Hölle (Fährmann Charon) verschwunden war, wird im größten und letzten seiner Söhne wieder auferstehen. Er wird in Frankreich leuchten (Phönix) und von allen geliebt werden. Er wird lange mit so großer Ehre herrschen wie keiner seiner Vorfahren. Sein Andenken wird immer in hohen Ehren gehalten werden.

P-76-Oktober

Durchs Legat des irdischen Wachhundes
Der große Capet sich alles richt.
Stillschweigend horcht der Lorvarindes,
Dem seine Antwort zupasst nicht.

Der große Capetinger wehrt wegen des Gesandten des Hundes alles ab. Der Lothringer (Lorrain) V. wird stillschweigend auf der Hut sein.

P-5-März

Grausam Mars wirst sein zu fürchten,
Mehr die Falschen und das Geld vereinet sind,
Ombrich fürchten, Flott, Heer, Wasser und Wind,
Meer, Land Waffenruh Freund LV ist verbündet.

Grausamer Krieg, du wirst zu fürchten sein. Tod und Geld einen ihre Kraft: die Flotten, Armeen, die Revolution und die Doktrinen werden es beweisen, man wird den Regen (Ombrich) der Geschosse fürchten. Während der Waffenruhe wird sich der Freund mit dem Lothringer V. verbünden.

59. Die Geburt des Antichrist

Der letzte Krieg tobt, Paris wird zerstört und der Heilige Stuhl in Rom verwüstet. Der große Papst und der große französische König kämpfen um den Sieg des christlichen Abendlandes. Genau zu diesem Zeitpunkt wird der Antichrist auf die Welt kommen. Seine Mutter und sein Vater sind beide Geistliche. Von Geburt an wird seine Bestialität sichtbar sein. Nostradamus sagt, daß ihn seine Zähne im "Maul" kennzeichnen. Auch Tiere kommen mit Zähnen im Maul zur Welt.

III-42

Mit zwei Zähn im Schlund ein Kind geboren,
Steine regnet es in Tuscien,
Wenig Jahre darauf die Ernte verloren,
Nichts, die Hungernden zu sättigen.

Mit zwei Zähnen im Maul wird ein Kind auf die Welt kommen, während ein Steinregen über der Toskana niedergeht. Wenige Jahre später wird es nichts mehr zu essen geben und nichts, um die vom Hunger Geschwächten zu sättigen.

II-7

Zwischen vielen auf die Insel verschleppten,
Einer wird geboren mit zwei Zähnen im Schlund,
Hungers sterben, Blätter werden gefressen,
Neuer Köng schleift neues Edikt nun rund.

Unter denen, die nach England verschleppt werden, wird ein Kind mit zwei Zähnen im Maul auf die Welt kommen. Viele werden dort vor Hunger sterben und die Blätter von den Bäumen essen. Ein neuer König wird ihnen eine neue Charta schmieden.

V-84

Unermessen Stadt im Schlund geboren,
Düsterer Geist der Eltern wird ein Sohn,
Schreck verbreitet Macht des Königs Thron,
Zu vernichten durch Rouen, Evreux geschworen.

Er wird aus dem Abgrund und der unbegrenzten Stadt der Verdammten auf die Welt kommen. Der Geist seiner Eltern ist verdunkelt. Die Macht des großen Königs verbreitet Schrecken auf dem Weg über Rouen und Evreux.

III-35

Aus Europas tiefsten Westen Orte,
Kommt von armen Leuten ein Kind zur Welt,
Er verführt viel Volk mit seinem Worte,
Das noch mehr im Morgenland gefällt.

I-95

Vor dem Kloster wird man einen Zwilling finden,
Heldenmönches Vestutiert entstammt,
Lärm in Sekt, Wort und Macht begründen,
Das Vopiscus hoch erhoben wird genannt.

Vor einem Kloster wird man ein Zwillingskind finden. Es ist vom edlen Blute eines Mönches, der die bischöfliche Investitur erhalten hat. Der Lärm, den er durch seine Sekte verursachen wird, seine Sprache und die Macht seiner Stimme werden so groß sein, daß man verlangt, den Überlebenden (Vopiscus) in den Himmel zu heben.

IX-10

Ausgesetzt das Kind durch Mönch und Nonne,
Sterben durch Bärin*, wird geraubt durch Schlang,
Bei Foix, Pamis wird das Lager sein,
Gegen Tolose rüstet Carcassonne.

Ein Mönch und eine Nonne haben das Kind ausgesetzt, um es erfrieren zu lassen. Aber es wird von einer Schlange aufgenommen. In dieser Zeit marschieren die Truppen durch Foix und Pamiers, und Carcassone rüstet für die Besetzung von Toulouse.

* Bärin: Sternbild des Großen und Kleinen Bären = der Norden.

I-80

Himmelsglanz vom sechsten Scheine wird
Die Burgunder er in Staun versetzen,
Häßlich Monstrum dann geboren wird,
März, April, Mai, Juni voll Rauben und Hetzen.

Unter dem Zeichen der Jungfrau (sechstes Zeichen) wütet er vor allem in Burgund. Dann wird ein abscheuliches Monster geboren, wenn in März, April, Mai und Juni ein wilder Kampf entbrannt ist.

VI-57

Der gar weit voran im Reiche war,
Und das Rothaupt nah an Reiches Stuhle,
Hart und grausam und gefürchtet gar,
Der wird folgen auf des Reiches Stuhle.

I-64

Nachts sieht man's von der Sonne tagen,
Ein Geschöpf erscheint, halb Mensch, halb Schwein,
Lärm, Geschrei am Himmel, Schlacht geschlagen,
Tiere stellen sich als Redner ein.

VIII-90

Unter den Bekreuzten, wenn zu sehen,
Ist ein Wilder, statt der Weih ein Stier,
Schwein bei der Jungfrau, dann ist auf der Höhn,
König findet kein Gehorsam schier.

Wenn inmitten der Christen ein wildes Wesen auftaucht, um ins Heiligtum ein teuflisches Goldenes Kalb zu tragen, dann wird das Schwein die Heilige Jungfrau zuschütten und einen Höhepunkt erreicht haben. Keine Regierung wird mehr fähig sein, für Ordnung zu sorgen.

60. Der große Lügner und Tyrann

IX-45

Nimmermehr wird satt er zu betrügen,
Groß Mendosus wird sein Reich verfügen,
Fern vom Hofe führt er gegen Piemont,
Picardie, schlimmst Paris, Tyrton.

Er wird nicht aufhören zu betrügen. Der große Lügner (Menteur) wird sein Reich bekommen und aus der Ferne gegen Italien und Frankreich den schlimmsten aller Kriege führen – wie Paris und Tyrtaios.

(Paris: Sohn des Priamos und der Hekuba. Berühmt für seine Schönheit und seine Feigheit. Wurde nach der Geburt ausgesetzt, weil seine Mutter geträumt hatte, eine Fackel auf die Welt zu bringen, die Europa und Asien in Brand stecken werde. Im Trojanischen Krieg ergriff er die Flucht, statt zu kämpfen und tötete Achilles durch Verrat.

Tyrtaios: Athenischer Dichter, der hinkte und einäugig war. Wurde im Messenischen Krieg aus Spott zu den Spartanern geschickt, die er aber durch seine Gesänge so sehr stimulierte, daß sie den Sieg davontrugen (671 v. Chr.).)

IX-50

Bald Mendosus kommt zum hohen Reiche,
Setzend etwas zurück die Norlaris
Rot erblaßt, das Übel im Zwischenreiche
Jüngling Furcht und Schrecken Barbaris.

Der Lügner (Menteur) wird mit Macht an die Regierung gelangen und damit den Lothringer (Lorrain) zurücksetzen.

VIII-41

Fuchs gewählt. der nun den Heilgen spielt
Leise schleicht, am Gerstenbrot sich lechzt,
Dann sich plötzlich als Tyrannen fühlt,
Auf den Hals den Fuß er den Größten setzt.

Der schlaue Fuchs wird gewählt werden, weil er ein Spiel spielt: er gibt sich heilig und asketisch. Plötzlich wird er seine Tyrannei zeigen und die Mächtigen voll in der Hand haben.

V-5

Der Befreiung heilige Maske vor der Stirne,
Reißt er selber an sich Volk und Stadt
Schlimmer machts der Trug als junge Dirne,
Schnell geliefert, lesend falsches Blatt.

Er wird sich die Maske der Heiligkeit vorhalten und die Befreiung vom Sklaventum versprechen. So beherrscht er den Willen des Volkes und der Stadt und ist in seiner Falschheit schlimmer als jede Dirne, während er sein trügerisch überlegenes Evangelium predigt.

VIII-77

Antichrist drei Länder bald vernichtet,
Siebenundzwanzig Jahre sein blutiger Krieg nicht ruht,
Ketzer tot, gefangen und geflüchtet,
Starr das Land, das Wasser rot von Blut.

Der Antichrist wird rasch drei Länder vernichten. Sein blutiger Krieg dauert siebenundzwanzig Jahre. Alle, die nicht mit ihm übereinstimmen, werden getötet, gefangen und aus dem Land gewiesen. Die Flüsse werden rot von Blut in diesem Land sein, das vor Entsetzen erstarrt.

X-10

Mordestat aus großem Betrug verletzen,
An der ganzen Menschheit Missetäter,
Schlimmer als Ahnen, Oheime und Väter,
Schwert und Feuer und Blut nur sein Ergötzen.

Sein Mordwerk ist das Ergebnis riesiger Betrügereien. Er wird der große Feind der gesamten Menschheit sein – ärger als alle seine Vorfahren. Seine Unmenschlichkeit und sein Blutdurst erfreuen sich an Kriegen und Revolutionen.

VI-9

Große Ärgernisse in den Tempeln,
Rechnet man sich noch zu Ehr und Ruhm,
Einer, dem sie goldne Münzen stempeln,
Kommt in sonderbaren Qualen um.

Tempelschändung wird als ehr- und ruhmvoll gelten, und Medaillen graviert man von ihm. Aber er wird unter sehr eigenartigen Qualen umkommen.

I-40

Falsche Trombe bergend schaffet neue
Satzungen die Narrheit in Byzanz,
Aus Ägypten, der alles will ums neue,
Edikt, neue Währung Geld des Lands.

Die verlogene Revolution (Trombe = Wasserhose) wird ihre Narrheit verbergen und die Gesetze des Orients verändern. Sie wird den aus Ägypten entfernen, der alles befreien wollte, und durch ein Edikt den Wert des Geldes neu festsetzen.

X-55

Man vermählt sich, alles voll Ergötzen,
Aber ach die unglückselige Ehe!
Maria, Mutter und Gemahl zurück sie setzen,
Sonne stirbt, die Gattin doppelt wehe.

Eine Hochzeit wird gefeiert, aber die unglückselige Verbindung endet schlecht. Maria, unsere Mutter und die Gemahlin (die Kirche) werden herabgesetzt, die Monarchie der Capetinger wird tot sein und die Gemahlin zu bemitleiden.

X-57

Aufgestiegen wird den Thron nicht kennen,
Kinder der Vornehmsten er bedroht,
Die Geschichte kein schlimmer Ordnung nennen,
Schwarz schlägt er ob ihren Weibern tot.

Der Emporkömmling wird keine Grenzen seiner Macht kennen: er wird die Kinder der Größten bedrohen. Nie zuvor wird man eine grausamere Organisation gesehen haben. Er wird alle zum Tode verurteilen, trotz ihrer Frauen.

X-99

Wolf zuletzt, der Leu, der Stier und Esel,
Feiger Hirsch zusammen ist mit Hunden.
Nicht das Manna süß zur Stelle,
Wachsamer die Bullenbeißerhunde.

Am Ende werden der Entführer, die Kraft, das Goldene Kalb und die Dummheit siegen, die so furchtsam wie der Hirsch sind, und sich gegen die Hunde wenden. Das Manna der Milde wird nicht mehr auf sie fallen. Jetzt werden die Hunde wachsam sein.

I-44

Bald wird Opfer wieder man erleben,
Wer sich sträubt erleidet Marterpein,
Keine Mönche und Äbte wirds mehr geben,
Teurer wird als Wachs der Honig sein.

IV-43

Waffenlärm wird man am Himmel hören,
Selbes Jahr Feind selbst der Geistlichkeit,
Heiliges Gesetz sie wollen verkehren,
Viele Gläubige fallen in blutigem Streit.

Man hört den Lärm von Luftkämpfen, und die Feinde Gottes werden die heiligen Gesetze in Frage stellen.

V-61

Des Gewaltigen Kind nicht beim Geboren
Unterjocht den hohen Apennin,
Die der Waage geben sich verloren,
Und die Berge bis zum Cenny glühn.

Das Kind der gewaltigen Persönlichkeit wird nicht bei der Geburt des Antichristen anwesend sein. Es wird Italien unterjochen, alle Gerechten erzittern lassen und sogar den Mont Cenis in Brand stecken.

V-58

Vom Uticenschen Gardonaqaedukte,
Durch unzugänglich Gebirge und Wald,
In Stücke geschlagen mitten auf der Brucke,
Nimaus Haupt, die schreckliche Gewalt.

Vom Paß des Mont Cenis bis zum Gardon hinunter, durch unwegsame Berge und Wälder: mitten auf dem Meer wird der schreckliche Herrscher von Nîmes in Stücke geschlagen.

V-59

Nîmes zu lang dem Briten Aufenthalt,
Spaniern Ænobarb zu Hilfe ziehet,
Viele sterben durch entdeckt Mars Gewalt,
Wenn der Bartstern in Arois zu Boden ziehet.

Der englische Herrscher wird zu lange in Nîmes residiert haben, um an Spaniens Küste der Republik zu Hilfe kommen zu können. Viele Menschen sterben im offenen Kampf, wenn in Artois der geschweifte Stern zu Boden fällt.

61. Invasion Europas durch Araber, Asiaten und Mongolen

Je weiter wir in die Zukunft vordringen, umso schwerer wird es, die letzten Ereignisse der Menschheit zu koordinieren. Aber wie wir gesehen haben, ist die Geschichte eine ewige Wiederholung. Auf ihrem Gerüst zeichnet sich schon der letzte und schreckliche Kampf ab, in dem das barbarische Morgenland endgültig das christliche Abendland besiegen wird.

Durch die Spaltung und das Chaos, das die Doktrinen des Antichristen auslösen, können die Araber, Asiaten und Mongolen Europa besetzen. Die einen kommen über Italien und Spanien, die anderen über den Kontinent und durch die Luft. Während Frankreich und die Kirche gleichzeitig stürzen und der Papst ermordet wird, erscheinen grauenvolle Zeichen am Himmel.

Im Jahr der "zwei totalen Sonnenfinsternisse" wird die Sonne sich verfinstern und der Mond sein Licht verlieren, und der "Lärm des Meeres und seiner Fluten wird die Menschen vor Furcht vertrocknen lassen", denn es folgt eine neue Sinflut der Sühne, um das Zeitalter zu beenden, das mit Noah begonnen hatte.

"Denn in den letzten Tagen vor der Sinflut aßen und tranken die Menschen, heirateten und verheirateten ihre Kinder, bis zu dem Tage, da Noah in die Arche stieg; und sie kannten den Zeitpunkt der Sinflut erst, als diese auftrat und die ganze Welt fortriß: "Genauso wird es mit dem Kommen des Menschensohnes sein."

Rom, die Stadt der sieben Hügel, wird zerstört:

I-69

Der groß sieben Stadien runde Felsen,
Wird nach Frieden, Krieg und Hungersnot,
Fluten weit, viel Länder durchfurchend wälzen,
Antig selbst, der großen Fundation zur Not.

Der Berg Gottes, der aus einem Kreis von sieben Hügeln (Stadien) besteht, wird sich nach dem Frieden des großen Königs, nach Krieg und Hungersnot und einer Revolution, weit weg wälzen.In seinem Sturz reißt er große Länder mit, selbst die Levante (Antig) und die große Gründung Christi.

V-25

Fürst Arabiens, Mars, Sol, Venus, Löwe,
Trüb zur See der Kirchenherrschaft Glanz,
Million fast ist bei Persiens Löwen,
Schlange in Ägypten und Byzanz.

Vor dem arabischen Fürsten, aber nach dem Krieg der französischen Monarchie, der Falschheit und der Diktatur, wird das Reich der Kirche ins Meer stürzen. Bei Persien werden es fast eine Million sein, – wenn Satan Ägypten und Konstantinopel einnimmt.

V-54

Von der Tartarei und vom Euxin
Wird ein König rücken vor bis Gallien,
Durchs Alanenland, Armenien ziehn,
In Byzanz dann lassen blutig Fahne.

Vom Schwarzen Meer und aus Sibirien wird ein Herrscher bis Frankreich vordringen. Er durchquert das Land der Alanen und Kleinasien, um in Konstantinopel seine blutige Fahne zu hissen.

II-29

Aus der Heimat Morgenlande scheiden,
Übern Apennin nach Gallien ziehn,
Wolken, Wasserfluten, Schnee durchschneiden,
Alles wird vor seinen Streichen fliehn.

Der Morgenländer wird seine Heimat verlassen. Er überquert den Apennin und dringt nach Frankreich. Er wird den ewigen Schnee der Alpen, mit den Wildbächen und den hohen Bergen, durchqueren und jedermann mit seinem Stab schlagen.

II-72

In Italien findst du deine Plagen
Keltisch Heer, nur Schlacht und Tod ist da;
Flieht die Römer, Gallier geschlagen,
Nah Tessin, Kampf Rubicon ist nah.

Die französische Armee wird in Italien geschlagen, überall gibt es nur Schlachten mit riesigen Verlusten. Die besiegten Franzosen werden aus dem Land der Römer fliehen. Nahe dem Tessin wird die Entscheidung nach einer ungewissen Schlacht gefällt.

VI-80

Fez, das Reich zwingt Europäer,
Seine Stadt verbrannt, die Klinge teilet,
Asiens Haupt mit großer Macht zu Meer
Und Land schlägt blau, grün Kreuz zu Boden.

Von Fez aus wird den Europäern die Macht aufgedrängt, ihre Stadt wird in Brand gesteckt: das Schwert wird teilen. Währendessen zieht ein großes Heer des asiatischen Reiches (Gog und Magog) über Meer und Land, um die religiösen Orden und das Kreuz zu Tode zu hetzen.

V-55

Ein Mächtiger Mahomets wird dringen,
Aus dem glücklichen Arabien,
Spanien schrecken und Granada zwingen,
Weher tun zur See Ligurien.

Ein mächtiger mohammedanischer Herrscher aus dem glücklichen Arabien wird Spanien schlagen, Granada erobern, – und noch Schrecklicheres mit Italien tun.

III-20

Weithin an dem großen Bethisflusse (Andalusien)
In Granada, fern von Ebros Strand,
Tritt das Kreuz der Halbmond mit dem Fuße,
Einer aus Cordoba verrät das Land.

VIII-48

Jupiter bei Mars, im Krebs Saturn,
Februar Chaldondon, Saluterre,
Castulos Gebirge* drei Seiten Sturm,
Bei Verbiesque der Kriegsgott Herr.

VIII-51

Der Byzanter erobert Cordua,
Lange Rast sein Opfer darzubringen,
Langer Weg Pamplatua**
Übers Meer Golongua erringen.

* Castulos Gebirge: Wald in Betique.
**Pamplatua = Pamplation, franz., eine weltweite Entwicklung.

VIII-18

Urgrund seines Todes aus Flora ist,
Jung die alte Verwaschung weiß,
Dreililienwappen ihm nicht gegenüber ist,
Rot ihre Frucht, wie rohes Pökelfleisch.

Das Ende der (Lilien-)Blume wird der Grund seines Todes sein. – Kurz darauf entsteht die alte Verwirrung wieder neu, – denn das Wappen der drei Lilien wird sie nicht mehr abwenden können. Durch den kräftigen Sohn wird alles zu rohem Fleisch werden.

S-34

Fürsten und Herren werden alle sich bekriegen,
Bruder gegen Bruder im Felde liegen,
Schluß der Stamm der glücklichen Bourbonen,
Hierosalems* Prinzen, die so lieben,
Werden rächend gräulich Tat verüben,
An der Bodenlosen Tasche ohne Schonen.

Der Stamm der glücklichen Bourbonen wird erlöschen.

X-75

Der Ersehnte kehret nimmer wieder,
In Europa, in Asien erscheint
Eines von groß Hermes Bundesgliedern
Orients Könige all dagegen klein.

Der so lang herbeigesehnte König von Frankreich wird nie wieder nach Europa zurückkehren. In Asien wird einer erscheinen, der aus der großen Lüge kommt. Er drängt sich allen Regierungen des Orients auf.

I-67

Große Hungersnot herein wird brechen,
Anfangs wandelnd, später allgemein,
Daß sie Wurzeln aus dem Boden stechen,
Kinder nach der Brust vergebens schrein.

* Hierosalem: griech. für Jerusalem.

VI-5

Langer Regen am arktischen Pol und schwere
Hungersnot durch faules Wasser schlägt,
Samarobryn in der Hemisphäre
Hundert Stunden sie kommen ohne Gesetz und Recht.

Aus dem Norden wird lange Zeit eine große Hungersnot kommen, die von einer korrupten Flut getragen wird. Amiens (Samarobryn) und die Umgebung im Umkreis von hundert Stunden werden in Anarchie leben müssen.

V-1

Eh' der Sturz gekommen von den Kelten,
Unterhandeln in dem Tempel zwei,
Dolch und Speer der Brust des Reiters gelten,
Ohne Lärm setzt man den Großen bei.

IX-6

Guyenne werden Angeln überschwemmen,
Unterm Namen Anglaquitanien,
Bordeaux Gäu, Ispalme Languedoc nehmen,
Nennen es Barbocitanien.

Durch Guyenne werden viele Engländer kommen, und unter dem Namen Englisch-Aquitanien Toulouse (Ispalme: Anagramm von Septima: Toulouse. Man nannte das Land mit den sieben Städten des Languedoc, deren Hauptstadt Toulouse war, Septimanie.) und den Bordelais (der Kanton um Bordeaux) besetzen. Dann nennen sie das Land Occitanische Republik.

62. Ermordung des letzten Papstes

II-28

Der Vorletzte, den man den Propheten
Nennt, wird Tag und Ruh Diana sein,
Weithin trägt er seine wilden Reden,
Großes Volk will von Steuern er befrein.

Der vorletzte mit dem Namen des Papstes wird ein großer Seelenjäger sein. Sein energischer Einfluß reicht weit, und er wird ein großes Volk befreien.

VIII-84

Von Sicil Patern Geschrei wird hören,
Rüstungen im Busen von Triest,
Die man bis Trinakria wird hören,
Fliehe, flieh so vieler Segel Pest.

Der Heilige Vater wird die Schreie Siziliens hören und die Kriegsvorbereitungen, die von Triest bis zu dieser Insel reichen. Vor so vielen Schiffen flieht die schreckliche Pest.

IX-100

Sieg des Nachts im Meereskrieg,
Feuer den Schiffen im Occident Verderben;
Neue List, das große Schiff zu färben,
Grimmig der Besiegte, davon im Nebel Sieg.

Der Seekrieg wird in der Nacht gewonnen. Die Schiffe werden brennen: das wird der Ruin des Abendlandes. Es gibt eine neue rote Charta, die Kirche wird mit Blut gefärbt. Der Besiegte wird wütend sehen, wie ihm der Sieg verlorengeht.

II-93

Lybitina haust an Timbers Saum,
Nachdem kaum die Flut das Land verheert;
Schiffshauptmann gebunden in untern Raum
Geworfen, Schloß, Palast durch Brand zerstört.

Kurz nach einer Überschwemmung wird am Tiber die Göttin des Todes (Lybitina) drohen. Der Papst wird gefangen genommen und gefoltert, Schloß und Vatikan brennen.

III-41

Buckeligen wird der Rat ernennen,
Häßlicheres Monstrum sieht man nicht,
Des Prälaten Auge im Flug wird brennen,
Den Verräter ahnt der König nicht.

Der Rat wählt einen Mißgestalteten: so ein schreckliches Monster hat man früher nicht gesehen. Fliegend zerschlägt er die Macht des Papstes: die Verräter werden als die Getreuen angesehen.

VII-37

Schiffshauptmann zu töten zehn Gesandte, und
Flotte drauf offnen Krieg, Hauptmann verschlagen;
Es ersticht sich bei Lerin, Stöchaden,
Sinken am Kap die Schiffe in den Grund.

Zehn Männer werden ausgesandt, das Kirchenoberhaupt zu ermorden. Einer wird sich dagegenstellen und in der Flotte Unruhe stiften. Ihr Hauptmann ist über die Bedrohung so verwirrt (in der Gegend der Inseln Hyères und Lérins), daß die Flotte im Königreich der Toten auf Grund laufen wird.

II-27

Gottes Wort, der Himmel wird es drücken,
Daß es nicht mehr gehn kann keinen Schritt,
Das Geheimnis werden sie ersticken,
Daß von vorne gehend man's zertritt.

Das Wort Gottes findet kein Gehör mehr: die Offenbarung wird erstickt und mit Füßen getreten.

V-57

Vom Avantin Gallitin wird kommen,
Der das Heere stößt durch düstre Winkel,
Beute zwischen zwei Felsen genommen,
Sextburgs Bewohners Ruhm im Sinken.

Er wird aus dem heidnischen Tempel der Freiheit (Aventin: Hügel, auf dem der Tempel der Freiheit stand) kommen und in der Schlucht die Armee zurückdrängen: zwischen zwei Felsen wird die Beute genommen. Das Prestige des in Aix (Sextburg) lebenden großen Königs von Frankreich wird sinken.

III-17

Nachts wird den Avant man brennen sehen,
Finstere Himmel plötzlich Flandern treffen,
Der Monarch verjagen seinen Neffen,
Arg sich ihre Geistlichen vergehn.

In der Nacht wird man den Hügel Aventin brennen sehen. Der Himmel über Flandern wird sich plötzlich verfinstern, wenn der Herrscher sein eigenes politisches System zerstört, und die Kirchenleute in große Skandale verwickelt werden.

VIII-15

Nordwärts sind die Massen sehr geschäftig,
Schindt Europa, fast die ganze Welt,
Beide Eklipsen, große Jagd ins Feld,
Den Panonen Leben und Tod er kräftigt.

Im Norden werden große Menschenmassen in Bereitschaft gehalten, die Europa und fast die ganze Welt zur Zeit der beiden Sonnenfinsternisse bekämpfen. Sie veranstalten eine große Jagd und dringen auf Leben und Tod in Ungarn ein.

IV-67

Wenn Saturnus sich mit Mars verbindet,
Weithin große Hitze, langer Dampf,
Großer Ort durch ferne Glut entzündet,
Wenig Regen, Wind, heiß, Krieg und Kampf.

Im Jahr, in dem die Zeit zum Krieg drängt, wird in der ausgetrockneten Luft ein großer Dampfstreifen sichtbar. Aus der Ferne kommt das Feuer, das Rom in Brand steckt. Es wird Hunger, Sturm, Krieg und Invasionen geben.

VIII-16

Dort wo Hieron baut an seinem Schiffe,
Bricht so plötzlich eine Flut heran,
Daß an Boden es fehlt zum Angriffe,
Steigt bis zum olympischen Fäsulan.

In Rom, wo der Allmächtige (Hieron: Augustus, der Allmächtige) seine Kirche hat bauen lassen, wird es eine so schreckliche und so plötzliche Sintflut geben, daß kein Fleckchen Erde mehr frei ist, auf das man sich stellen kann. Das Wasser wird über den Olymp Fiesoles (den Apennin) steigen.

VIII-91

In der Rhônemündungen Gelände,
Wo die Kreuzler fast vereint,
Treffen gegen die Fische die zwei Brände,
Aber Überschwemmung viele davon peint.

Zwei Arten der Unterdrückung treffen die Menschen in dem Land, in das die Rhône führt. Dort wurde die Einigkeit der Christen fast verwirklicht. Ein großer Teil derer, die die Unterdrückung ausüben, werden von der Sintflut bestraft.

63.
1999: Die beiden Sonnenfinsternisse – Die Sintflut – Das Gericht Gottes – Die Auferstehung der Toten

I-84

Luna wird in finstere Nacht sich hüllen,
Wenn ihr Bruder rost vorüber fährt,
Lang der Große sich in Nebel hüllen,
Tauchen in der blutgen Wund das Schwert.

Der Mond wird sich mit düsteren Nebeln verschleiern und die Sonne nimmt die Farbe des Rostes an. Der Antichrist wird lange Zeit hinter den Nebeln verborgen bleiben, dann aber das Schwert in die blutige Wunde tauchen.

X-72

Im Jahr neunzehnhundertneunzig neun
Und sieben, vom Himmel großer Schreckenskönig,
Auferweckt Angoumois* großer König,
Vor und nach im Reiche Mars wird glücklich sein.

* Das Angoumois wurde von den Westgoten erobert und bald von den Hunnen bedroht, einer mongolischen Rasse unter Führung Attilas, "der Geißel Gottes". Beachten Sie die perfekte Analogie mit diesen Hunnen, die erst Pannonien besetzten, um dann Frankreich und Italien zu verwüsten.

Im Jahre 1999 und sieben Monate* wird aus den Lüften ein grausamer Herrscher kommen und den großen Eroberer des Angoumois wieder leben lassen. Vorher und nachher wird der Krieg auf seinem Höhepunkt sein.

S-47

Hungarns** Großer steigen wird in den Kahn,
Krieg fängt neu der Neugeborne an,
Mit dem Nachbar schließt mit Truppen ihn ein,
Und der Schwärzling mit der Hoheit bunden,
Duldet nicht, daß er zu sehr geschunden,
Drei Jahre hält sein Kriegsvolk er in Reihn.

Der Hunnenfürst wird den Stuhl der Kirche einnehmen. Der Antichrist führt einen neuen Krieg gegen Frankreich, das er belagern wird.

X-73

Mit der Vorzeit wird gerichtet werden
Die Jetztzeit vom großen Jovialisten
Die Welt zu spät durch ihn gezüchtigt werden
Deloyal durch Klerikaljuristen.

Gott wird die Vergangenheit und die Gegenwart richten. Er wird der alten Welt überdrüssig sein und zu Klerikern sprechen, die sich von ihm abgewendet haben.

X-74

Wird sich nun die große Sieben zeigen,
Fängt der Hekatomben Festzeit an,
Und das Tausendalter kommt heran,
Wo die Toten aus dem Grabe steigen.

Bei der Wiederkehr der großen Zahl sieben beginnen die Spiele der Hekatombe. Das Tausendalter wird nahe sein, und die Toten werden aus den Gräbern steigen.

* Nach unserer Zeitrechnung wird die Sonnenfinsternis am 11. August 1999 um 11.10 Uhr stattfinden. (Anm. d.L.)

**Hungarn: aus dem Lateinischen Hungaria, aus den Völkernamen Hunnen und Avaren, die nacheinander das Pannonien der Römer besetzten, die ersten im 3. Jahrhundert, die zweiten im 7. Jahrhundert.

VII-41

Totenbein und Hand in Erden
Lang das Haus von Lärmen unbewohnt,
Träume in den Tiefen, ausgegraben werden,
Haus gesund und ohne Lärm bewohnt.

Die Toten, die in ihrer stillen Gruft liegen, werden befreit. Ihre Träume bleiben in der Tiefe, aber sie werden in ein gesundes und ruhiges Haus einziehen.

KAPITEL IX

SCHLUSSFOLGERUNG

“Ich bin nie besonders optimistisch gewesen, was die Sitten und Tugenden meiner Landsleute angeht. Ich konnte auch nie ohne ein Lächeln über Jean-Jacques Rousseaus Träumereien über die Vollkommenheit unserer Natur nachdenken. Dennoch muß ich zugeben, daß in den Beziehungen der Menschen untereinander große Veränderungen stattgefunden haben, und daß diese Veränderungen zum Verzweifeln sind . . .

Den Haß erlernen! Es scheint beinahe, als wäre dieses traurige Wunder bei uns Franzosen durch das Spiel dunkler asiatischer Methoden und mit Hilfe ehrgeiziger Agitatoren eingetreten. Frankreich ist von schrecklichen Gefahren umgeben, es hat alle seine Freunde verloren. Nun ist Frankreich das Opfer seines eigenen Hasses geworden. Die Franzosen zeigen sich gegenseitig die Fäuste und blecken die Zähne. Was ist nur geschehen, welcher furchtbare Virus hat sich bei allen diesen ehrlichen Franzosen eingeschlichen ?”

Diese Zeilen des französischen Schriftstellers George Duhamel vom 15. August 1937 fassen die Ängste der Zeit ausgezeichnet zusammen. Inmitten der bedrohlichen Gegenwart wünschen sich die Menschen Frieden – wie Nostradamus schreibt: “Neues Jahrhundert, neue Einheit.”

In der Darstellung zeitgenössischer Ereignisse findet sich immer wieder ein Teil des großen Weltpuzzles, das Thema der Prophezeiungen ist.

Nil novi sub sole: Es gibt nichts Neues unter der Sonne. Die Ordnung des Kosmos, die Regungen des menschlichen Herzens und das angeborene Gewissen bleiben immer gleich. Aber die Kräfte, die uns vom Herrn der Schöpfung anvertraut wurden, werden vergeudet.

Die Zivilisation wurde unter großen Schmerzen erkämpft. Die ersten erreichten Gipfel der Griechen und Ägypter brachen unter dem Prüfstein der Jahrhunderte zusammen.

Das Wissen um die menschlichen Erkenntnisse war auf eine kleine Zahl außergewöhnlicher Personen beschränkt. Es mußte unweigerlich eines Tages unter den Schlägen einer barbarischen Invasion zugrunde gehen. Für den Reichtum dieser Erkenntisse fehlte ihnen das Verständnis. Die Übertragung des Wissens von Mund zu Mund fand um 1440 ein Ende, als Gutenberg den Buchdruck erfand. Mit seiner Hilfe wird Wissen verbreitet und erhalten. Tatsächlich ist die Möglichkeit, eine wissenschaftliche Dokumentation zu vervielfältigen, auch eine Garantie für ihr Fortleben. Hätte es zum Beispiel Kopien der Bibliothek von Alexandrien gegeben, so hätte die 641 vom Leutnant von Omar verursachte Feuersbrunst deren Inhalt nicht unwiederbringlich vernichten können. Die Duplizität des Wissens ist Grundlage für die unerhörte Blüte und das unaufhaltsame Wachstum der menschlichen Erkenntnis.

Die Kunst des Druckens hat den Jahrhunderten eine unbestreitbare Reife verliehen. Und wenn das Wissen erhalten bleibt, kann selbst das völlige Verschwinden eines ganzen Kontinents den schwindelerregenden Aufstieg der Überlebenden einer kataklystischen Katastrophe weder aufhalten noch vermindern.

So kennen wir zwar die Determinanten, die das materielle Universum bestimmen – aber wir sind trotzdem nicht in der Lage, das Raum-Zeit-Kontinuum aufzuhalten.

Nach und nach hat der Mensch innerhalb weniger Jahrzehnte alle Elemente erobert: Die Dampfer durchquerten die Weltmeere, die Luftschiffe verbanden die Länder, und die Entfernungen, die in den Augen unserer Väter und Großväter noch beträchtlich waren, wurden auf ein lächerliches Maß reduziert. Die Beherrschung der wichtigsten Kraft der Materie, der elektrischen Energie, eröffnet beinahe unbegrenzte Möglichkeiten. Das Elektronenmikroskop und die biologische Forschung gehen den Geheimnissen des Lebens auf den Grund, Physiologen lenken durch Vitamine das Wachstum der Lebewesen.

Astronomen dringen mit ihren Teleskopen immer weiter in die unermeßlichen Tiefen des Weltraums vor. Mathematiker versuchen, die Grundformel des menschlichen Denkens und Seins zu finden. Und die vierte Dimension nach Einstein scheint das Fenster zu sein, durch das der Geist der göttlichen Allmacht sehen kann.Die Zahl Pi bestimmt das Universum bis zum kleinsten Energieteilchen.

Leider ist der materielle Fortschritt ein zweischneidiges Schwert. Die Medizin und Chirurgie retten täglich Menschenleben. Aber die physio-chemischen und technischen Methoden halten auch die gepanzerten Kriegsschiffe auf der Meeresoberfläche und können über viele tausend Kilometer hinweg den Tod bringen. Die Sprengkraft und die Intensität des Feuers sind so groß geworden, daß ganze Städte innerhalb weniger Minuten mit ihrer gesamten Bevölkerung ausgelöscht werden können. Frauen, Greise und Säuglinge, wie Nostradamus 1557 schrieb.

Daran erkennt man die morbide Überalterung einer Zivilisation, die nicht mehr zum einfachen Leben zurückkehren kann.

Die Bibel sagt uns, Gott habe im Paradies zwei wunderbare Bäume aufgestellt: den Baum der Wissenschaft des Guten und des Bösen und den Baum des Lebens. Als der Mensch trotz des Verbots den ersten Baum berührt hatte, sprach der Herr zu ihm: "Siehe, der Mensch ist geworden wie unsereiner und weiß, was gut und böse ist. Nun aber, daß er nicht ausstrecke seine Hand und breche auch von dem Baum des Lebens und esse und lebe ewiglich!" Da wies ihn Gott der Herr aus dem Garten Eden, daß er die Erde bebaute, von der er gekommen war. Und er trieb den Menschen hinaus und ließ lagern vor dem Garten Eden die Cherubim mit dem flammenden, blitzenden Schwert, zu bewachen den Weg zum Baum des Lebens" (1 Mose 3,22-24).

In dem Augenblick, in dem er vom Wissen über das Gute und das Böse kostete, begann der Mensch, am göttlichen Wissen teilzuhaben. Er erkannte die Gerechtigkeit und alle Völker aller Rassen und Zivilisationen werden es in dem wiederfinden, das sie einstimmig "universelle Moral" nennen.

Der Weg, der zum Baum des Lebens führt, war Adam verwehrt, damit er nicht plötzlich das ewige Leben erhalte. Seine Nachkommen gingen durch die Dunkelheit und suchten nach der Lösung des Geheimnisses der Schöpfung, nach dem letzten Geheimnis der Kräfte der Materie und des Lebens. Vulkan wurde vom Olymp gestürzt, weil er Jupiters Blitze entwenden wollte. Wer versucht da heute, im 20. Jahrhundert, das unter dem Schwert der atomaren Zerstörung erbebt, nicht den Weg zu ermessen, der schon auf diesem dunklen Weg zurückgelegt worden ist? Es ist der Weg zum Baum des Lebens, an dessen Eingang die Cherubim bereitstehen, ihr flammendes, blitzendes Schwert niedergehen zu lassen . . .

Fragen und Betrachtungen

Henry Miller an Max de Fontbrune

Lieber Herr Dr. de Fontbrune, ich kann Ihnen gar nicht sagen, mit wieviel Vergnügen ich Ihre beiden Bücher gelesen habe, die Sie mir liebenswürdigerweise geschickt haben. Ich nehme mir die Freiheit, Ihnen ausführlich in meiner Muttersprache zu schreiben (es fällt mir schwer, mich im Französischen so deutlich auszudrücken, wie ich gern möchte), denn ich habe den Eindruck, daß Sie unsere Sprache sprechen und meine scheinbare Unhöflichkeit entschuldigen werden.

Intuitiv spüre ich zwei Dinge, die Sie betreffen: erstens, daß Sie ein wahrer Meister des Skalpells sein müssen; zweitens, daß Sie zu Beginn Ihrer Laufbahn zwischen dem Beruf des Richters (oder Henkers) und der Medizin geschwankt haben müssen. Ihr Buch über Ludwig XVII. ist ein Meisterwerk und zeigt viel mehr von Ihrem Temperament und Charakter als nur Leidenschaft oder reines Interesse für die Orakel des Nostradamus. Ich muß gestehen, daß mich die Frage sehr neugierig macht, wie Sie sich in eine so riesige Aufgabe stürzen konnten.

Aber lassen Sie uns einen kleinen Schritt zurückgehen. In meinem Buch habe ich geschrieben, daß Herr Séguy mir Ihre erste große Arbeit über Nostradamus geschenkt hat. Ich glaube, ich habe mich geirrt, zweifellos hat mir Herr Séguy das Geschenk machen wollen, aber ich habe damals wohl gedacht, daß er zu großzügig sei und habe es nicht angenommen. In jedem Fall wollte ich mir das Buch später selbst kaufen. Glauben Sie mir bitte: ich erinnere mich noch so deutlich als sei es gestern gewesen, mit wieviel Interesse und Verlangen ich es mir in seiner Auslage angesehen habe.

Unbewußt muß ich wohl gefühlt haben, daß es DAS Buch über Nostradamus war. Merkwürdigerweise stieß ich nun vor einigen Wochen bei der Korrektur für die französische Ausgabe eines Buches wieder auf einen Absatz über Nostradamus. Ich habe ihn vor einigen Jahren geschrieben. Es ist ein Monolog an einen Freund, über dessen hochtrabende Gelehrsamkeit ich mich lustig machte. Ich hatte zwei Sätze aus der Vorrede an Cäsar Nostradamus übernommen, die mir, als ich sie vor etwa zwanzig Jahren las, sehr rätselhaft erschienen. Ich dozierte in halb spöttischem, halb ernstem Ton über diese eigenartigen Sätze – über die Propheten im allgemeinen und Nostradamus im besonderen, da er einzigartig ist – und kam plötzlich zu Dingen, die mich selbst verblüfften. Da fiel mir Ihr Buch wieder ein. Ich schrieb wieder an M. Séguy und bat ihn, mir ein Exemplar zu bestellen.

Wenn ich Ihre Übersetzung, Exegese und Interpretation bis zum Ende gelesen hätte, würde ich Ihnen vermutlich nicht die folgenden Fragen stellen. Falls Ihr Buch sie schon beantwortet, halten Sie sich bitte nicht mit einer Antwort auf; ich möchte nicht Ihre wertvolle Zeit beanspruchen, denn ich bin überzeugt, daß Sie ähnliche Fragen schon ungezählte Male haben beantworten müssen!

Aber zunächst möchte ich sagen, wie erstaunt ich bin, daß jemand versucht hat, sämtliche Vierzeiler zu interpretieren! Mir fällt auf, daß Sie betonen, daß Nostradamus selbst angegeben hat, eines Tages werde der Schlüssel für sein vollständiges Werk gefunden werden. Dieser Punkt, und daß Sie die Herausforderung angenommen haben, erscheint mir von größter Bedeutung. Es würde auch meine Vorahnung bestätigen, daß die zeitgenössischen Ereignisse weitgehend vorbestimmt sind. (Man hat mich oft wegen der apokalyptischen Art meiner Werke "angeprangert" oder lächerlich gemacht.) Aber das "Ende", das die Menschen heute befürchten, ist für mich kein Ende. Das Ende, dessen Kommen ich spüre, ist das Ende der Ära der Fische, das wird mir immer klarer. Das neue Zeitalter (des Wassermanns) habe ich immer für eine Ära des spirituellen und materiellen Überflusses gehalten. Insgeheim glaube ich auch, daß es in der kommenden Ära keinen Antagonismus mehr zwischen dem Materiellen und dem Spirituellen geben wird. Das Leben, für das Christus ein Beispiel war, ist in Wirklichkeit die Erbschaft aller Menschen.

Ich muß Ihnen noch eine weitere eigenartige Genugtuung anvertrauen, die mich bei der Lektüre Ihres "sonderbaren XX. Jahrhunderts" ergriff. Dort taucht die strahlende Person des Friedenskaisers auf, der edelste und mächtigste Franzose, den es je geben wird. Schon vom ersten Moment an, als ich las, daß er kommt (im Buch von Ruir), habe ich gespürt, daß es wahr ist. Sie haben mir die Ehre erwiesen, mich in Ihrer Widmung "einen Freund Frankreichs und des Périgord" zu nennen – und haben damit in mir eine Saite zum Schwingen gebracht. Schon vom ersten Tag an, als ich Ihr Land betrat, habe ich empfunden, daß Frankreich eine unsterbliche Rolle zu spielen hat. Es war nicht nur Dankbarkeit, die dieses Gefühl hervorrief. Es war aber auch kein Ergebnis von Forschung und Studien über die Geschichte Ihres Volkes. Mitten im Krieg, als Frankreich verloren schien, war ich sicher, daß es einen neuen Anfang geben würde. Mehr noch, ich war überzeugt, daß Frankreich uns aus künftigen, noch weit schrecklicheren Situationen retten würde. Ich muß dazu sagen, daß ich in Geschichte sehr schlecht bin und mich eigentlich nur für die Philosophie der Geschichte interessiere. Überhaupt interessiere ich mich mehr für das "Ende der Geschichte", die für mich gleichsam ein Beginn des wahren Lebens der Menschen auf Erden ist – die Interpretation bleibt Ihnen überlassen. (Ich gehöre keiner Kirche oder Sekte an.)

Doch Schluß jetzt mit meinen Hypothesen und Abschweifungen . . . Ich möchte Ihnen gerne einige Fragen stellen, die bei der Lektüre Ihres Buches aufgetaucht sind.

1. Fehlt nicht (in den Prophezeiungen) merkwürdigerweise jeder genauere Hinweis auf die neuen und immer schrecklicheren Kriegswaffen? Sie legen besonderes Gewicht auf die direkte Intervention von Gottes Hand – Naturkatastrophen – und nicht, wie die ganze Welt fürchtet, auf die Verwendung der Atombombe, der Interkontinentalraketen, der bakteriologischen Waffen usw. . .

2. Auffallend ist auch, daß Amerika keine Rolle in der Weltgeschichte spielt. Dabei wird gerade heute Amerika

beschuldigt, die Welt in den Untergang zu führen! Wird also Amerika zu spät eingreifen (das nehme ich an) oder wird es sich freiwillig in die Isolation zurückziehen?

3. Kann der Aufstieg des Orients, der heute so unvermeidbar scheint, wirklich zu nichts Gutem führen? Werden China und Indien in den Halbschlaf zurücksinken, aus dem sie erst vor kurzer Zeit erwacht sind? Ist ihre Weisheit am Ende? So viele hervorragende Denker haben mit einer fruchtbaren Verbindung zwischen orientalischer und abendländischer Weisheit gerechnet.

4. Ist das Jahr 3797 das letzte Datum, das Nostradamus sieht? Dieses Datum ist in dem Buch des Engländers Charles A. Ward angegeben. Ich stelle die Frage nur deshalb, weil so viel allein in unserer Epoche geschehen soll.

5. Die Auferstehung der Toten! Dieser Gedanke hat in Rußland einige Schriftsteller und Philosophen des 19. Jahrhunderts beschäftigt. Ich glaube, einer von ihnen ist sogar so weit gegangen zu behaupten, daß es ohne die Toten für die Lebenden weder Gnade noch Rettung geben kann. Sämtliche eschatologischen Gedanken der russischen Schriftsteller interessieren mich sehr. Deshalb bin ich fast sicher, daß aus Rußland eine tiefgreifende Erneuerung des ursprünglichen Christentums kommen wird.

6. Der südamerikanische Kontinent wird völlig übergangen. Es ist doch merkwürdig, daß aus diesem Rassengemisch nichts Bedeutendes entstehen sollte. Oder sehen wir nur nicht weit genug in die Zukunft? Nostradamus mußte schließlich Cortez, Pizarro und die bewegte und geheimnisvolle Vergangenheit der Inkas und Mayas kennen.

7. Im Buch von Ruir wird das Erscheinen eines neuen Planeten erwähnt, der die Erdachse wieder in die ursprüngliche Senkrechte drängen wird und damit eine Art paradiesisches Klima auf der Erde auslöst. Was halten Sie davon?

Vor kurzem ist hier das Buch des angesehenen Juden Emmanuel Velikovsky "Welten im Zusammenstoß" als erster Teil einer Trilogie erschienen. Es handelt in neuartiger und beängstigender Weise von der Kosmogonie. Er versucht die unglaublichen Ereignisse der Bibel durch wissenschaftliche Entdeckungen zu belegen. Es ist der Versuch, durch eine Liste von Katastrophen die althergebrachte wissenschaftliche Sicht von einem statischen Universum umzustoßen. Auch Sie schreiben von Zeichen, die die Wissenschaftler skeptisch betrachten, weil sie nicht zu "ihrem Gebiet" gehören. Ein Amerikaner französischer Herkunft, Dane Rudhyar, Astrologe, Dichter, Musiker und Maler, vertritt die These, daß die weit entfernten und spät entdeckten Planeten – Uranus, Neptun und Pluto – zu einem anderen Universum gehören, das allmählich in unsere Reichweite kommt.

Noch etwas zu jüngeren Büchern und Theorien über die Zukunft des Menschen . . . Vor seinem Tod hat Franz Werfel ein dickes Buch mit dem Titel "Stern der Ungeborenen" geschrieben. Es ist eine Utopie. In hunderttausend Jahren sollen Menschen ohne jegliche Maschine zu den fernsten Planeten reisen können. Die Frage der Eroberung des Weltraums hat auch unser Land, Amerika, sehr beschäftigt. Zahlreiche Bücher, vor allem über fliegende Untertassen, beschreiben Reisen in den Weltraum, als stünden sie kurz bevor. Immerhin hat die Regierung erst jüngst bekanntgegeben, daß schon bald eine bemannte Rakete zum Mond und zurück fliegen soll. Wenn sich die Prophezeiungen des Nostradamus auf zwei weitere Jahrhunderte ausdehnen, müßte man doch annehmen, daß er auf solche Pläne eingegangen wäre. Sollte der Mensch tatsächlich dahin kommen, den fernsten Weltraum zu entdecken, hätte er es schwerlich ignorieren können. Aber vielleicht ist es auch richtig, daß der Mensch – neugierig und wissenschaftlich wie er nun einmal ist – sich lange vor der Realisierung dieser Möglichkeiten auslöschen wird. Oder vielleicht werden sich seine Träume nicht erfüllen können, solange er nicht aus völlig anderen Gründen Kontakt zu anderen Planeten aufnehmen will (das ist meine persönliche Überzeugung)!

Das führt mich zu der Frage, ob Nostradamus in seinen späteren Prophezeiungen nicht einen grundlegenden Wandel in der zukünftigen Wissenschaft erwähnt – eine Art Umwandlung der Wissenschaft durch Weisheit und Glauben, auf der Grundlage der wahren Weisheit der Erde.

Dazu fällt mir ein, daß Velikovsky, als wollte er die Vision des Nostradamus bestätigen, die Zeitabkürzung in der Bibel für völlig plausibel hält, obwohl dieses Konzept seit der Aufklärung verworfen wird.

Was mir in allen Prophezeiungen vielleicht am merkwürdigsten erscheint, ist die Rolle der Kirche. Muß da nicht eine vollständige Erneuerung des Geistes, der Ziele und Motive der Kirchenführer selbst stattfinden? Mir scheint, als habe die Kirche seit der Zeit der ersten Priester das genaue Gegenteil der Lehren Jesu getan. Ich bin sicher, daß der christliche Glaube den einzigen Weg zum Überleben zeigt – und auch, daß durch ihn die Verklärung, die im Begriff "Mensch" verborgen ist, erreicht werden kann.

Aber wir, die wir außerhalb der Kirche stehen – ohne deshalb Atheisten, Immoralisten oder Materialisten zu sein –, wir sind zu dem Schluß gekommen, daß diese Transformation des Menschen sehr gut auch anders als über die Institution Kirche stattfinden kann.

Die beiden Sätze, die ich der Vorrede an Cäsar Nostradamus zugeschrieben habe, kommen eigentlich eher von Charles A. Ward. Ich zitiere ihn deshalb:

1. "M. Le Pelletier sieht im 'Aufkommen des Allgemeinen' – das, was ich (der Autor) als das 'Aufkommen des Gewöhnlichen' erkannt habe, das sich vom Tod Ludwigs XVI. bis zur Herrschaft des Antichristen erstreckt – das große Thema der Prophezeiungen des Nostradamus."

2. "Als anerkannter Visionär ist er vielleicht in seiner Phantasie weniger hin- und her gerissen als jeder andere, den man zitieren könnte."

Rund um diese beiden Sätze, in denen ich damals eine unerhörte Provokation sah, habe ich meinen "Monolog" aufgebaut! Ich habe meine Gedanken, seit ich Ihr Buch gelesen habe, nicht korrigiert, das wäre nicht ehrlich gewesen. Es scheint mir anständiger, auch in späteren Veröffentlichungen zu meiner damaligen Beschränktheit zu stehen.

Bitte entschuldigen Sie nochmals, daß ich Ihre kostbare

Zeit in Anspruch genommen habe. Ich möchte Ihnen auch keine zusätzliche Arbeit machen. Sollten Sie wider Erwarten Schwierigkeiten haben, mein Englisch zu lesen, wäre ich glücklich, wenn ich Ihnen den Brief ins Französische übersetzen dürfte.

Ich wünschte, ich könnte über ein ähnlich komplexes Gebiet ein Buch wie Ihres schreiben. Denn selbst ein unvorbereiteter Leser muß seiner Faszination, seiner Kraft und seinen tiefen Grundlagen erliegen. Mit meinen aufrichtigsten und besten Wünschen und meiner respektvollsten Bewunderung, Ihr ergebener

Big Sur, Kalifornien, *Henry Miller*
21. Februar 1951

Register

A

B

C

D

E

F

G

H

I

J

K

L

M

N

O

P

R

S

T

U

V

W

Z

Astrologie ist keine Hexerei –
sagt Elizabeth Teissier,

die Beraterin prominenter Politiker und Künstler. Sie vertritt ihre Thesen: Die Unterteilung in 12 Sternzeichen ist nur der erste Schritt in den Reichtum der allumfassenden und faszinierenden Astrologie. Mit überzeugenden wissenschaftlichen Argumenten tritt die Autorin für die Astrologie als exakte Lehre ein. Ihr anregendes Buch ist mit Esprit geschrieben und eine Einladung an alle, die mehr über die Bedeutung der Sterne wissen wollen.

288 Seiten
Geb. DM 29,80